Escritos

PÁGINAS DE DIREITO

I

ORLANDO DE CARVALHO

Escritos

PÁGINAS DE DIREITO

I

1. Negócio Jurídico Indirecto (Teoria Geral)
2. Contrato Administrativo e Acto Jurídico Público
3. Revelia e Notificação em Processo Pendente

LIVRARIA ALMEDINA
COIMBRA – 1998

TÍTULO:	ESCRITOS PÁGINAS DE DIREITO I
AUTOR:	ORLANDO DE CARVALHO
EDITOR:	LIVRARIA ALMEDINA – COIMBRA
DISTRIBUIDORES:	LIVRARIA ALMEDINA ARCO DE ALMEDINA, 15 TELEF. (039) 851900 FAX (039) 851901 3000 COIMBRA – PORTUGAL Livrarialmedina@mail.telepac.pt LIVRARIA ALMEDINA – PORTO R. DE CEUTA, 79 TELEF. (02) 2059773/2059783 FAX (02) 2026510 4050 PORTO – PORTUGAL EDIÇÕES GLOBO, LDA. R. S. FILIPE NERY, 37-A (AO RATO) TELEF. (01) 3857619 1250 LISBOA – PORTUGAL
EXECUÇÃO GRÁFICA:	G.C. – GRÁFICA DE COIMBRA, LDA. MAIO, 1998
DEPÓSITO LEGAL:	123662/98 Toda a reprodução desta obra, por fotocópia ou outro qualquer pro-cesso, sem prévia autorização escrita do Editor, é ilícita e passível de procedimento judicial contra o infractor

AO LEITOR

Inicia-se com este volume a publicação dos escritos do autor ao longo de uma vida que já ultrapassa as sete décadas. Tempo de reflexão, tempo de contabilização, e naturalíssimo desejo, nesta era de *performances*, de mostrar que alguma coisa se forrageou e cultivou. Tem o autor certa fama de preguiça, de muito dizer e de pouco escrever, o que, como se verá, é relativamente injusto. Decerto, não se considera um polígrafo. Por outro lado, nunca acreditou excessivamente na utilidade da expansão das ideias num mundo, como este do Direito, em que o êxito, mesmo científico, se mede mais pela *auctoritas* – fruto, quase sempre, de uma suposta ou efectiva ressonância no Poder – do que pela justeza ou correcção das afirmações. O aforismo exacto não é efectivamente o *"fiat iustitia, pereat mundus"*, mas antes um *"fiat mundus, pereat iustitia"*. De resto, com uma múltipla vocação científico-pedagógica que, até na ciência das leis, o impeliu para pontos tão díspares como o do direito privado, o do direito público e o da teoria do direito e, dentro do direito privado, o do direito civil e o do direito mercantil, natural foi que a regência de várias disciplinas na licenciatura e de duas na pós-graduação, como tem acontecido até hoje, o impedisse de ser inteiramente produtivo em todas elas (sem que disso se ressentisse, ao que crê, o ensino). Por último, o intento de sopesar todas as idcias, ainda as mais estabelecidas, de não enfrentar somente as *vexatae questiones*, de não fugir aos escolhos de uma investigação como esta que, para lá dos obstáculos epistemológicos e metodológicos de que continuamente tem sofrido, continuamente padece de um *oportet decidere* que facilmente redunda na ligeireza e na rotina, tudo isso implica uma meditação demorada, incompatível com a ejaculação impaciente. Aliás, o mundo da investigação jurídica cada vez mais se revela, por estas bandas sobretudo, como o mundo do improviso, da *cadenza*, do *one man's shaw*, em que o que antes se escreveu, mesmo que devidamente atendido (e em 80% dos casos não o é), só serve de pretexto para as dissonâncias do autor, tidas como manifestação de singularidade e de génio. Este despejo, que pode parecer caricatura, não o é, infelizmente, até nos estabelecimentos de ensino, e traduz, pura e simplesmente, a falta de um critério de verdade, de uma medida de rigor, que ponha termo à mistificação e à inépcia. Não são só as precompreensões, antes fossem, que conturbam a seriedade das pesquisas: a invencível dependência do jurídico de uma certa concepção do mundo e da vida, de uma dissimulada ou inconsciente fundação ideológica. Esse irreprimível lastro na investigação das ciências humanas é hoje assumido, menos como um elemento perturbador da observação como nas célebres indeterminações de Heisenberg, do que como o preço gostosamente pago pelo "compromisso" de quem efectua a pesquisa com os problemas e os resultados da mesma. A pesquisa científica é, nessas ciências, inevitavelmente uma missão e uma imissão. O investigador, até porque homem do *métier*, está inevitavelmente comprometido nela. Mas não é isso – que facilmente se despista com o mínimo de esforço percuciente – que leva à mistificação no estudo das leis. É o subdesenvolvimento científico, é a desfaçatez, é a busca do êxito económico ou académico sem as vigílias e as demoras dum esforço ímprobo e honesto, é este jeito, português mas não só, de com alguma *verve* e alguma solércia, além do apoio das comitivas em voga, *"épater le bourgeois"* e ganhar fama de ilustre. "Em terra de cegos quem tem um olho é rei" – e o mundo do Direito, havido como o mundo da opinião, tende a ser, desesperadamente, o mundo do *bluff*. O povo nunca se engana nas suas intuições e esta é das mais antigas e generalizadas da história.

Remar contra isto tudo, não é, com certeza, rendível e, o que é pior, para muita gente é ininteligível. Já algum leitor me acoimará de orgulho, de pretensão e, no que se disse, de calúnia. Mas meta a mão na consciência e verá se é ou não é verdade. Que ciência é esta que não faz um balanço do seus pontos obscuros, das suas terras virgens, e repete impunemente erros sobre erros, ao longo dos anos, mesmo nas áreas que se supõem exploradas? Que ciência é esta em que uma teoria dominante, ainda que contestada e contestável, se faz razão e direito só porque a rotina, a conveniência ou o desânimo militam em seu favor? Já se pensou se tivesse acontecido o mesmo com as doutrinas que prevaleciam antes de Galileu, de Harvey, de Newton, de Pasteur ou de Einstein? É certo que, nesta época de post-modernismo, não falta quem, a pretexto da falência do paradigma da razão e da teoria das pulsões de Popper, defenda um recuo ao pré-analítico, ao sincrético, à alquimia, à astrologia, em suma, a uma "holística" que, no Direito, repõe o argumento da autoridade, a *communis opinio doctorum*, o saber das gerações, mesmo que vago, confuso, improcedente e maculado por interesses, privilégios, injustiças, que, nem por muito repetidos, se tornam menos odiosos. Assim como nos recusamos a ver na tópica de Viehweg mais do que o diagnóstico da comum argumentação dos juristas, sobretudo dos práticos do direito – os seus casuais pontos de vista, a sua calculatória –, assim nos recusamos a ver na tradição mais do que o irredutível lastro das coordenadas do nosso saber, mais do que um fundo irreprimível de sugestões, nunca o paradigma do justo, ou do sages, ou do equitativo. Ultrapassámos há muito a razão tribal dos arcanos e dos arcontes e, se a condição da hominidade é a racionalidade – decerto nunca absoluta, nunca feita, até porque cada estádio do saber se faz contra a razão estabelecida –, é por um aprofundamento dos seus parâmetros que urge instaurar o novo *ordo sciendi*, não por um regresso ao *id* milenário das nossas inércias e das nossas astúcias.

Entrado no mundo do Direito com muita ingénua puerícia, hoje que, excepto nos limites da Escola, onde nunca gozei de um clima de euforia, mas onde ganhei diuturnamente o estatuto de cidadão (e falo daquele clima porque, não se sabe por que deuses, ele rodeou e rodeia quem se esforça e produz muito menos – há sábios ainda *in ovo*...), hoje, repito, que, salvo nos limites da Escola, não encontro qualquer cenáculo científico ou outro que me estime e me apeteça, que não figuro nos cabeçalhos de qualquer revista jurídica, que não tenho qualquer crédito nos meios legislativos e judiciários – nunca fiz anteprojectos de leis e, durante mais de quarenta anos de docência, não fiz senão quatro palestras a meios especializados portugueses –, que continuo a ser um jurista de trazer por casa – detestado por muitos, não amado por nenhuns –, concluo, paradoxalmente, que tudo isso se deve a certas e raras virtudes. Não transijo, não dissimulo, não invejo.

Não transijo com os *potentes*, sejam eles quais forem, e no seu pobre perfil de homens inseguros não consigo descobrir nenhuma espécie de carisma. São patéticos, nos seus *gags* e *performances*. Ou, repetindo Freud (a outro propósito), lamentáveis... Não transijo com uma Escola medíocre, que continua a cometer conscientemente o maior crime que pode cometer qualquer Escola que se preza: a mentir a si própria, quando ensina ou quando investiga. Quando ensina, mantendo em 75% dos casos, o mesmo plano e, principalmente, os mesmos conteúdos de cursos anteriores, sem sensível esforço de reponderação deles ou de actualização dos seus temas e soluções (salvo na margem, eventualmente especiosa, dos pontos que tenham sido objecto das próprias monografias curriculares). Quando investiga, porque em 80% dos casos, não procura a fiabilidade dos métodos, o rigor da terminologia e, sobretudo, a pertinência e a consistência do que alcança. De resto, o que alcança raro corresponde a uma verdadeira carência científica, mesmo ao nível de uma ciência do Direito português, que, como todas as ciências locais, me suscita um enorme bocejo. Insiste-se nas *vexatae questiones*, nos pontos já calcorreados, porque aí é menos árduo obviamente o balanço de anteriores contributos e mais fácil e vistosa a descoberta de originalidades. Ou então procuram-se os temas em voga, onde é simples, com os meios técnicos modernos, a colheita de bibliografia e casuística estrangeira, cuja exibição se julga suprir a falta de ponderação e de domínio criterioso dos temas gerais que centralmente se postulam. Há um trágico analfabetismo jurídico em muitas monografias recentes, para já não falarmos no analfabetismo linguístico, que vai sendo o pão nosso de cada dia. Mas a minha incapacidade de transigência não é menor em relação à avidez consumista de diplomas de uma massa estudantil que exige cada vez mais de todos e cada vez menos de si; que, em tempos de uma demagogia universitária quase obscena, considera incompetência pedagógica o legítimo rigor de quem, professando criteriosamente as matérias, não se dispõe a lançar na praça pública quanto saber mal digerido, quanta incapacidade comunicativa ou reflexiva, quanta basófia judicativa, a péssima preparação do secundário, a frequência dos *massmedia* e do seu alucinante português e o exemplo dos discursos oficiais e oficiosos, quotidianamente jorram nos vazadouros da ignorância diplomada em que a política do tempo quer converter pouco a pouco as nossas escolas superiores.

Não dissimulo, reprimindo as discordâncias, para, eventualmente, à socapa e quando menos se espera, lançar a suspeita venenosa que avilta o preço moral ou intelectual de quem, no instante oportuno, poupámos à censura. A caridade *hors texte* nunca se ajustou à minha frontalidade de carácter; mas ainda menos a pequena e covarde vilania que é tantas vezes o reverso dos bondosos extemporâneos. Digo sempre o que penso e, se o não digo, não o digo pela vida inteira. A não ser que uma tal mudança de atitude se revele no beneficiário do meu silêncio que o crédito humano que lhe abri deixe de ter qualquer sentido verosímil. De resto, sou muito menos piedoso para as torpezas intersubjectivas – para as duplicidades, as traições, etc. – do que para as falhas (se o são) objectivas. Nunca me considerei possuidor de nenhum inteligentómetro nem considerei eticamente um padrão. Deus sabe o que somos no fundo, à Sua bondade nos confiamos. E pratico, o mais que posso, o lema de Nietzsche: *"Was ist das menschlichste? Jedem Schamm ersparren!"*

Não invejo ou invejo a tal ponto que nenhum contemporâneo suscita a minha emulação. Sou um homem sem ambições vulgares: os metros comuns não chegam à minha fasquia. Como diria o outro, só vale a pena ser Deus. O que não se volve em paranóia porque uma funda capacidade de surpresa me liberta do "desdém por este humano povo entre quem lido", como escreveu o poeta mediático. Admiro raramente, mas poucos terão admirado melhor e com mais devoção. Gosto de falar dos espíritos nobres e até de pôr em relevo as coisas nobres dos que globalmente o são menos. Nunca a altura dos outros diminuiu os meus três metros de altura. Sou naturalmente magnânimo e nada mais me dói do que os espíritos mesquinhos. Extremamente sensível ao toque da qualidade, o rasto desta comove-me quase até às lágrimas. Acontece-me isso mais frequentemente do que se pensa. Honro-me de, na nossa Faculdade de Direito, ter contribuido para a consagração de espíritos superiores como os de Baptista Machado, Vasco Xavier, Gomes Canotilho e Aníbal de Almeida.

Claro que, não transigindo, não calculo, não dissimulando, não omito, não invejando, não cortejo. O que traz os *incommoda* que facilmente se imaginam num mundo em que a contumélia, o compromisso, a abstenção, são os meios correntes de se ser polido, consensual e equânime. Atravessei épocas de carência e nunca pedi, de exaltação e não tripudiei, de depressão e não me aviltei. Mas criei inevitavelmente um perfil de homem frio, duro e agreste, o que, neste tempo de sorrisos e lisonjas – para baixo, para cima, para a direita e para a esquerda – é quase prova de incivilidade contumaz. Congreguei o despeito dos que se sagram pela munificência dos favores, pela firmeza das cobranças ou pela baba dos rastejos. Tive um ensejo de popularidade acessível e esforcei-me improbamente por o não ter. Nem fui o *victor* que, na expectativa dos recuos da história, prepara a simpatia dos *victi*; nem o lacaio que fareja habilmente os donos do futuro; nem o abstinente que, das escolhas irreversíveis, pode um dia dizer sem mentira: *"Ich ware nicht dabei!"*. Não. Estive onde estive, escolhi quando escolhi, triunfei quando triunfei. Não padeço de enganos históricos, pois a história deu-me sempre razão. Católico quando era moda não o ser, democrata quando era, ao menos, pouco cómodo, socialista quando é, pelo menos, pouco moderno. E católico de cartilha, se quiserem, sem prejuízo de ser defensor, desde sempre, da autonomia do profano e inimigo intolerante do imperialismo *in spiritualibus*. Democrata à Revolução Francesa, assumindo o magnífico excesso dos Rousseau, Robespièrre, Saint-Just e outros quejandos, sem qualquer nostalgia, sequer estética, pelo *Ancien Régime*. E socialista à Karl Marx, não porque maldiga os Proudhon, os Lassalle ou os Bernstein, mas porque, na sua preocupação de rigor, de comprometimento, de risco – decerto com as limitações da sua época, da sua mundividência, da sua metodologia –, Marx recusou o angelismo e abriu caminhos para uma transformação de *fond en comble* que nenhuma falência das utopias concretas (tanto as pretensamente vernáculas como as vernaculamente pretensas) conseguirá afastar dos horizontes humanos.

Sofri, sem dúvida, de falta de ambição (dentro da incomensurável "ambição" que referi), careço da grandeza dos construtores do futuro, da sua enorme capacidade de *endurance*, de barganha, de agitação, de paciência, o que segundo a legenda de Newton, os aproxima indiscutivelmente do génio (descontada a capacidade de reserva mental, de simulação, de felonia, de que são inevitavelmente portadores e que os torna inevitavelmente dúplices, opacos, sinistros, por mais límpidos ou diamantinos que possam parecer). E note-se que não aludo aos grandes malignos históricos, a essas tremendas bestas à Tibério, segundo o desenho inesquecível de Marañon: os César, os Luís XI, os Ricardo III, os Borgia, os Torquemada, os Fouché, os Hitler, os Mussolini, os Franco, os Salazar, os Stalin, os Mao – que, pela sua impiedade absoluta, pela sua falta de desígnio humano mesmo que virtualmente pervertido, pela sua mesquinhez no ódio, na inveja, na traição, na maquinação, na manipulação, atingem os parâmetros do crime, da maldade, da desumanidade radical. Compreendo que para alguns sejam deuses – cada um tem o Olimpo que merece –, mas não creio na canonização do êxito, ou do inêxito, ou do sacrifício (esses grandes malignos sempre "bancaram" os ascetas), ou da renúncia, pois não cabe aos povos pagar os "exercícios espirituais" de ninguém. O grande génio da democracia é não se pretender uma meritocracia, é a sua negação da política-obra de arte, ou obra de filosofia, ou obra de cultura, que certos Julien Sorel de pacotilha sempre descobrem nos Napoleões fora de jogo.

Essa falta de ambição relativa traduziu-se, confesso, numa certa falta de perserverança que não sei se esteve no começo ou no fim da quase patológica publicofobia de que sofro em matéria científica como em matéria artístico-literária. O contacto escrito com o público é-me quase doloroso. Talvez porque o público, científico ou outro, raramente me deu audiência ou estímulo. Se, nos trabalhos de juventude, principalmente na dissertação de Ciências Histórico-Jurídicas, o generoso entusiasmo de Manuel Domingues de Andrade, que apreciou a minha tese, me valeu alguns encómios dos juristas da Escola e, ao fim de cinco anos, o Prémio Nacional Alves Moreira, – e um clima idêntico acompanhou a minha conferência de estagiário na Ordem dos Advogados e o meu estudo sobre o ter e o ser –, a travessia do deserto da minha dissertação de doutoramento (quinze longos anos de pesquisa beneditina, de meditação, de reflexão, entre um trabalho de computador *avant la lettre* e o lampejo fremente de algumas fundas intuições) não pode dizer-se verdadeiramente gratificante. É decerto um "tijolo", como dizia um dos meus velhos condiscípulos, mas talvez por isso, mediocremente penetrado. Tocando temas que vieram a ter alguma voga – os que se prendem com o arrendamento mercantil –, poucos arestos lhe fazem alusão e, mesmo entre os cultores do direito comercial, poucos denotam terem-no lido a preceito (citando-o, se o citam, a descaso ou, o que é mais doloroso, para testemunho de evidências...). E, contudo, facilmente se percebe que toda a moderna teoria da empresa aí tem, ainda hoje, o único rosto português. Desde então, os meus textos civilísticos, comercialísticos, empresarialísticos, etc. – e já não falo nas lições, mesmo em páginas impressas, como os fascículos de **Direito das Coisas** (que perfizeram quase trezentas páginas, ainda que a publicação se interrompesse) – raramente se citam na bibliografia lusitana. Até na Escola são frequentes as monografias que, a propósito do abuso de direito, do direito de preferência, dos direitos sobre a pessoa, etc., em que tenho uma reflexão original, sendo, em regra tão solícitas para as divindades domésticas, não me conferem qualquer espécie de atenção. O que depõe, já o disse uma vez numa arguição de pós-graduação, a favor da minha isenção de juízos: contra o que poderia decorrer da minha fama de homem duro, não reclamo, como se vê, qualquer temor reverencial – , mas decreta obviamente a minha morte científica.

Tem-me valido, nesta feira de desânimos, a convicção de que não sou apenas jurista, nem serei, vocacionalmente, um jurista – pois o que queria ser, no fundo, era apenas escritor. Também aí, contudo, os ventos não me foram propícios, visto que, desde uma cultura extremamente classicizante que me afastou dos círculos modernos, desde um racionalismo tão ínsito que quase corrompe a medula das mais profundas emoções, desde um orgulho burguês de, como escreveu um dia Huysmans, ser *"trop moine pour faire l' écrivain et trop écrivain pour faire le moine"*, até ao medo do fracasso, do já-dito, do já-escrito (e muito melhor, inevitavelmente muito melhor...) ou, se quiserem, a um horror da mediocridade na arte que se esquece, pura e simplesmente, de que a arte é como o amor – é preciso vivê-la, é preciso fazê-la –, tudo isso me paralisa, me constrange, me derrota, e desde o doutoramento vim praticando muito pouco, mesmo no campo da poesia, a que fui sempre, apesar de tudo, mais fiel. Publiquei um livro aos cinquenta e tal anos, fazendo-o em edição de autor – para não sobrecarregar a casa de edições que o distribuiu e se prontificou a assumi-lo –, livro que acarinhei muito, que busquei fosse um padrão das minhas exigências estéticas e éticas, mas que não conseguiu romper nenhuma espécie de bruma literária. Não pedi antelóquios, não o ofereci a críticos, e facilmente concedo que não possui formal ou substancialmente qualquer dos aríetes que hoje em dia despertam as consciências: o escândalo da forma ou do conteúdo, a "filosofia" barata em que um povo *"sans tête philosophique"* se aposta, desde Pessoa, em insistir poeticamente em que a tem, a "abertura" completa de uma obra que, na linha do teórico Eco, chega à total aleatoriedade da escrita (e já nem sequer, como os supra-realistas, para revelar o *id* das pulsões subterrâneas) – isso que faz o deleite dos críticos em voga repercute muito pouco no meu **Sobre a Noite e a Vida**. Mas há um trabalho da palavra que não é fácil nem fútil: uma pesquisa de parentescos insuspeitos, de leis da lógica profunda da expressão, que procura recuperar os "artifícios" da aliterância, da rima, da metonímia, da metáfora, da anáfora, para pressentir a razão da alquimia poética, dessa equação que intrigava Einstein a propósito de Saint-John Perse, religando-a eventualmente à linguagem do inconsciente, e sobretudo para surpreender como se produz o milagre. Pois a arte e, concretamente, a poesia são um milagre quotidiano: dizer o indizível, ou antes, com o já dito dizer o não dito ou o incapaz de dizer-se. E menos do que ao nível da imagem, como queria o gongorismo de Pound: ao nível desse singularíssimo acasalamento de vocábulos que nos dá a "maravilha fatal da nossa idade", ou o "em várias flamas variamente ardia", ou esse espantoso "como se encurta e como ao fim caminha/este meu breve e vão discurso humano", em que se sente que Camões diz como ninguém diz, dos passados, dos presentes, dos vindouros. A poesia é esse terrível condão de lapidar a linguagem, de a tornar verdadeiramente indelével – de *"hart sich in die Worte zu verwandeln"*, como disse também insuperavelmente Rilke. Claro que também há a ideia e o sentimento. Não sou contra, embora não me deleite a poesia filosofante e entenda que o arder do verdadeiro poeta é frio como o cristal. Nisso o Pessoa tem razão: "finge tão completamente". O difícil é atingir esse ponto em que a ficção regressa à realidade.

De todo o modo, para lá da poesia, resta-me o recurso da prosa, que sempre me foi uma respiração espontânea, ainda que, no tempo da feitura da tese, eu caísse quase na psicose de que lhe perdera o ritmo natural ou orgânico. O certo é que ganhou desde essa época em contensão e limpidez e, com o treino de escrever em laudas curtas, ductilidade e economia. O conto não me tenta, mas o romance permanece um desejo íntimo e, mais do que o romance, uma espécie de *"respicere in tergum"* que, maldito por todas as teogonias (o mito de Lot, o mito do Orfeu), me devora as entranhas como sede inextinguível. A sensação, como diz o nosso povo, de que se o não fizer "não me salvo". Veremos se os deuses me deixam e, deixando, não me converto em uma estátua de sal. Porque Eurídice, essa, está definitivamente perdida... E restam-me, para lá da arte, a teoria da literatura e do cinema, a ensaística filosófica e sociológica, a política como pensamento ou comentário, enfim, outros violinos d' Ingres, outros "ócios" que, parafraseando o latino, Deus também fez para mim.

Estas e outras coisas serão a matéria destes **Escritos**, que colijo em volumes, não porque julgue que alguém os lê ou apetece, mas para criar um obstáculo nalgumas bibliotecas do país. Se o meu destino foi ser sempre um pouco incómodo, lego esta derradeira incomodidade. Alguns tijolos, duros e densos, como suponho ser meu timbre.

A ordem deles é naturalmente aleatória. Mas começarei pelos escritos de Direito, para passar, quanto possa, ao domínios não jurídicos. Tratar-se-á de três linhas: uma vermelha, outra verde, outra azul, cabendo a primeira ao Direito (*"Rot ist das Recht"*, como alguém escreveu), a segunda ao profano (não porque o Direito para nós seja "sagrado", e "profano" nem sequer no sentido do "mundano" – *weltlich* – de Heiddeger, mas no de laico ou não profissional, da linguagem comum). Na verdade, só como jurista fui pago, ninguém, nem nenhum poder, têm direito a outra contrapartida. A terceira linha é azul e abrange as obras de carácter artístico – prosa ou poesia.

Começarei pelo Direito e pelas obras de juventude, escritas e publicadas entre 1948 e 1953. Trata-se de duas teses de licenciatura e de uma conferência de estágio na Advocacia, mas, se a última foi superada pela legislação processual vigente, e a segunda não mereceu na altura senão a simpatia da Escola, a primeira teve certos foros de êxito – foi Prémio Nacional Guilherme Moreira – e, mesmo hoje, obras sobre negócios mistos ou negócios atípicos não se mostram mais informadas e mais produtivas. Eu tinha na altura uma grande audácia e força de escrita, mas, ao mesmo tempo, uma grande preocupação de rigor lógico e metodológico (como alguns diriam, jurídico-dogmático) e não creio que as suas noções e conclusões se encontrem hoje verdadeiramente superadas. Não sendo, por outro lado, supérfluo conhecê-las, pois autores recentes as citam com uma desenvoltura e traição que tocam as raias do impudor. Também aqui gostaria de repetir: *"Quod scripsi, scripsi"*. A essas obras de juventude seguir-se-á a minha tese de doutoramento, de 1967, possivelmente em três volumes, com adequada revisão de gralhas e, sobretudo, com índices de autores, de matérias, etc., cuja ausência tem sido um dos principais obstáculos à sua leitura. É possível ainda que autonomize a célebre nota 64, que servirá de antefácio a tudo o que se diga depois. O terceiro volume da série **Critério e estrutura do estabelecimento comercial** é sobre a determinação do estabelecimento como bem e a sua aplicação aos problemas concretos – o que porá termo, espero, a certa apropriação indevida que o ensino desses temas no mestrado e até na licenciatura vem permitindo a alguém de menos escrúpulos. Seguir-se-ão os textos já prontos sobre Teoria Geral do Direito Civil, designadamente o "seu sentido e limites" e "relação jurídica e direito subjectivo". Seguem-se o **Direito das Coisas** e **A posse**. O previsto 8.º volume será com o meu Direito das Patentes e outros temas de Direito Comercial, incluindo o **Teixeira de Freitas e a unificação do Direito Privado**, de 1983. Um 9.º volume jurídico será para a minha Teoria Crítica do Direito, que espero seja uma espécie de legado moral e intelectual sobre o mundo do dever-ser. Um 10.º volume será para elogios, discursos e coisas quejandas.

A minha linha verde irá acompanhando, *tant bien que mal*, o meu *fil rouge*. Aí caberão reflexões minhas sobre política, sobre literatura e outras artes, sobre filosofia geral e temas afins. Na linha azul cabem os textos de criação – poesia ou prosa. Na poesia sigo a ordem da escrita, não a da publicação. Assim, **Arqueologia**, que foi escrito antes e publicado depois de **Sobre a Noite e a Vida**, na colectânea aparece primeiro, vindo depois o **Chão de terra** e o **Canto terminal**. Na prosa, embora o plano abranja todo **O homem com qualidades**, contendo a infância e a adolescência em **Da costa à contracosta**, a juventude em **Os jardins do Eden**, o penoso labor da idade adulta em **A leste do paraíso**, e as surpresas da história em **O fim da história**, nada garante, para já, que se obedeça a esta cronologia ou a esta decorrência.

Com a minha precária saúde, bem deveria temer não chegar até ao fim. Mas tenho alguma esperança, que, como dizia o filósofo, é "a vontade razoável de esperar". *Deus nobis haec otia fecit.* Tenho terríveis contas com a Divindade, mas o meu Deus é um Deus de misericórdia.

Coimbra, Abril de 1997

PREFÁCIO A ESTA TRÍPLICE 2.ª EDIÇÃO

No regime de estudos de 1928, aos quatro anos do bacharelato seguia-se o ano da licenciatura (5.º ano), em que ao estudo de várias cadeiras acrescia a apresentação de uma dissertação. Esta começava a preparar-se no início desse ano lectivo, devendo ser entregue dactilografada até 15 de Maio seguinte. Facilmente se imagina a quase impossibilidade de essa dissertação tratar com profundeza os temas sugeridos pelo professor ou escolhidos de qualquer sorte pelo aluno com o beneplácito daquele. No meu caso, o tema foi sugerido por mim (inspirado em conversas com Gregorio José Ortega Pardo, professor ajudante de Direito Civil da Universidade de Madrid, que então procedia a investigações na nossa Faculdade, com vista às suas *oposiciones*), o que deu origem a um saboroso comentário de Domingues de Andrade que refiro no elogio que fiz do Mestre em 1989 (v. **Indi partissi povero e vetusto**, sep. do "Boletim da Faculdade de Direito da Universidade de Coimbra", Coimbra, 1990, pág. 23).

O **Negócio jurídico indirecto (teoria geral)** foi assim elaborado em 1947-48, mas a sua publicação só se fez no "Boletim" da Faculdade (melhor: no seu suplemento) em 1952. Com ele me licenciei e recebi o convite para 2.º Assistente da Faculdade de Direito, embora não para Ciências Jurídicas, como se esperaria, mas para Ciências Políticas, dado o interesse do Doutor Afonso Queiró na minha colaboração.

O Prof. Manuel de Andrade gostou do meu livro, que, concorrendo ao então Prémio Nacional Doutor Guilherme Alves Moreira para o melhor trabalho nesse ano de Direito Civil e merecendo o voto positivo do Júri (pois o apoiavam Manuel de Andrade e Ferrer Correia, que estavam em maioria), não recebeu, porém, o galardão senão passados cinco anos, pois o autor, com uma entrevista ao **Diário Popular** em 1949, em que defendia eleições livres para a Presidência da República, a que pela Oposição Democrática concorria o General Norton de Matos, foi entretanto suspenso da Escola, retido no C.O.M. e só readmitido na Faculdade de Direito em meados de 1950, mas agora (apesar de já licenciado em 1949 em Ciências Político-Económicas), *ex auctoritate Principis*, para Ciências Jurídicas.

De todo o modo, sancionado pela poderosa voz do maior civilista português, foi um livro que facilmente reuniu louvores (em 1955, no seu **Ensaio sobre o conceito de modo**, Antunes Varela chamou-lhe "excelente monografia") e, uma vez por outra, mereceu a atenção da doutrina. Assim a de Vaz Serra (**União de contratos. Contratos mistos**, sep. do "Boletim do Ministério da Justiça", n.º 91, Lisboa, 1960) e, mais recentemente, a de Santos Justo (**A "fictio iuris" em direito romano**, Coimbra, 1988) e a de Pais de Vasconcelos (**Contratos atípicos**, Lisboa, 1995). Já não falando em **Negócio indirecto, liberalidade e negócio misto**, de Ortega Pardo, sep. da "Revista de Direito e Estudos Sociais", 1950, que, embora anterior em data de publicação, é posterior em elaboração efectiva: cfr. a nota (1), pág. 7, dessa mesma obra.

O tema do negócio indirecto e, sobretudo, o dos negócios mistos, que também trato na monografia, tem mantido certa voga no decurso dos últimos cinquenta anos. Não só Antunes Varela lhe dedicou um opúsculo (**Contratos mistos**, sep. do "Boletim da Faculdade de Direito da Universidade de Coimbra", Coimbra, 1968), como, já antes, Vaz Serra lhe deu merecido relevo (**ob. cit.**). De resto, como saliento na minha dissertação de doutoramento, a tentação da misticidade contratual pesou muito na nossa jurisprudência e até nalguma doutrina em matéria de negociação do estabelecimento mercantil (v. o nosso **Critério e Estrutura do Estabelecimento Comercial**, Coimbra, 1967, especialmente cap. III, nota 356, pág. 662 ss.). O mesmo ocorre, ainda que em tom menor, com o tema dos negócios inominados ou atípicos, versado igualmente no meu livro, bem como o dos negócios fiduciários, que, de mistura com aquele, ocupa a obra cit. de Pais de Vasconcelos.

É pelo renovo de interesse que em Portugal esta obra lhe trouxe – ao tema dos contratos atípicos, mas igualmente, de parceria, aos dos negócios indirectos, mistos, fiduciários e abstractos – e pela promessa de renovação (se não de revolução copernicana) que ela faz ao leitor e ao comum operador de direito (pág. 17: "Este livro vem dar às partes a informação necessária e os pontos de apoio jurídicos", etc.), que este antelóquio se torna mais urgente, pois poderia pensar-se que a nossa rota estava definitivamente comprometida com os novos ventos da história trazidos por aquele professor lisboeta. Ventos que se ligam à tendência da judicatura, sobretudo italiana, para remeter ao tipo social a regulação dos acordos não previstos na lei, suprindo o velho e improfícuo apelo aos princípios gerais das obrigações e dos contratos. Sem esquecermos obviamente o interesse pelo tipo que a doutrina alemã sempre revelou e que nomes como Wolff, Heyde, Engisch, Strache, Larenz e Kaufmann, recobrem com o seu inegável prestígio. E ainda, como salienta Majello, o pendor, no neo-liberalismo contemporâneo, de certos operadores económicos para recorrerem a complexas formações inominadas, lançando uma nuvem de fumo que lhes permita subtrairem-se a alguns e rigorosos princípios básicos que se consagram no direito constituído (V. Ugo Majello, **I Problemi di legittimità e di disciplina dei negozi atipici**, in "Riv. Dir. Civ.", 1987, P. I, pág. 500).

Não vou fazer aqui a apreciação da obra de Vasconcelos, que já tive ocasião de criticar e classificar nas suas provas de doutoramento na Faculdade de Direito de Lisboa, em Maio de 1995, nem as infidelidades à letra e ao espírito do meu **Negócio Jurídico Indirecto** de que, citando-me, o autor não se inibiu. *Trascrittore – traditore.* O que me interessa é seguir os passos da sua demostração, do seu novo caminho, e verificar se ele inutiliza efectivamente o anterior.

Quatro grandes ideias marcam esse caminho: 1.ª) a de que o tipo, como forma de acesso ao real, é menos construído ou mais verdadeiro (nomo-fenomenologicamente) do que a forma tradicional do conceito; 2.ª) a de que a qualificação negocial não é uma tarefa da norma, mas uma tarefa do agente; 3.ª) a de que o atípico puro é um como que resíduo quase sem relevo em face do atípico impuro, pelo que, com a aplicação do método tipológico, tendencialmente de tipos deslizantes ou "tipos difusos", o atípico é ainda uma margem do típico, um sub-, infra- ou contratípico; 4.ª) a de que o atípico é não só o inominado mas o inominável, pelo que a disciplina regressa de novo ao vago e informe dos princípios e das cláusulas gerais. Até, porém, para os atípicos impuros, melhor dito, na nossa perspectiva, para os contratos mistos, indirectos e fiduciários, as suas achegas disciplinares limitam-se praticamente a repetir o que já disse acerca da detecção fenomenológica, seja em tema de qualificação, seja em tema de caracterização.

Ora as ideias referidas são infelizmente improcedentes: ilusória, a primeira, errónea, a segunda, improfícua, a terceira, e a quarta mistificatória.

O acesso tipológico aproxima da vida (isto é, da vida normanda), sendo, por isso, um meio excelente de concretização no Direito. A reacção que, desde meados do séc. XIX, na filosofia e fora dela, se veio fazendo contra o pensamento sistemático e que no Direito teve expressão desde o 2.º Ihering (se não desde o 2.º Savigny), com a *Interessenjurisprudenz* e, sobretudo, a *Freirechtsbewegung*, aí está, pululante, nas invasões existencialistas, topicistas, retoricistas, hermeneuticistas, etc., confundindo muita nuvem com Juno, muita poalha com poeira, muito trigo com o joio. Mas a tendência é imparável e é impossível desconhecê-la. Só que o apelo ao real é tudo menos unívoco. Teria ainda algum autêntico peso – mas completa inservibilidade normativa – no *Urteilschau* de Isay e, barbaramente, no ordinalismo concreto. Nos outros, porém, ou vale como remeditação do sistema (e nesse ponto muito proficuamente) ou tenta inserir uma nova regulação que, a mais de carecer de legitimidade, carece de autênticas e efectivas medidas de controle. E aí temos, se não o regresso à Idade Média, de que falava Wieacker, o regresso à horda, como já algures escrevi. O A., sem pôr devidamente em realce o carácter equívoco ou bifronte do tipo como modelo simultaneamente descritivo e regulativo, antes iludindo a dialéctica e até a aporia entre essas duas vocações, ignora a coacção fenomenológica que todo o tipo, mesmo o mais empírico deles, necessariamente implica – o *tertium genus* que toda a intuição-comparação necessariamente postula – e, desposando a tese de que esse *terminus comparationis* emerge dos factos, sendo uma espécie de *universale in re*, como Kaufmann diria, eleva-o, *sine plus*, não só a medida de valor (o que já constitui um abuso, dado que o critério do tipo é, em geral, axiologicamente neutro, mesmo no *"Idealtypus"* de Weber; já Larenz reconhecia que o tipo é a redução laica do conceito geral concreto: v. *Methodenlehre der Rechtswissenschaft*, Berlim - Göttingen - Heidelberg, 1958, pág. 362), mas a medida de valor jurídico, o que é uma extrapolação e uma desjuridicização do Direito como tal. De todo o modo, a coacção fenomenológica que o tipo provoca, junta a esta, e mais grave, extrapolação axiológica (ou inversão axiológica, porque o é realmente), torna o "serviço da vida" que nele entende louvar-se tudo menos lídimo, límpido e, principalmente, lícito. Receio que o convite à audácia que o A. faz na Introdução se transforme num convite, ao fim e ao resto, à fraude.

Por seu turno, a 2.ª ideia é manifestamente errónea. Não tendo conseguido surpreender a relação entre tipo e conceito, reduzindo a formação deste à simples abstracção negativa, ao simples *"Weglassen"*, e o tipo à sua *"Vollform"* – como se não houvesse conceitos mais ou menos gerais, designadamente conceitos individuais históricos, como os que elaboram as "ciências da cultura" e, genericamente, as ciências do *"Wertbeziehend"*, segundo a Escola Sudocidental Alemã, e como se não houvesse, por outro lado, tipos de tipos e até intertipos e subtipos (ainda que a eles aluda, episodicamente) –, afirma o A. que o conceito-função ou conceito funcional é um desenvolvimento do conceito geral concreto (o que é um erro, pois filia-se na abstracção substitutiva posta em relevo por Cassirer: V. o nosso **Critério e estrututura** cit., cap. III, pág. 825, nota 237), declara que na formação do tipo não há abstracção, parecendo reduzi-lo aos "conjuntos difusos" e esquecendo-se de que estes arrancam de certa semelhança fenotípica, sob pena de não haver conjunto algum, e, por isso, de certa característica externa, de certa marca, que se acentua, com abstracção das restantes, para que a comparação seja possível – o *terminus comparationis* que viabiliza a analogia e que é obviamente um *terminus* abstracto (ainda que menos abstracto que o conceito de género), uma *"Denkform"*, como Radbruch escreveu. E se, por último, se decide pela "configuração" como critério do tipo jurídico (**ob. cit**, pág. 57), a qual define, à maneira de Troll, como *"arché"*, como "o plano construtivo, a estrutura interna", trata-a nas páginas posteriores como fisionomia, como estrutura externa, como fenótipo. Aliás, a intuição social não permitiria outra coisa, não sendo por acaso que a voga deste *Modebegriff*, como diz Dattilo (G. Dattilo, **Tipicità e realtà nel diritto dei contratti**, "Riv. Dir. Civ.", 1984, P. I, pág. 773), coincide com o descrédito do pensamento racional, do rigor da ciência, e a voga dos *Leitmotiven* do pensamento sincrético ou pré-analítico do pós-modernismo contemporâneo.

Nestes termos, toda a dilucidação que a ciência prática do Direito veio fazendo para evitar o casuísmo e o arbítrio se perde nesta orientação metodológica. Não é um *meta-odos*: é o *caos*. Em sede de qualificação, além de lançar ao limbo a ideia objectiva de causa – que, tradicionalmente, sob esse nome, como nos códigos estrangeiros (francês, espanhol, italiano, etc.) ou sob o de objecto em sentido amplo (como defendia M. de Andrade para o direito português: cfr. **Teoria**

Geral da Relação Jurídica, Coimbra, 2ª. reimp., 1966, II, pág. 348-349, o que vale, acrescentamos, tanto para o código de 1867 como para o de 1966), constitui a síntese do *quid* e do *modus* (interno) de cada negociação e, por conseguinte, o critério fundamental do enquadramento no *Tatbestand* da lei: sem dúvida elástico, inteligente e não cadavericamente compreendido, sem dúvida até certo ponto actualizável (desde que o programa da lei, à luz do Direito de hoje, se mantenha vigente e, portanto, à luz desse Direito, cubra a hipótese *sub iudice*: e por isso é que as leis permanecem) –, além de rejeitar, repetimos a ideia de causa, o A., no irreprimível pendor superficialista da metodologia que escolheu, remete-se para uma simples teoria dos índices: o fim, a estipulação do tipo, o objecto (em sentido estrito, embora mediato, mas sempre deslizando para ideias mais equívocas, até acabar na "natureza das coisas"!), a contrapartida, a configuração, o sentido, a qualidade das partes, a forma –, mas em vão se esperaria qualquer rigor, qualquer sintoma decisivo e até qualquer conclusão. A própria configuração hesita, o próprio sentido, posto se defina, com B. Machado, como o "código genético-organizativo" em que os princípios valorativos transparecem, o próprio sentido não chega. Acaba-se na *"Zuordnung"* da literatura alemã, que se define como correspondência, contrapondo-a (é pecha) à *"Subsuntion"*, que é o equivalente latino da *"Unterordnung"* (e entre *zu* e *unter* há só uma cambiante de movimento), mas a que sortilegamente se atribui um misterioso prestígio típico. E é essa correspondência misteriosa, mais sincrética do que sintética, que se impõe como paradigma da tipicidade, se bem que esta se dilua, no seu relevo normativo, por duas considerações: a de que qualificar não é problema da norma e a de que tipificar tem disciplinarmente um mais que modesto interesse, pois o tipo legal deve sempre interpretativamente encher-se com o tipo social subjacente (o que é correcto) e o tipo extralegal ou puramente social fazer-se normativamente relevante como uso ou costume (o que, no nosso ordenamento, é claramente *contra legem*). E aqui temos as consequências estrondosas a que se encaminha o A.. A consideração de que qualificar não é exclusivo da norma, antes tarefa dos operadores jurídicos, com o argumento de que de outro modo se desmente a liberdade contratual, é um verdadeiro contra-senso. A liberdade contratual é a liberdade de modelar e de concluir os negócios, não a de decidir arbitrariamente da lei a que eles devem submeter-se (sobretudo se o *nomen* escolhido não corresponde às estipulações). No fundo, é em homenagem à *voluntas partium* que o juiz corrige o *nomen* que escolhem – mas também em homenagem à competência e responsabilidade sua, que é a de fazer justiça nos termos do sistema. A *voluntas* é a *lex negotii*, mas não qualquer *voluntas*, mesmo errónea ou fraudulenta. Diga-se, a propósito, que o exemplo da simulação é incorrectamente apresentado. Na simulação, as partes também querem o acto ostensivo. Se o não quisessem de todo em todo (ou quisessem o simples *nomen*), não haveria declaração de vontade e o negócio era inexistente. Elas querem-no, ainda que só para enganar, ou seja, têm o mínimo de vontade de efeitos (de contrário, não enganavam ninguém), e por isso o acto é apenas nulo. Por outra via, no caso do campo de golfe de Vila Moura, que o A. traz à colação, independentemente dos erros, desconhecimentos, citações incompletas, em que surpreendentemente incorre, lança a alternativa do "contrato de exploração turística", esquecendo-se de que a qualificação do negócio, se não é tarefa das partes, contra o que assevera, também não é um uso alternativo do juiz: assenta num suposto de facto e este são as partes e só elas que o põem.

Sobre os contratos atípicos em si, o A. parte, como dissemos, da ideia improfícua de que não há contratos atípicos puros. Ora a verdade é que os há e o seu diagnóstico é que parecia algo urgente, roubando-os ao rosto informe de nascituros, concebidos ou não, que têm as formações meramente virtuais. De Gennaro, em 1934, citava o contrato estimatório, o contrato de publicidade, os contratos de concorrência, os consórcios e as *"intese"* (Cfr. **I Contratti misti**, Pádua, 1934, pág. 9--17), série que pode hoje entre nós ter de rever-se, pois alguns daqueles já serão típicos (o caso dos consórcios: dec.-lei n.º 231/81, de 28 de Julho, e em certa medida o dos contratos de concorrência – ao menos enquanto se deu cumprimento, ao nível interno, aos arts. 85.º e 86.º do Tratado de Roma – e dos contratos de publicidade – na medida em que muito genericamente se regulou a actividade publicitária: no pomposamente chamado código da publicidade, dec.-lei n.º 330/90, de 23 de Outubro), mas outros mais continuam a não o ser. Da longa lista de Messineo (na "Enc. del Diritto", X, voz *"contratto inominato"*, pág. 95 ss.), mesmo abstraindo dos atípicos impuros que coenvolve, há que salientar o contrato de distribuição e aluguer de película cinematográfica e muitos outros que se ligam à indústria e comércio fílmicos e que o Código de Direitos de Autor e Direitos Conexos mais que vagamente refere, o contrato de estada (em circuito turístico ou não), o contrato de exposição de arte, o contrato de informações comerciais, o contrato de administração, o contrato de treinadores de futebol, o contrato de financiamento, o contrato de transmissão de notícias por telégrafo, telefone ou telefax, o contrato de gestão fiduciária, o contrato de entrega de mercadorias para conservação em câmaras frigoríficas, o contrato de manutenção de ascensores ou outros aparelhos, o contrato de arbitragem, o contrato de concurso em televisão, devendo ainda acrescentar-se o contrato de *know-how*, os contratos de *soft-ware* e os contratos informáticos (de cessão, depósito, armazenamento e utilização de dados pessoais), salvo na escassa medida em que se transcrevem ou adaptam directivas europeias sobre esses temas – o que também acontece com a própria feitoria (*factoring*). Inominada é igualmente a concessão comercial, coisa quase tão escandalosa como a da venda à consignação ou contrato estimatório. Ora aos atípicos puros, o A., considerando-os uma espécie de mundo outro, não lhes dedica o mínimo interesse. Concentra-se nas *vexatae questiones* dos contratos mistos, indirectos e fiduciários, onde a literatura é já tão abundante que se dispensa de a conhecer em margem não despicienda. E com um método verdadeiramente surpreendente: não o distinguir para unir, como diria Maritain, mas o não distinguir para não unir, o que nos põe de boca aberta. Se as categorias jurídicas devem obedecer a um propósito de regime, como é possível propor regimes diferentes se as categorias não se diferençam? A tese, excessivamente repetida, do tipo como "sistema móvel", do tipo como "conjunto difuso", do tipo como moeda deslizante, não só leva o A. a um impressionismo fenomenológico terrível – as séries aparentes de pág. 68 e ss. –, como agora a uma total ausência de critérios entre contratos indirectos, contratos mistos e contratos fiduciários. Desconhece em absoluto no negócio misto, o critério da fusão de tipos e paridade prestacional de De Gennaro, Ortega Pardo, etc.. Desconhece em absoluto, no negócio indirecto, a exigência, como eu proponho, de, além de um negócio-meio tipificado, um fim directo com virtualidade informadora típica (isto é, com idoneidade para ser a causa-função de um negócio diferente, típico ou atípico). Deconhece, para os negócios fiduciários, a exigência de um poder de abuso por parte do *accipiens*, característica, como prova Garrigues, da específica *fiducia*, contrapondo-a aos negócios de confiança de que os tipos legais estão cheios e obviamente ao *trust* do direito angio-americano (J. Garrigues – Diaz-Carabate, **Negocios fiduciarios en el derecho mercantil**, Madrid, 1978). Desconhecendo esses e outros critérios, voltou-se ao magma anterior à individualização dessas figuras, à confusão entre negócios mistos e uniões de negócios, negócios fiduciários e negócios de confiança, negócios de escopo indirecto e negócios indirectos atípicos, não se sabendo o que justifica os regimes e as diferenças de regime que já se deixam entender. Se isto é metodo jurídico, não sei o que o não é. Com a agravante de se dar um tal relevo ao *pactum fiduciae* que parece suprimir-se o negócio-base ("Este contrato centra-se fundamentalmente no 'pactum fiduciae'": pág. 292); de se admitir uma vinculação fiduciária de um direito real de uso (contra o carácter rigorosamente *intuitu personae* deste direito: pág. 276; de se afirmar genericamente o carácter real de pactos modificativos de *iura in re* (contra o art. 1306.°); de se atribuir ao fiduciante um poder genérico de reacção que leva à nulidade dos actos *contra pactum* – com base em abuso de direito, lesão da boa fé ou dos bons costumes –, o que, se fosse verdade, retiraria à *fiducia* o seu carácter de risco, e não é verdade, porque, dado o negócio-base, é impossível qualquer das três reacções. Finalmente, não é sem escândalo que, ocupando-se de tantas situações fantasiosas, o A. não cuide do caso particular da venda a retro, como tipo-quadro onde cabem impunemente alienações para garantia e para administração (e as primeiras em violação da proibição do pacto comissório) e não discuta minimamente essa possibilidade antijurídica. Ou sequer o problema de saber se aí se viola o *numerus clausus* dos direitos reais de garantia, e, portanto, o art. 1306.°.

Por fim, a última ideia (em que assenta o IV cap. da sua obra) é mistificadora, porque, sendo este livro uma promessa de regulamentação dos contratos atípicos, nada cumpre da mesma que vá além do velho recurso aos princípios gerais das obrigações e dos contratos. E lamento dizer aqui o seguinte. A mais de verdadeiros dislates – como, a pág. 321, este curioso jogo aleatório: "Esgotadas todas as possibilidades de formular soluções que não sejam incompatíveis com a Moral, os contratos e as cláusulas contratuais irredutivelmente imorais são nulas" (Mas então é assim: interpretar ou integrar é uma calculatória?!); ou, a pág. 327, os "usos e costumes" como fonte imediata de direito, contra o art. 3.° do Código Civil; ou, a pág. 328, a caracterização sem mais do tipo social como "usos e costumes"; ou a eliminação a pág. 330, nota 657, do relevo jurídico do art. 81.º do Código Civil; ou a confusão, a pág. 332, entre licitude e relevância; ou, a pág. 333, a afirmação de que a lei é que faz a indeterminabilidade dos objectos; ou, a pág. 334 ss., a confusão entre "bons costumes" e Moral; ou, a pág. 337, a afirmação de que não há sectores da vida moralmente neutros (nem o trânsito, nem as regras de actuação técnica, nem a cortesia, nem a higiene individual, nem a moda?); ou, a pág. 340 ss., a supreendente ideia de que há regras de não contrariedade à natureza enquanto *factum* e *fatum*; ou, a pág. 342 ss., a confusão entre normas imperativas e ordem pública, como entre ordem pública e Moral (a liberdade de concorrência é moral?, a existência de herdeiros legitimários, designadamente o cônjuge, é moral?); ou, a pág, 345 ss., a confusão entre ordem pública e fraude à lei; ou, a pág. 355, a crítica à limitação da preferência legal aos contratos com preço; ou, a pág. 380, a equiparação da venda a preço vil, que é simulada, à venda amistosa, que pode ser um *negotium mixtum cum donatione*; ou, a pág. 382, a equiparação da actividade integrativa a função preceptiva, e já não a função integradora da vontade; ou, a pág. 393, a afirmação de que as cláusulas gerais são sempre valorativas; ou, a pág. 398, a confusão entre boa fé, Direito Justo e Direito Natural; ou, a pág. 399, a ligação da boa fé aos contratos de prestação continuada; ou, a pág. 408, o dizer-se que o princípio da autonomia da vontade é tributário do respeito pela palavra dada; ou, a pág. 442, a ideia de que a equidade tem o seu critério na "natureza das coisas" – além de estes patentes dislates, há alguns aspectos extremamente negativos. Assim, o tratamento do tema da *"meritevolezza"* ou do juízo de mérito das formações contratuais (art. 1322.º do *Codice Civile* e 398.º, 2, do nosso código vigente). O A. desconhece o citado estudo de Majello, de 1987, e varre a testada com um golpe que considero indecoroso: reportar o texto italiano, e a doutrina, à manipulação fascista da época da teoria da causa-função, ou "função económico-social", ignorando que esta teoria – com reflexos, entre nós, no art. 334.º do "abuso de direito" e que ninguém escandalizam – já era defendida em 1908 por Bonfante, que a fundava no direito romano, e, em seguida, por Ferrara (1914), Ruggiero, Forti, Romano, Pugliatti, Ranelletti, Zanobini, etc., como em França por Hauriou e Vedel e, entre nós, por J. Tavares (1922) e Galvão Teles (1947). Estranho "resistencismo" de quem não desdenha, *pari passu*, e muito bem, o *patronnage* de Larenz! Negativo é também o seu tratamento da conversão, a pág. 446 ss., vendo nela, na esteira de Carvalho Fernandes, uma "re-valoração das declarações de vontade" e de novo um pretexto para um uso alternativo destas declarações, a arbítrio do juiz, que condeno com todas as minhas forças. Que estranha visão tem dos juristas o sr. Pais de Vasconcelos! Por último, denuncio o luxo da exibição dos *"implied terms"*, que não têm no caso nenhum interesse, visto que não estamos na interpretação literalista do direito anglo-saxónico. E tudo embrulhado, para repetir Dattilo, naquele "exasperado tipologismo" que "pode resultar insensível à evidenciação dos interesses concretos inerentes às actividades tipicizadas, enquanto se liga ao perfil meramente 'fisionómico' da tipicidade" (**ob cit.**, pág. 776). E, repetindo ainda Majello, sem pôr travão, através de critérios gerais, "à criminalidade, à especulação e à arrogância dos que abusam das respectivas posições de força num mercado que o nosso código utopisticamente imaginou só povoado por sujeitos de poder económico igual" (**ob. cit.**, pág. 501).

Não. No fim de tudo isto, não creio que o modesto esforço de distinção e regulamentação que é o **Negócio jurídico indirecto** no campo de claro-escuro ou mesmo de sombra que é o das formações contratuais anómalas, desde o emprego indirecto de negócios tipificados aos negócios mistos, fiduciários e negócios puramente atípicos, não creio que esse esforço, que tem quase cinquenta anos, esteja hoje em crise na reflexão criteriosa do Direito. Claro que os exemplos que citámos de negócio indirecto não são hoje, *de iure condito*, todos pertinentes. Se o mandato com fins de liberalidade continua verosímil, já não o mandato ou depósito com fins de garantia, graças aos arts. 1170.°, 2, e 1193.° do actual Código Civil, que substituiu os arts. 1364.° e 1441.° do código de 1867. A venda com fins de garantia, graças à admissão da venda a retro, passou também a ser compatível com a lei, havendo, todavia, que tê-la em atenção para defesa da proibição do pacto comissório, como vimos sustentando de há muito no nosso ensino de Direito das Coisas. Aliás, tanto essa venda para garantia como a venda para administração são exemplos marcantes, ainda hoje, de negócios de escopo indirecto, e de negócios indirectos em que o fim indirecto é atípico, só não sendo o negócio inominado porque o negócio-meio é típico e à disciplina dele é que se devolve, basicamente, a *voluntas partium*. Contudo, porque parecem contender à primeira vista com o art. 1307.° (não se trata de propriedade *sub conditione*, mas de propriedade definitiva embora resolúvel), e, no que toca à venda para garantia, parece contender com o art. 1306.º, 1 (já que não constitui uma garantia real nominada), e, se não contender, parece violar a proibição do pacto comissório, há que ter em atenção a estrutura desses produtos do *ius vivens*, que pesar cuidadosamente o programa da lei quer na venda a retro, quer nas normas referidas, para se concluir com segurança sobre o regime a cada um deles aplicável. Quanto aos negócios mistos, o critério proposto afigura-se-nos ainda o mais pertinente, bem como a teoria da combinação nos termos em que a defendemos neste livro. E, além de que o que afirmámos ser útil para casos frequentíssimos, como o contrato de albergaria e o contrato de aluguer de cofres fortes (referido na lei como uma possível função da banca – mas não regulado minimamente e hoje em dia função de várias indústrias: hotelaria, transportes, exibição de espectáculos, etc.) –, a contratação mista tem actualmente porventura um largo e novo campo de actuação na discutidíssima cessão de espaços em centros comerciais, onde, não havendo em concreto uma trasmissão de estabelecimento (por este não existir ainda ou não se haver cedido no seu âmbito mínimo), há um contrato de cessão de local porventura não incluível nas regras do arrendamento, até pelo conjunto de prestações complementares: custódia, limpeza ou outras, que exorbitam do arrendamento ou subarrendamento definidos na lei. Quanto aos negócios fiduciários, continuamos a crer que, a não se preferir o emprego de negócios típicos meios (como na venda para administração ou para garantia, mas também no endosso para garantia ou para cobrança, desde que se oculte a respectiva indicação) – caso em que releva o regime do negócio indirecto –, a alternativa possível permanece a que se defende no texto: ou negócio abstracto translativo real ou, a não se admitir tal abstracção, negócio atípico *fiduciae causa* (valendo esta como *iusta causa traditionis*).

O **Contrato Administrativo e acto jurídico público** foi a minha dissertação de licenciatura em Ciências Político-Económicas, quando, 2.º assistente de Ciências Políticas, pensava doutorar-me em esse sector. Foi realizado de Outubro de 1948 a Maio de 1949, de mistura com as minhas funções lectivas: aulas práticas de Direito Administrativo, com o Doutor José Carlos Moreira, e de Direito Internacional Público e de Direito e Administração Colonial, com o Doutor

Afonso Queiró. Foram meus alunos no 2.º ano os depois meus colegas de docência Doutores Castanheira Neves e Rui de Alarcão, mas também muitos outros nomes que não esqueço: Dr.ª Maria Rosa Graça de Lemos, Dr. Luís Crucho de Almeida, Dr. Paulo Sendim, Dr.ª Maria da Conceição Lobato Guimarães, etc., etc.. Assistente também de Ciências Políticas foi nessa altura o Doutor Rogério Soares, mais velho do que eu um ano de curso mas frequentando como eu, em 1948--49, a licenciatura em Ciências-Político-Económicas e licenciando-se como eu nesse mesmo ano. Sugestionado pelo Doutor Afonso Queiró a fazer a tese em Ciência Política, preferi, por motivos óbvios (designadamente, a minha oposição ao regime), fazê-la em Direito Administrativo, escolhendo o tema do contrato administrativo, que encarei dialecticamente como uma síntese da teoria do contrato e da teoria do acto jurídico público. O tema fora versado em termos modestos, nos anos 30, por Melo Machado, mas não nessa linha ou com essa perspectiva. Reservei para a dissertação de licenciatura o primeiro ramo da antítese – a caracterização do acto jurídico público –, pensando tratar do outro – a caracterização do contrato – na dissertação de doutoramento. Caracterização primeira que me levou ao velho e irresolvido tema do *publica privatis scernere* – para distinguir a actividade *iure publico* da actividade *iure privato* da Administração –, tema em que, rejeitando a teoria do duplo sujeito e a teoria da dupla *utilitas*, me encaminho para a teoria da dupla via, já trilhada por muitos, mas não com a marca estrutural que lhe inculquei: acto público é aquele em que há explicitação do interesse público na causa, traduzindo-se num controle contínuo, *manente relatione*, da prestação por esse público interesse. Foi esta, hoje tão moderna, legitimação pelo processo que, no fundo, introduzi nessa matéria por alguns havida, e não sem motivo, quase metafísica. Todavia, apesar do louvor que a tese mereceu no meu exame de licenciatura em Ciências Político-Económicas, por parte do Doutor Afonso Queiró, não me consta que tivesse tido qualquer eco até aos anos 80 – embora Freitas do Amaral e Jorge Miranda me assegurem que sim – e nos anos 80 só com as citações que dela fez Luís Solano Cabral de Moncada e, mais recentemente, o Doutor Eduardo Paz Ferreira na sua dissertação de doutoramento. O contributo que dei para aquela *vexata quaestio* parece-me, no entanto, suficientemente válido para que faça a reedição da obra.

Revelia e notificação em processo pendente é a conferência que proferi em Coimbra, no Instituto da Conferência, quando candidato à advocacia em 1951. Era Presidente do Conselho Distrital da Ordem dos Advogados o Dr. Fernando Lopes, grande causídico coimbrão, e meu patrono o Dr. César Abranches, também notável causídico, de prestígio nacional. O tema foi-me dado pelo Dr. Fernando Lopes, consistindo num caso real posto no Tribunal de Leiria e subido em recurso à Relação de Coimbra. A questão da revelia confundia-se com a das notificações, pois era a falta de uma destas que erroneamente qualificara o faltoso de revel. O problema importante era, pois, o da notificação, que liguei com o das notificações de vontade e com o da sua perfeição ou completude. Embora o problema tenha sido resolvido pelo legislador – e, consoante defendo, já o tivesse sido naquele momento –, o que fica dito sobre a notificação permanece válido e por isso é que teve honras de citação por Manuel de Andrade nas suas **Noções Elementares de Processo Civil**, I, Coimbra, 1956 (pág. 115, nota 1). V. também a nova ed., revista e actualizada por Antunes Varela, Coimbra, 1963 (pág. 114, nota 2).

1
NEGÓCIO JURÍDICO INDIRECTO

(TEORIA GERAL)

Aos meus condiscípulos do curso
jurídico de 1943-48 na Faculdade
de Direito de Coimbra

"quando a manhã que é nossa for dos
outros..."

SALVIANO DE SOUSA
na abertura do Livro de Curso

NEGÓCIO JURÍDICO INDIRECTO

(TEORIA GERAL)

INTRODUÇÃO

Sumário: – **1.** O negócio indirecto como fenómeno prático aparentemente anómalo na vida jurídica. – **2.** Posição da problemática. – **3.** Estado da doutrina. – **4.** Interesse do estudo.

1. Perante o desenrolar da vida prática, com necessidades que diariamente se renovam, formas sempre mais complexas e variáveis, não pode o jurista alhear-se como em "torre de marfim" nos esquemas de uma ciência puramente lógica. De vez em quando, há-de curvar-se para o que lateja à sua roda, avaliar e criticar os seus próprios juízos de valor, vendo a que distância o formulário estreito de uma contigente ordenação fica dos novos interesses e das reais aspirações da prática.

É uma sadia reflexão sobre o valor dos sistemas e das ideias, a qual não implica forçosamente um relativismo jurídico constitucional, pois decorre até de uma atitude prévia em face da Lei e do Direito. No fundo, o que dita esta posição renovadora da ciência jurídica é o pensamento de que ela será acima de tudo uma ciência humana, compenetrada dos seus próprios deveres e limitações, do que lhe compete em actividade interpretativa, construtiva e até, por vezes, correctiva das normas; sabendo que não pode vingar nenhuma regra de conduta que teime em desconhecer as realidades humanas, como sabe igualmente – embora não admita que o "dever-ser" se determina pelo "ser", o *"sollen"* se determina pelo *"sein"* – que os princípios jurídicos têm de sofrer, como quaisquer outros, do inevitável "condicionamento material da ideia" [1].

---

[1] RADBRUCH, *Filosofia do Direito*, trad. portuguesa, Coimbra, 1945, 2.ª ed., I – § 2.°

O pequeno estudo sobre o negócio indirecto que me proponho fazer enquadra-se precisamente neste pendor de investigação interessada – por contraste com investigação desportiva, de puro "dilettantismo" intelectual –, se bem que esteja fora dos meus propósitos tentar qualquer correcção ou revisão de conceitos jurídicos fundamentais. Seria, por um lado, exorbitar do âmbito da investigação positiva e cair num papel de... filósofo do Direito. Seria, por outro, não ter a menor noção da modéstia forçada deste género de dissertações, a que nem o tempo nem a cultura escassa dos seus autores permitem o luxo de semelhantes tentativas doutrinárias.

O negócio indirecto situa-se num plano de investigação interessada, e com isto quero apenas significar que ele surge aos nossos olhos quando procuramos saber como se comporta o Direito na vida prática, que modelações sofrem os princípios ao contacto do real. Eis-nos perante um fenómeno eminentemente prático, com a particularidade de ser um produto do *ius vivens*, para usar de uma fórmula consagrada. Se o método a empregar fosse estritamente lógico-formal, talvez não pudéssemos compreender, na totalidade e na complexidade, este resultado heterogéneo (ao menos, na aparência) da vida jurídica. Antes de o *pensar* abstractamente, antes de o *valorar* e qualificar, tem o jurista de o conhecer, procedendo a uma análise empírica dos dados objectivos que comporta. Tem de situar-se no plano mais rasteiro da investigação, no domínio sociológico-jurídico, cego aos valores (*"wertblind"*), para só depois se elevar ao domínio da cultura (*"wertbeziehend"*), ao reino das significações e das referências [1].

Não se pode dizer que este método indutivo-dedutivo tenha sido empregue com toda a eficiência pelos tratadistas do negócio indirecto. Alguns, se não a maioria, não podem esconder os preconceitos de que partem, não digo já no campo estritamente jurídico, onde, por força, tem de haver certos princípios fundamentais, mas no campo da investigação directa, sociológica, que há-de fazer-se simultaneamente com todas as cautelas do cientista prudente e a *"simplicité du regard"* do verdadeiro observador.

À primeira vista, o negócio indirecto é apenas um dado complexo da prática negocial, um de entre os vários aproveitamentos da lei positiva, que, se, muitas vezes, é usada para tutelar directamente supostos-

---

[1] RADBRUCH, *op. cit.*, § 1.º.

Negócio jurídico indirecto

-de-facto ordenados nos específicos moldes que ela apresenta aos particulares, outras vezes, se encontra face a face com formações de emergência, arbitrárias e incertas na sua heterogeneidade. Estas formações de emergência ou são negócios *sui generis* inteiramente novos (negócios inominados), dentro da margem que o sistema confere ao livre jogo da autonomia privada, ou são formas intermédias, hesitantes entre os negócios designados na lei e os negócios destituídos de *nomen iuris*. Exemplo relevante de negócios situados nesta zona de claro-escuro, são os contratos mistos, produto de várias prestações típicas concorrentes.

O negócio indirecto surge ao investigador como uma destas figuras hesitantes, heterogéneas, que participam ao mesmo tempo de certa tipificação legal e de uma vida extravagante e anómala. Exibem o aparato dum tipo legislativo, mas trazem no âmago a destinação a um fim incongruente com aquele aspecto negocial. As partes dizem ter realizado um negócio típico *a*. Com isto manifestam a vontade dos efeitos jurídicos correspondentes; mas, em última análise, esses efeitos parecem não ter ali cabimento, pois o intuito das partes é que o negócio desempenhe uma função *b*, que, em abstracto, não só lhe não compete, como tem aptidão para constituir, por si mesma, o objectivo dum negócio diferente. É, v. g., um depósito que desempenha fins de garantia; um mandato que desempenha fins de liberalidade; uma compra-e-venda que desempenha fins de liberalidade ou de garantia; etc. Deveriam – parece – ter usado respectivamente de um penhor ou de outra forma de garantia sobre móveis, de uma doação, para a liberalidade, de uma hipoteca, para a garantia sobre imóveis, e assim por diante.

Repare-se que não estamos num problema de interpretação ou integração dos contratos, porque a vontade dos contraentes manifestou-se de modo explícito pela escolha voluntária do negócio adoptado. Precisamente porque do suposto-de-facto se deduz que eles desejaram, na realidade, submeter o fim económico pretendido àquele negócio e àquela disciplina, é que se levanta a dúvida sobre se esta vontade pode ser mantida e confirmada, sobre se o meio jurídico é compatível com o fim indirecto que determinou a contratar. Quer dizer: não há divergência entre a vontade real e a vontade declarada; pode haver uma errada apreciação das possibilidades jurídicas do material de facto, julgando as partes que, assim posto ele, virão a ser-lhe atribuídas as consequências legais do negócio adoptado, quando a avaliação do juiz vem a provar o contrário, por faltarem ao suposto alguns elementos ou notas imprescindíveis para o decurso de tais efeitos.

O problema do negócio indirecto é este. Fica para além do eventual problema da simulação. Só quando esta foi eliminada como explicação jurídica do facto, é que o primeiro pode levantar-se. Mas não quero com isto dizer que pensar o intérprete na sua possível existência não tem já utilidade mesmo no momento de se saber se o acto é ou não simulado. Recordando o conceito de negócio indirecto, evita-se, por certo, o julgamento superficial e frívolo, a precipitação, a pressa em inutilizar, *só pela não ajustada adaptação do negócio a todas as notas do esquema típico havidas por habituais,* o contrato que foi levado à barra da justiça.

Perante uma hipótese complexa daquele género, caracterizada pelos dados empíricos que enunciei: – 1.º) uma declaração de vontade donde se conclui a *real* pretensão de um negócio típico determinado, e conclui, não só por haverem sido actuadas, em termos gerais, as suas linhas mais frisantes (no depósito, entrega da coisa à guarda de outra pessoa; no mandato, atribuição a outrem do exercício de certos direitos próprios; na venda, avaliação da coisa e entrega do preço; etc.), como ainda pela notória exclusão de toda a disciplina que não seja aquela; – 2.º) a existência de um fim indirecto que foi inclusivamente o móbil das partes a contratar, mas que assume, à primeira vista, um valor antagónico com a função imanente ao negócio adoptado –, em face de uma hipótese assim delineada, o problema do negócio indirecto deve pôr-se com agudeza aos olhos do intérprete. Ou se tenha de concluir que o negócio indirecto é uma categoria autónoma ou que, aliás, se integra na categoria dos negócios típicos, da aplicação deste conceito ao caso concreto vem a depender a vida da relação de facto como relação jurídica. E se digo assim, é porque a solução do negócio inominado, dando primazia ao fim indirecto e fazendo irrelevante a escolha do negócio adoptado, está desde logo prejudicada por falta de apoio na vontade das partes, só podendo ser defendida, não em virtude do princípio da conservação do negócio (pois não é *conservar* substituir um regime querido – o do negócio típico meio – por outro não querido – o dos negócios atípicos), mas com fundamento, talvez, numa ideia de consecução a todo o risco do fim económico. Falta saber se esta consecução a todo o risco pode valer também contra a vontade explícita das partes, do que duvido.

2. A problemática do negócio indirecto impõe, a meu ver, esta directriz ou ordem de trabalhos. Em primeiro lugar, dar um conceito coerente e autónomo de negócio indirecto: coerente pela harmonia lógica de todas as suas partes essenciais, e autónomo pela suficiente delimitação das suas fronteiras. Nele têm de entrar forçosamente dois elementos integrantes: o negócio típico adoptado e o fim indirecto –, sob pena de se crer impossível a ideia de um "emprego indirecto de um negócio tipificado". Só depois de estabelecido o conceito, que nos dá os *sinais* indispensáveis para a identificação do negócio que procuramos, poderemos *reconhecê-lo* na vida prática, dizer se ele se singulariza em face das múltiplas formações contratuais do comércio jurídico, se tem sequer individualidade real (se aquela entidade lógica é uma entidade concreta) ou, pelo contrário, se vem a resolver noutros expedientes do Direito, quando não a constituir apenas uma *"caput mortuum"* sem vestígios no presente.

Subindo a um nível mais propriamente jurídico, importa avaliar, de seguida, a importância do negócio indirecto para o Direito como ciência e como norma. Saber se aquela entidade lógica e prática consegue ser também uma entidade jurídica, ter um valor próprio para a doutrina. Há, pois, que distingui-la rapidamente das figuras jurídicas a que mais se afeiçoa – negócio inominado, misto, abstracto, fiduciário, simulado – e, se resiste a todos os confrontos, que sujeitá-la ainda a uma última prova: indagar o relevo que assume juridicamente a estrutura particular do negócio indirecto – o que nos levará ao problema da relevância dos motivos –, e daí, ou erigi-lo em *species nova*, ou apontar a diversa qualificação que, de direito, lhe compete. Finalmente, seja qual for o resultado, determinar as linhas-mestras da respectiva disciplina.

Ficará deste modo, esboçada uma teoria geral do negócio indirecto [1]. Porque o tempo não sobra, não poderei analisar detidamente

---

[1] RUBINO (*Il negozio giuridico indiretto*, Milão, 1937) trata, no § 2.º do IV Capítulo, dos chamados desenvolvimentos anormais da relação. Partindo, como veremos, da ideia de que os negócios fiduciários são negócios indirectos, trata de modelar o negócio indirecto como um negócio de confiança em sentido lato, descobrindo nele uma especial situação de perigo, que, numa visão mais nua, não consegue descobrir-se-lhe. O problema dos desenvolvimentos anormais da relação baseia-se precisamente nessa especial periculosidade do negócio indirecto: o que poderá fazer a contraparte, ou ambas as partes, se o outro contraente, ou terceiros, impedir(em)

qualquer hipótese mais importante ou controvertida. Só quando a altura se proporcionar, aludirei a um que outro exemplo concreto, para esclarecer a doutrina e dar-lhe um sentido mais utilizável.

3. É relativamente recente a doutrina do negócio jurídico indirecto.

IHERING [1] foi o primeiro a denunciar a existência de meios típicos aplicados a fins económicos atípicos, mas fê-lo no plano puramente histórico e só para o Direito romano. Considerava, de resto, os "actos aparentes" do Direito romano como tendo a mesma génese dos actos simulados: *"agir em aparência ("dicis causa")* é o contrário de agir com seriedade..."[2]; e, se vinha a distinguir o acto aparente em sentido técnico da simulação, era em vista, não de uma realidade intrínseca do meio jurídico, mas de uma *realidade convencional,* derivada da tolerância do juiz e da força do costume. Tratava-se, como ele diz, de "uma mentira jurídica consagrada pela necessidade"[3]. Interessa assinalar também que, segundo IHERING, estes actos levantavam na jurisprudência romana um problema particular, qual fosse o da conciliação do meio jurídico, do *"decor"* do acto aparente, com o fim prático que este se propunha. Ora o problema do negócio indirecto, superada a questão sobre a realidade ou seriedade do negócio, e substituindo-se à preocupação pela forma a preocupação pelo tipo, tem sido posto mais ou menos assim.

KOHLER [4] foi o primeiro tratadista que versou a matéria dos negócios de escopo indirecto num plano rigorosamente dogmático. Já ENNECCERUS [5], defendendo a relevância do intento prático-jurídico, ou melhor, da necessidade de uma referência da vontade das partes, no negócio jurídico, pelo menos às consequências imediatas, embora apenas com uma representação global ou de leigos [6], deixava em aberto

---

a produção do fim indirecto? Esta pergunta não tem de fazer-se, se for diferente, como pensamos, o conceito do negócio em exame.

[1] *L'esprit du droit romain*, trad. franc., Paris, 1886, III e IV vol., § 52 e § 68.

[2] *Op. cit.*, III vol., § 52, págs. 220-221.

[3] *Op. cit.*, IV vol., § 68, pág. 275.

[4] Bibliografia cit. por RUBINO, *op. cit.,* n. 3 à pág. 1.

[5] *Rechtgeschäft, Bedingung und Anfangstermin,* Marburgo, 1883, cit. por RUBINO, *op. cit*, n.º 3, pág. 1; cfr. *Tratado de Derecho Civil,* trad. esp., Barcelona, 1935, t. I, II vol., § 136, n.º 3, pág. 54.

[6] Cfr. Prof. M. ANDRADE, lições ao 2.º ano jurídico de 1944-45, parte publicada, II vol., pág. 33. V. tb. a *Teoria Geral da Relação Jurídica* cit. (*supra*, pág. 23-24), II, pág. 30.

a possibilidade de negócios em que a *voluntas partium* visasse directamente os efeitos jurídicos, sem a preocupação de atingir o mesmo fim económico que a lei supunha. Só KOHLER, porém, se demora dogmaticamente no problema dos "negócios ocultos ou cobertos", em cujo âmbito vem a incluir como subespécie, ao lado dos negócios fiduciários e da interposição real de pessoas, os negócios reais não fiduciários aplicados a fins indirectos. Estes "negócios ocultos" eram para KOHLER seriamente queridos, distinguindo-se fundamentalmente dos actos simulados.

Depois de KOHLER, RABEL [1] retomou a investigação no aspecto histórico, criando a designação de "negócio figurativo" ou "imitativo". Neste autor se procura, pela primeira vez, conciliar a *realidade* dos "negócios ocultos" de KOHLER com a *aparência* dos "actos imaginários" ou *"dicis causa"* de IHERING e demonstrar a subsistência dos negócios "figurativos" para além do Direito romano: nos outros direitos históricos e na vida jurídica moderna. De tal conciliação derivou, a meu ver, o considerarem-se os negócios *reais* indirectos como negócios sobretudo *aparentes,* com uma natureza muito próxima dos actos aparentes romanos, a fim de estes mais facilmente gozarem da *realidade* do verdadeiro emprego indirecto. Quer dizer: para conformar os actos aparentes ao negócio real indirecto, deformaram-se os negócios indirectos a ponto de ficarem com uma *realidade* bastante fictícia... Mas isto só se verá melhor ao longo deste trabalho.

FERRARA [2], entre os italianos, nas páginas da **Simulazione** que dedica ao problema, julga explicar através do "negócio real indirecto" ou "oblíquo" quer os actos aparentes do Direito romano, quer os negócios fiduciários e fraudulentos da actualidade. Continua, pois, na tendência "monista", podemos dizer assim, de RABEL (por oposição à tese "dualista", que acho mais defensável, de serem os negócios indirectos alheios aos actos aparentes da antiguidade). Mas em FERRARA o negócio real oblíquo tem quase uma função do *"deus ex maquina"* jurídico para as figuras anómalas, alguma coisa que tudo explica, desde a aparência à *fiducia* e da *fiducia* à fraude. Embora pondo grandes reservas, se não mesmo objecções, a esta doutrina, não posso deixar de reconhecer que o autor da **Simulazione** teve o mérito indiscutível de haver

---

[1] Bibliografia cit. em RUBINO, *op. cit.,* n. 3, pág. 1.
[2] *Della simulazione dei negozi giuridici*, 4.ª ed., Roma-Milão-Nápoles, 1913.

separado com nitidez, pelo menos dentro da sua ideia, os actos simulados dos negócios indirectos

O restante da doutrina italiana, exceptuando PESTALOZZA [1], com uma concepção muito particular em que ainda aproxima o negócio indirecto da simulação, tende a reconhecer, não só a realidade ou seriedade daquela figura jurídica, mas também a sua existência na prática dos nossos dias. Contra esta tendência, de longe predominante, levanta-se apenas DOMINEDÒ [2], ao passo que nela enfileiram MESSINA [3], ASCARELLI [4], SANTORO-PASSARELLI [5], GRECO [6], MAZZONE [7], CARIOTA-FERRARA [8], DE GENNARO [9], GRASSETTI [10], RUBINO [11], divergindo tão só um ou outro na qualificação definitiva do negócio jurídico indirecto.

Foi ASCARELLI quem suscitou novo interesse pelo problema, quando, nos "Studi in onore di Vivante", publicados em Roma em 1930, tratou das ligações do negócio indirecto com as sociedades mercantis, nomeadamente com as sociedades unipessoais. Contudo, o primeiro trabalho verdadeiramente notável, não pela sua extensão mas pela agudeza analítica, é o de autoria de GRECO, muito embora este jurista se decida a fazer do negócio examinado uma categoria jurídica própria, de acordo, aliás, com a primitiva orientação dos artigos de

---

[1] *Simulazione*, "Enciclopedia Giuridica Italiana", vol. XV, pág. 11, sec. 2.ª, n. 37 e seg.

[2] *Le anonime apparenti*, "Studi Senesi", 1906.

[3] *I negozi fiduciari*, Milão, 1910.

[4] *Il negozio indiretto e le società commerciali*, "Studi in onore di Vivante", I, pág. 23; *Contratto misto, negozio indiretto, negotium mixtum cum donatione*, "Riv. Dir. Comm.", 1930, pág. 462; *Sulla dottrina del negozio indiretto nella giurisprudenza della Cassazione*, "Foro Italiano", 1936, págs. 779 e segs. e 1389 e segs.

[5] *Interposizione di persona, negozio indiretto, successione della prole adulterina*, "Foro Italiano", 1931, I, págs. 176 e segs.

[6] *La società di commodo e il negozio indiretto*, "Riv. Dir. Comm.", 1932, págs. 766 e segs.

[7] Recensão ao artigo de GRECO, "Diritto e Pratica Commerciale", 1933, I, págs. 44 e segs.

[8] *I negozi fiduciari*, Pádua, 1933, págs. 39 e segs.

[9] *I contratti misti*, Pádua, 1934, págs. 71 e segs.; *Sul valore dommatico del negozio indiretto*, Milão, 1939.

[10] *Del negozio fiduciario e della sua ammissibilità nel nostro ordinamento giuridico*, "Riv. Dir. Comm.", 1936, I, págs. 345 e segs.

[11] *Op. cit.*

Ascarelli. Rubino escreveu a primeira e a única monografia conhecida sobre o assunto, na qual defende uma tese *sui generis*, que situa o problema do negócio indirecto num problema de construção em sentido técnico e em que transparecem já as ideias mais tarde desenvolvidas no seu trabalho sobre *La fattispecie e gl'effetti giuridici preliminari*[1]. Mereceu a obra de Rubino uma crítica de fundo de De Gennaro[2], autor de um estudo sobre os contratos mistos onde faz também uma breve mas sistematizada exposição da teoria do negócio indirecto. À excepção de Greco, e, como disse, Ascarelli nos seus primeiros artigos, os mais autores vêm a considerar o negócio indirecto simplesmente como categoria económica, embora com relevo para o Direito. Acentuam, porém, o valor desta figura na orientação do intérprete, permitindo-lhe, ante formações contratuais de feição anómala, afastar-se de conclusões apressadamente simplistas e valorizar o mais possível a vontade privada.

Fora de Itália, tanto a jurisprudência como a ciência latina quase que desconhecem o problema do emprego indirecto de negócios tipificados. Entre nós, a *Simulação* do Prof. Beleza dos Santos nem sequer alude a esta espécie negocial, talvez porque, à maneira de Ferrara, o Autor a suspeitava hoje em dia representada tão somente pelos negócios fiduciários[3]. Na dissertação de Taborda Ferreira[4], os negócios indirectos são referidos em nota, a propósito da utilidade, para certos efeitos, da ideia de causa-função. Já o Prof. Ferrer Correia nos dá uma referência mais longa e valiosa ao negócio indirecto – mas ainda assim puramente acidental – ao expor as teorias de Ascarelli e de Greco sobre a natureza das sociedades fictícias, na monografia que dedica a estas e às unipessoais[5]. E resume-se a isto a nossa literatura sobre a matéria.

---

[1] Milão, 1939.

[2] *Sull valore dommatico...*, cit.

[3] *A simulação nos actos jurídicos*, Coimbra, 1921, I. O prof. B. dos Santos faz a distinção entre os actos simulados e os actos fiduciários a págs. 113 e segs. do seu trabalho, concluindo pela seriedade dos segundos, mas negando aos dois casos que estuda em pormenor (venda e cessão para garantia) o acolhimento do nosso sistema jurídico.

[4] *Do conceito de causa dos actos jurídicos*, Lisboa, 1946.

[5] *Sociedades fictícias e unipessoais*, Coimbra, 1948, págs. 147 e segs.

4. Entretanto, o entusiasmo que para lá dos Alpes despertou a figura dos negócios reais indirectos, na terminologia de FERRARA, certamente não resulta apenas de uma avidez natural de compreender e de distinguir. O facto de as atenções incidirem quase sempre sobre casos particulares – de sociedades unipessoais ou fictícias, de mútuos ou depósitos com escopo de garantia, de interposição real de pessoas, de doações mistas, etc. – revela o interesse vital, e não apenas teórico, do problema em debate, interesse que, mesmo a chegar-se à conclusão de recusar ao negócio indirecto categoria jurídica própria, nem por isso deixa de existir e de estimular a doutrina.

E isto compreende-se quando se repara que da solução a dar ao problema da admissibilidade do negócio indirecto dependerá, como vimos, ser ou não admitida a satisfação de numerosas exigências da vida prática e do comércio jurídico em geral. A figura do negócio indirecto, uma vez acolhida, ou como categoria jurídica autónoma ou como simplesmente subsumível em outra categoria determinada, tem o incontestável interesse de servir de "câmara de reflexão" para o julgador, que, posto em face de hipóteses externamente anómalas, poderá, à luz desse prisma, com rigor que de outro modo lhe seria vedado, apartar, do grupo das formações empiricamente condenadas (a uma relativa ou absoluta inutilização como actos simulados, por exemplo) as que cientificamente se revelam ainda como dignas da tutela do Direito. Como adiante veremos, este negócio é um ponto de escala de valor transcendente na qualificação de um suposto-de-facto: marca o limite da tipicidade, isto é, o limite da aplicação directa da lei, de uma disciplina estável e certa das relações jurídicas. O que isto pode valer para o julgador e, sobretudo, para os particulares, é mais do que intuitivo.

I
Conceito de negócio jurídico indirecto

Sumário: – **1.** Elementos que integram o negócio indirecto: o negócio adoptado e o fim indirecto. – **2.** A função típica do negócio. – **3.** Sua importância para o conceito de negócio indirecto. – **4.** Doutrina da divergência entre a função típica e o elemento determinante. Crítica. – **5.** Doutrina proposta. – **6.** Condições do fim ulterior e espécies de negócio indirecto.

1. Para que certa formação negocial possa dizer-se emprego indirecto de um negócio jurídico ou, com mais simplicidade, um negócio de escopo indirecto [1], importa, como as próprias palavras indicam, que se analise em dois elementos essenciais: um negócio típico adoptado [2] e um fim indirecto [3].

O fim indirecto não é nem pode ser um simples motivo. Se apenas constituísse a representação de um aproveitamento de facto de entre os muitos de que é susceptível um bem, não haveria que falar de

---

[1] A designação "negócio de escopo indirecto" ou "negócio indirecto" parece preferível à de "negócio escondido" ou "coberto" de KOHLER e à de "negócio figurativo" ou "imitativo" de RABEL. Foi introduzida em Itália por obra de MESSINA e de FERRARA e é igualmente adoptada pelos tratadistas posteriores. Além de revelar a estrutura específica deste complexo negocial, não envolve possibilidades de ele se vir a confundir com os actos simulados ou com os actos aparentes (Cfr. GRECO, *La società di commodo* cit., nota à pág. 775).

[2] RUBINO chama também "negócio-meio" ao negócio típico escolhido, enquanto se abstrai do fim indirecto.

[3] Parece-me esta designação de "fim" mais correcta do que a de "resultado", pois traduz a importância determinativa e jurídica de que a representação é dotada em abstracto, ao passo que a segunda traduz apenas uma ideia de produção material ou empírica.

anomalia do negócio em exame. Os autores são concordes na exigência de um relevo jurídico particular. Por enquanto só interessa saber que o fim indirecto há-de possuir capacidade funcional, isto é, uma peculiar consistência que se traduz em ser ele idóneo, só por si, para constituir o objectivo capaz de um negócio jurídico diferente daquele que as partes, em concreto, quiseram actuar. Tal consistência, com relevo para o Direito pelo menos em abstracto, pode importar alterações que não estavam previstas para o comum emprego do negócio adoptado.

Por sua vez, este terá de ser típico e de manter a tipicidade em confronto do fim indirecto que se propõe. Não se concebe um emprego indirecto em relação a negócios inominados, embora isto só possa compreender-se inteiramente através das explicações sobre a função negocial que vierem a ser dadas. Mas, por agora, bastará adiantar que os negócios não descritos na lei só têm, em regra, existência concreta, e, até nos casos raros em que conseguem atingir uma certa estereotipação, de tipicidade só pode falar-se em sentido translato. Além disso, e como também se verá, uma das maiores vantagens do negócio indirecto é afastar a formação negocial das incertezas que rodeiam os negócios inominados, e, na hipótese prevista, o suposto teria sempre de resignar-se à situação de caso *sui generis*.

Mas, à parte a exigência de um tipo, isto é, de as partes terem de pressupor, ao contratar, um tipo designado na lei, importa, para que de negócio indirecto possa dar-se um conceito útil e definido, que a intervenção do fim ulterior não provoque alterações de substância na órbita negocial. De contrário, vem esta a resultar numa formação atípica ou inominada, não podendo com lógica falar-se de emprego, sequer indirecto, de um negócio, quando esse negócio já não existe.

Por aqui se vê que a existência de um conceito de negócio indirecto vem a depender da compatibilidade ou incompatibilidade, em cada caso, entre o carácter típico do negócio adoptado e a especial natureza do fim indirecto. Sob pena de constituir tão só o emprego *normal* de um negócio jurídico ou, então, de exorbitar do quadro específico da lei descendo à zona não demarcada das formações sem *nomen iuris*, o meio típico há estar em concordância concreta com o fim ulterior que visam as partes.

Mas, será possível essa concordância? Não vem fatalmente a natureza do fim a prejudicar a tipicidade do meio? Pois não é certo que tal natureza se baseou, há pouco, na capacidade em abstracto desse fim para constituir, só por si, o objectivo de um negócio *diferente* do que foi posto em acção?

Essa dificuldade parece invencível, sobretudo quando se define a especificidade do fim indirecto através de uma *estranheza* em face do meio jurídico que é já, substancialmente, uma incompatibilidade do meio com o fim. Por isso, as soluções da doutrina têm sido artificiosas e não convincentes, pois pretendem, à força, harmonizar realidades que vêm pressupostas como incompatíveis. Por isso, também, o estabelecimento definitivo de um conceito de negócio indirecto obrigará a uma prévia indagação sobre os precisos termos em que se concretiza a tipicidade do negócio-meio e em que se limita a natureza do fim indirecto.

2. Como é sabido, cada negócio designado na lei é, precisamente por isso, dotado de certas notas essenciais que o estruturam e suportam como um todo harmónico, como um todo orgânico (SCHREIBER)[1], notas que o individualizam em face dos outros negócios e constituem um complexo a que se chama o *tipo negocial.*

Este complexo ou tipo não é fixado ao acaso, mas de molde a realizar designada função económico-social, garantindo, para uma dada concepção da paz jurídica, a harmoniosa composição dos interesses individuais. Esta função, pelo menos num mínimo, tem de estar presente nos próprios negócios inominados, na medida em que o escopo atípico se há-de justificar como digno da tutela do Direito, reflectindo certa utilidade tanto particular como colectiva. Normalmente, esse mínimo estará assegurado com a própria existência de um interesse particular suficiente ou idóneo, sobretudo enquanto perdurar uma concepção fortemente individualista do Direito privado, como a nossa. Nas actuais legislações de carácter marcadamente social, por certo que este controle do sistema será muito mais apertado e eficaz.

Mas, se nos negócios destituídos de *nomen iuris* o controle da ordem jurídica sobre as formações da autonomia privada é, em certa medida, discricionário, podendo o juiz avaliar livremente a idoneidade do fim atípico e a idoneidade mínima do negócio para o realizar (salva a relativa subordinação às praxes ou à jurisprudência anterior, quando

---

[1] No III Cap. deste trabalho expõe-se nas suas linhas gerais a teoria organicista deste A.

se trate de hipóteses mais ou menos frequentes, como tantas vezes sucede em matéria comercial), o mesmo não acontece em relação aos negócios típicos ou nominados. Para estes, o juiz tem de verificar, não só a presença dos requisitos gerais da negociação, mas também a presença daquelas notas típicas de que falei e que constituem a expressão objectiva da existência da própria função negocial. Por isso, justificadamente, se fala, quanto a elas, de *"essentialia negotii"* do ponto de vista do tipo [1] ou apenas de *"essentialia negotii"*.

É frequente, na doutrina estrangeira, separar teoricamente a função expressa nas notas típicas indicadas do próprio complexo objectivo do negócio[2]. Realmente, numa análise mais aguda do acto, talvez deva entender-se que uma coisa é a própria função em si, outra coisa os elementos de facto em que, por assim dizer, o negócio jurídico se materializa. Uma estará num plano transnegocial, conquanto se projecte no próprio ser de negócio, moldando-o, singularizando-o, tipificando-o. Os outros situam-se no íntimo da constituição negocial, têm, no caso concreto, de entrar no âmago da declaração de vontade. São alguma coisa de ínsito, enquanto a primeira, sendo uma espécie de fonte ou de força genética, é, de certo modo, externa ao todo orgânico do negócio.

Mas, por outro lado, não deixa de ter também razão quem adverte que, para o Direito, tudo se passa como se a função constituísse um dado objectivo ou o dado objectivo por excelência, aquele que, na verdade, individualiza e contradistingue o conjunto do negócio. Note-se que, falando aqui do objectivo (e, indirectamente, de objecto), não me quero referir ao *substratum* material ou à *coisa* sobre que versam os

---

[1] O Prof. MANUEL DE ANDRADE, nas lições ao curso do 2.º ano jurídico de 1944-45, distingue três espécies de "essentialia": *os do negócio jurídico em geral* – capacidade, declaração de vontade e objecto possível física e legalmente; *os do tipo em particular* – "as notas específicas do conceito de cada uma dessas particulares figuras dos negócios jurídicos"; *os de cada negócio em concreto* – "as cláusulas que para as partes ou para uma delas revestiram tanta importância, na sua determinação de concluir o negócio, que sem elas o negócio não teria sido realizado". (Lições publicadas, II, págs. 37-39, ou *op. cit.*, II, págs. 33 e segs).

[2] Há mesmo quem vá ao ponto de distinguir, na própria causa-função, uma *causa em sentido material,* que seria necessária a todo o negócio jurídico, nominado ou inominado, e uma *causa em sentido formal,* peculiar aos negócios típicos. Assim, GRASSETTI, *Rilevanza dell'intento giuridico in caso di divergenza dall'intento empirico,* Milão, 1936.

Negócio jurídico indirecto

direitos dos titulares. Refiro-me à acção humana, em si mesma, materializada, abstraindo do *fiat* voluntário que a modelou; refiro-me ao conteúdo da declaração ou declarações de vontade que manifestam (ENNECCERUS) ou mesmo dispõem (HENLE) [1] das consequências jurídicas atribuídas pelo ordenamento. Desta maneira, se a função do negócio está intimamente ligada ao acto, se "lhe marca de certa maneira o destino" [2], se é o seu *objectivo,* em suma, pode perfeitamente entender-se, com economia de distinções e de conceitos [3], que faz parte do objecto *lato sensu* do negócio jurídico típico. É a "alma do acto", como escreve TABORDA FERREIRA [4].

Mas, ou lhe chamemos causa (causa-função) como quer a doutrina de SCIALOJA [5], BONFANTE [6], COVIELLO [7], DE RUGGIERO [8] e a maioria dos autores italianos, ou a englobemos no conceito do objecto *lato sensu* como pretende a maioria dos autores nacionais [9], a realidade a que acabo de referir-me constitui o ponto nevrálgico do conceito de negócio indirecto, pois só através dela se lançará alguma luz sobre esta figura negocial.

3. O negócio jurídico típico é endereçado, como vimos, a uma função económico-jurídica determinada. Ela o individualiza em face dos outros tipos legais, *maxime* dos tipos próximos ou vizinhos. O negócio

---

[1] Cfr. ENNECCERUS, *Tratado de Derecho Civil*, cit., I t. – II vol. "Para HENLE (teoria da disposição) a declaração funciona como *"causa efficiens"* do efeito jurídico, enquanto a teoria dominante aqui exposta (teoria da manifestação) não resolve se a causa (ou melhor, a base) é a declaração de vontade, ou o ordenamento jurídico, ou ambos ao mesmo tempo" (nota 4, pág. 55).

[2] TABORDA FERREIRA, *op. cit.*, pág. 77.

[3] Prof. MANUEL DE ANDRADE, lições citadas, parte dactilografada, *Declaração de vontade,* pág. 180. V. tb. *op. cit.*, II, págs. 348-349.

[4] *Op. cit.,* pág. 77.

[5] *Negozi giuridici,* Roma, curso de 1892-93, § 22.

[6] *Il contratto e la causa del contratto,* "Riv. Dir. Comm.", 1908, I, pág. 115.

[7] *Manuale di diritto civile,* Parte geral, Milão, 1910, § 110.

[8] *Istituzioni,* Messina, 1926, vol. I – Cap. VII e vol. II – Cap. XXI.

[9] Entre nós, o Prof. GALVÃO TELES defende a teoria da causa-função no seu recente livro *Dos contratos em geral*, Coimbra, 1947. Há quem também inclua nesta corrente o Prof. JOSÉ TAVARES (Cfr. T. FERREIRA, *op. cit.,* pág. 74). *Vide* ainda *A simulação...,* cit., do Prof BELEZA DOS SANTOS, I vol., págs. 120-121, onde se invoca esta ideia de causa objectiva, de causa como "razão de ser económico-jurídica do acto".

típico não subsistirá se ela não subsistir, isto é, se alguma ou algumas das notas distintivas ou dos *essentialia negotii* forem arredados.

Neste sentido, pode falar-se de uma "coacção legal do tipo"[1], não porque sejam impostos aos particulares, no âmbito da autonomia privada, os meios que a lei esquematiza e só esses, mas porque as vantagens jurídicas a cada um deles respeitantes estão intrinsecamente ligadas à subsistência real do próprio tipo. Poderão ser atribuídas por analogia a negócios inominados semelhantes; poderá eventualmente admitir-se uma "teoria da combinação" (HOENIGER)[2], para os contratos mistos, que manda fazer a cada prestação típica concorrente a aplicação directa do regime para ela estabelecido no próprio tipo originário. Mas, com força de necessidade, só os supostos de facto que obedeçam aos *essentialia negotii* de um certo quadro definido na lei virão a gozar das vantagens legais inerentes a essa órbita negocial.

Assim se torna mais evidente como o emprego indirecto de um negócio típico não pode atentar contra a mesma tipicidade sem prejuízo da razão prática que justifica o procedimento indirecto. À parte a razão lógica que referi, acresce a de que as vantagens jurídicas inerentes à disciplina do tipo legal *realmente* pretendido (e deste modo se afasta toda a hipótese de simulação, cujo confronto com a figura examinada se virá a fazer detidamente), não poderão incidir sobre o suposto se este não contiver os *essentialia* respeitantes ao tipo. A tipicidade do negócio adoptado é, pois, necessária para um conceito lógico e útil de negócio indirecto.

Figure-se o exemplo de uma venda com escopo de garantia. *A* precisa de certa quantia em dinheiro, mas *B* só se decide a emprestar--lha, passando-lhe o devedor em propriedade um prédio ou coisa sua. Há real avaliação da coisa e entrega do preço, pelo que a venda tem de considerar-se verdadeira e não simulada. Só que, simultaneamente, um pacto de simples efeitos obrigacionais vem a estabelecer a retrotransferência da coisa para o actual vendedor logo que este se encontre em condições de a readquirir. A finalidade indirecta da venda é a garantia

---

[1] Em sentido translato. De "coacção legal do tipo" fala-se correctamente a propósito do *numerus clausus* dos negócios jurídicos. Aqui quer-se frisar uma coacção legal dentro do tipo, enquanto a expressão consagra geralmente uma coacção legal dentro da espécie.

[2] Exposta adiante, no III cap., n.º 2.

Negócio jurídico indirecto 51

da dívida (em sentido económico, pois juridicamente não existe); mas a venda é, na verdade, querida pelas partes em todos os seus efeitos, que se revelam inclusivamente como necessários à produção concreta do efeito de garantia.

Figure-se outro exemplo. Um depósito com escopo de garantia. A propósito de uma compra-e-venda condicional, concordam *A* e *B* em que o comprador *deposite* nas mãos de *C* a quantia do preço. *C* deve restituí-lo apenas ao legítimo proprietário, cuja identificação dependerá do evento condicionante. É patente a intenção neste depósito de garantir a entrega do preço, que nem o comprador confia desde já ao vendedor nem este quer, entretanto, deixar de ter assegurado.

Não discuto a verdadeira conclusão a que se deva chegar sobre a natureza destes contratos. Mas, uma coisa é certa: para haver aqui venda ou depósito com escopo de garantia, importa que realmente se tenha vendido ou depositado, isto é, que o suposto contenha em si as notas essenciais da compra-e-venda ou do depósito.

Não basta que as partes queiram na verdade depositar ou vender e alcançar os efeitos jurídicos correspondentes. É preciso que tais efeitos possam ter cabimento no suposto que elas modelaram, que o suposto tenha força atractiva dos efeitos legais, sendo, no essencial, o mesmo que o legislador hipotizou, ou tendo, em suma, a mesma função económica a que os aludidos efeitos andam ligados.

Compreende-se a dificuldade, uma vez que o negócio é dirigido a um escopo que não é o normal, que parece colidir com o fim determinante, em abstracto, do negócio jurídico escolhido. E tanto mais que, como já foi dito suceder por vezes, a destinação àquele escopo indirecto introduziu alterações no meio negocial (a cláusula obrigacional *"de retrovendendi"*, na compra-e-venda, e a suspensão do dever de entrega imediata da coisa, até ao evento condicionante, no depósito) que põem em risco, talvez, a subsistência das notas típicas que o singularizam e delimitam.

Não pode afastar-se a dúvida com responder, à base de uma "teoria de efeitos jurídicos" [1], que a vontade dirigida às consequências

---

[1] Para que a uma declaração de vontade sejam ligados efeitos jurídicos, tem-se discutido se bastará que ela se dirija a puros objectivos práticos, se importa, pelo contrário, que ela pretenda reais objectivos de Direito, se, por último, serão suficientes uma direcção efectiva àqueles e uma global intenção de os submeter a este. Assim se

legais é suficiente para que estas venham a decorrer do negócio realizado. O problema não fica solucionado com uma resposta destas. O debate em que entrou a teoria referida não tem por objecto de discussão precisamente o ponto em exame. Situa-se num plano posterior; e, se não, vejamos.

O conceito de negócio jurídico para ENNECCERUS é o seguinte: "O negócio jurídico é um suposto-de-facto que contém uma ou várias declarações de vontade e que a ordem jurídica reconhece como base para se produzir o efeito jurídico qualificado de efeito querido"[1]. Esta sintética definição tem dois pontos de referência: "um *suposto-de-facto...* que a ordem jurídica reconhece como base..." e um "efeito jurídico qualificado de efeito querido". Em resumo: uma hipótese que há-de equivaler à hipótese legal, e consequências jurídicas ligadas a esta hipótese abstracta, as quais, em vista da identidade intercedente, vêm a atribuir-se também ao suposto concreto. Sem isto, não há negócio jurídico. Sem qualquer destes dois pontos de referência não será possível a fruição das vantagens que respeitam ao tipo legal.

Quando à roda da vontade de efeitos jurídicos, práticos ou prático-jurídicos, se discute, reputando estes, aqueles, ou só aqueloutros

---

constituiu uma "teoria de efeitos práticos" (LENEL, THON, SCHLOSSMANN, EHRLICH, DANZ, ISAY, e dominante nos italianos); uma "teoria de efeitos jurídicos", a mais antiga (SAVIGNY e WINDSCHEID); e uma "teoria de efeitos prático-jurídicos", representada por ZITTELMANN, REGELSBERGER e ENNECCERUS, sendo deste, em 1889, o melhor estudo sobre a matéria, na opinião de GRASSETTI. Só é mister – escreve ENNECCERUS – que a declaração se refira às consequências jurídicas imediatas, "que o ordenamento jurídico produz porque (regularmente) são queridas"; não já às "consequências legais acessórias" ou às "consequências legais mediatas". Também não é preciso que "se declarem com uma lúcida representação jurídica das mesmas, bastando que se expressem em termos práticos correntes, sendo missão do juiz resolver esta representação prática em conceitos jurídicos oportunos, coisa que, por vezes, oferece sérias dificuldades" (*op. últ. cit.*, I t., II vol., págs. 55-56). A doutrina de ENNECCERUS é a dominante, hoje, na Alemanha.

O Prof. M. ANDRADE, nas lições citadas, parte publicada, II, págs. 31-33 (ou *op. cit.*, págs. 28 e segs.), faz uma breve exposição das três atitudes. O Prof. FERRER CORREIA esclarece a teoria adoptada, sobretudo contra LENEL, ISAY e DANZ, no seu trabalho *Erro e interpretação na teoria do negócio jurídico*, Coimbra, 1939, págs. 130-138. GRASSETTI sintetiza a amplitude actual da discussão in *Rilevanza dell'intento giuridico...*, cit., nota às págs. 4-6.

[1] *Op. cit.*, I t., II vol., § 136, pág. 54.

Negócio jurídico indirecto   53

como essenciais para haver tutela do Direito, é sobretudo em volta
do segundo ponto que se trava a discussão. Ou melhor, em volta da
natureza do nexo que liga a vontade às consequências jurídicas, em
volta da natureza da norma a que se refere a vontade, ou, como escreve
o Prof. FERRER CORREIA, do "particular sentido imanente ao acto praticado que o seu autor precisa de ter conhecido a fim de ser lícito falar-
-se de um negócio jurídico"[1]. Mas, supõe-se, é evidente, resolvido
o primeiro ponto. Pressupõe-se que existe uma hipótese idêntica
à hipótese da lei, sendo isto, digamos, a primeira premissa da subsunção jurídica e da qualificação. Antes de se saber se se quiseram certas consequências *jurídicas,* tem de admitir-se que há uma "acção
humana" (MANUEL DE ANDRADE) ou um "acto de autonomia privada"
(FERRER CORREIA) com a propriedade de localizar esses efeitos no
mapa legal, através da sua identidade com uma hipótese específica
(negócios nominados) ou geral (negócios inominados) prevista pelo
legislador.

Ora, repito, o problema do negócio adoptado (e, portanto, do conceito de negócio indirecto) é este: saber se apesar da destinação a um
fim que parece incongruente com a estrutura do negócio e que, por
vezes, altera o meio negocial pondo em risco as suas notas essenciais,
ainda podemos dizer que ele tem essas notas, que corresponde ao *tipo*
declarado pelos contraentes.

É, como se vê, o problema da subsistência da causa-função ou do
escopo típico do negócio.

4. Os autores são quase unânimes em reconhecer que a característica do fim indirecto é estar em contraste *actual* com o negócio adoptado; é existir "uma divergência entre a causa e o elemento determinante"; "este reside, não na causa típica, mas em motivos ulteriores"[2].
Parte-se, portanto, de uma ideia de "dissonância" (CARIOTA-FERRARA),
que dá ao negócio indirecto uma tonalidade forçosamente abusiva,
heterodoxa, que irá prejudicar a solução da sua admissibilidade.

Para justificar a subsistência de um negócio nestas condições,
escreve-se que "cada negócio pode chegar a funções que não corres-

---

[1] *Op. cit.,* pág. 130.
[2] DE GENNARO, *I contratti misti,* cit., pág 83.

pondem à própria função típica em relação à qual se concretiza"[1], ou – o que é mais grave – que "o escopo típico, a causa própria de cada negócio é entendida pelo Direito num sentido meramente formal"[2].

As últimas afirmações, de ASCARELLI, só se compreendem em quem aborda, como ele, um assunto descurado quase por completo, versando-o quase *ex nihilo*. Mas, também a primeira, que é de DE GENNARO, colhida, num estudo muito mais sistematizado e reflectido do que os artigos daquele autor sobre negócio indirecto, denota alguma incerteza e confusão, ao menos verbal, que nos faz estranhá-la depois da lúcida exposição sobre a causa feita no mesmo trabalho e da crítica ou interpretação a que lá se submete a última frase citada de ASCARELLI.

Em matéria de causa, DE GENNARO aproxima-se da orientação geral de COVIELLO e BONFANTE[3], repudiando, como de sentido incompleto e translato, a velha teoria clássica dos comentadores franceses, que não assegurava convenientemente a autonomia do conceito, apesar dos esforços em contrário de CAPITANT. É sabido que este requisito da existência de uma causa lícita em todos os negócios jurídicos em geral, ao lado dos outros requisitos do consentimento e do objecto, não passou do Código de NAPOLEÃO para o Código de SEABRA, ao passo que transitou para os seus congéneres italiano e espanhol[4]. A doutrina do nosso país não se tem visto, pois, a braços com uma discussão das mais complicadas da teoria de negócio jurídico, visto a lei positiva a não espicaçar, como sucede com as outras legislações citadas, a dar um sentido utilizável àquele conceito de "causa" assim diferenciado na letra dos Códigos.

Não quero aqui fazer uma apreciação da disputa, que, aliás, parece ter-se dividido em dois ramos mais ou menos fechados[5]: o ramo

---

[1] ASCARELLI, *Contratto misto,* cit., pág. 469; cfr. tb. *Il negozio indiretto...,* cit., Cap. VIII.

[2] *Contratto misto...,* cit., pág. 469.

[3] Cfr. *op. cit.,* nota 1 à pág. 24.

[4] Código Napoleónico, art. 1108.°; Código Italiano, art. 1104.°; Código Espanhol, art. 1261.°.

[5] TABORDA FERREIRA, na obra citada, separa, dentro da doutrina sobre a causa, quatro atitudes fundamentais: a "teoria da causa-função", que atribui a SCIALOJA; a "teoria subjectiva clássica", decorrente dos comentários ao Código de Napoleão, e onde tem grande relevo a figura de CAPITANT; a "teoria objectiva da causa",

gaulês, que aceita a formulação tradicional da *causa subjectiva,* e o ramo dos Apeninos, que tende a acompanhar a "onda de socialização"[1] do Direito de que fala o nosso compatriota TABORDA FERREIRA e a dar ao requisito da causa um sentido mais estável e mais *objectivo.*

Apesar de até o seu magistral formulador, BONFANTE, reconhecer, como nota o Prof. MANUEL DE ANDRADE, que "o conceito é de procedência filosófica e como tal obscuro e difícil"[2], DE GENNARO, nas páginas do seu *I contratti misti* que dedica ao problema da causa, consegue delinear com certa firmeza a fisionomia deste requisito dos negócios jurídicos. Logrará, com pleno êxito, distingui-lo do complexo objectivo? Ele próprio confessa que "causa e objecto são, sem dúvida, elementos estreitamente conexos, talvez até manifestações diversas do mesmo elemento..."[3]. Mas isso não obsta a que, tendo, em face do

---

na sequência de DOMAT e POTHIER, com os nomes de JOSSERAND, LOUIS LUCAS e VENEZIAN; e a "teoria da causa-motivo", que acaba, finalmente, por adoptar. DE GENNARO, na sua exposição, *ob cit.,* P. I, Cap. II, agrega a 2.ª e a 3.ª dessas teorias, se não também a última, sob o título geral de "teoria tradicional ou subjectiva" e, adoptando mais ou menos a primeira, dá-lhe o nome de "teoria objectiva". Na mesma ordem de ideias, RUBINO, *Il negozio giuridico indiretto, cit.,* P. I, Cap. IV, § 1.°.

A solução de TABORDA FERREIRA, da "causa-motivo", apresenta a causa como o complexo de "aqueles motivos que, normalmente, dão destino e finalidade ao acto e que, por isso, são normalmente, indispensáveis para o seu conhecimento integral" (*op. cit.,* pág. 154). Tem o A. o inegável intuito de excluir como causa do acto uma simples razão de juridicidade, de procurar surpreender a ideia de causa no próprio momento genético da acção; por isso afasta a teoria de SCIALOJA. De outra parte, quer evitar a confusão com o objecto (confusão em que caíra a teoria clássica), não se satisfazendo em conceber a causa só como vontade da prestação, ou da execução da prestação; propõe-se obter dela uma ideia autónoma e unida, uma ideia *causal,* e procura surpreendê-la nos motivos mais fundos do acto. Só que, para esse conceito ser utilizável, obriga-se a limitar os *motivos* a fim de os receber na *causa,* usando para isso do critério do "conhecimento integral do acto". Assim vagamente expressa, é difícil ver a inteireza desta doutrina e avaliá-la com justiça. Mas suponho que terá atinências com a "teoria da pressuposição"; nessa sede é que poderá esclarecer-se ou definir-se a "causa-motivo".

[1] *Op. cit.,* pag. 155.

[2] Lições citadas, parte dactilografadas, *Declaração de vontade,* pág. 180. V. tb. a *op. cit.,* II, pág. 348.

[3] *Op. cit.,* pág. 26. Critica-se a DE GENNARO esta confissão... de impotência. Eu, por mim, suponho que ele vai até onde pode ir na distinção entre realidades tão vizinhas, procurando defender o mais que é possível a relativa autonomia conceitual da causa em face do objecto, como, v. g., perante a doutrina de GIORGI, que proclama a perfeita identidade dos dois requisitos negociais. DE RUGGIERO, nas *Instituições,*

artigo 1104.° do Código Civil então em vigor, de se atribuir um conteúdo não de todo inócuo ou tautológico à letra da lei, a sua ideia de causa como um "controle sobre o tráfico jurídico"[1], destinado a "pretender dos contratos a produção de um *minimum* de utilidade social"[2], venha a corresponder melhor do que qualquer outro, não digo a uma pretensa vontade "psicológica do legislador" de 1865, mas àquela "vontade do legislador" que uma razoável "jurisprudência dos interesses" considera preferível em matéria de interpretação[3].

Talvez, aliás, as duas concepções causalistas não sejam alguma coisa de antagónico, mas, como escreve RUBINO[4], se reportem a facetas distintas da mesma entidade jurídica. A DE GENNARO não escapa que "uma realidade psicológica contratual – isto é, do contrato no seu todo, e não dos simples contraentes – só existe por abstracção; e especialmente quando se querem deduzir desse exame consequências práticas..."[5].

Por isso, ao seu conceito de causa importam certos ingredientes subjectivos. "Para que a lei atribua tutela jurídica a um contrato (...) é preciso que nele se possa descobrir a *produção de uma utilidade social em abstracto e em concreto*". Quer dizer: "não basta que a função económica alcançada se revele abstractamente como própria, caracterís-

---

trad. port., vol. I, pág. 272, não é mais claro nem mais completo... Simplesmente, DE GENNARO tem a humildade de reconhecer este facto real: a causa anda vinculada ao tipo do negócio, o tipo revela-se através do conteúdo objectivo, e para o Direito, que *só* vê de fora, as duas coisas *aparecem* coincidentes: o objecto configura-se pela causa e a causa inscreve-se no objecto. Estudar um e a outra sem olhar a esta íntima relação, é esquecer a realidade, que é toda uma, e isto é que não ousa fazer DE GENNARO.

[1] *Op. cit.*, pág. 23.

[2] O Código Civil de 1942, proclamando uma causa objectiva em sentido absoluto, veio dar plena consagração ao trabalho de toda uma doutrina sobre a tipicidade do negócio. No conjunto segue a directriz proposta por SCIALOJA e BONFANTE. Por outro lado, o novo Código traduz de algum modo a tendência para a socialização ou publicização do Direito privado, a qual avassala a mentalidade civilística moderna. O negócio jurídico tende a deixar de ser, perante as novas leis comunitárias, um "acto de autonomia privada", para ser mais do que nunca um *instituto,* o *meio pedagógico* destinado a educar em bases nacionais os interesses domésticos e civis do povo.

[3] Cf. HECK, *A interpretação da lei e a jurisprudência dos interesses,* trad. port., Coimbra, 1947, pág. 71 e segs.

[4] *Op. cit.*, pág. 133.

[5] *Op. cit.*, pág. 31.

tica, do tipo de contrato em exame, mas deve ter uma existência concreta, relacionada com as circunstâncias objectivas e subjectivas do caso prático". "A causa não deve existir somente como qualquer coisa de esquemático, de frio, de inerte, que impende por força... da gravidade sobre o contrato; o contrato é uma realidade viva, humana, voluntária, e tal realidade deve ter também a sua causa" [1].

Depois destas palavras, mal se compreende que DE GENNARO tenha concordado com ASCARELLI em admitir como típico um negócio em que "o elemento determinante (...) reside, não na causa típica, mas em motivos ulteriores". Supor isto concebível seria conceber uma causa *não determinante,* uma causa-função "esquemática, fria, inerte", para usarmos das suas próprias expressões, uma causa não causal, em suma. Seria creditar a "causa em sentido formal" a que se refere ASCARELLI, e que, com justiça, o próprio autor de *I contratti misti* fez notar como... inadmissível, tomada à letra. A crítica [2] que moveu a esta frase do articulista de *Il negozio indiretto...,* acusando-o de "perplexidade" ao escrevê-la, pode talvez ser feita também a DE GENNARO, pois as palavras o traíram, revelando um sentido extremo que não estava, por certo, no seu pensamento.

Ao reconstituir a ideia mais profunda de ASCARELLI, cita ele um passo deste autor que me parece elucidativo: "Para que no caso concreto determinado negócio tenha eficácia, é necessário, não apenas que ele corresponda abstractamente a uma causa típica, mas que concretamente desempenhe a dita função, pois de outro modo cairemos na

---

[1] *Op. cit.,* pág. 33.

[2] *Op. cit.,* págs. 81-82. As palavras de DE GENNARO, a este propósito, merecem ser transcritas: "A causa do negócio adoptado subsiste indubitavelmente, quer de um ponto de vista externo e objectivo – pois está incorporada no negócio, que é actuado em pleno – quer de um ponto de vista interno e psicológico". "As partes *querem* o negócio, *querem* os seus efeitos; direi até que a efectiva existência e funcionalidade do negócio são absolutamente necessárias para que o escopo ulterior seja atingido". Vê-se que DE GENNARO tinha uma noção bastante aproximada da realidade; só impressiona que ele contemporize com certas afirmações confusas de ASCARELLI. Se, ao falar da "divergência entre a causa típica e o elemento determinante", visa, com esta última expressão, a pura e simples determinação de concluir o negócio (o *"cur contraxit"*), porque tomar tal divergência por característica do negócio indirecto, se ela existe em todo o negócio? Mais: é inerente à sua instrumentalidade? Se, pelo contrário, se refere a uma determinação especial, que possa colidir com a determinação com relevo jurídico da função típica do negócio, vem a laborar no erro que criticamos no texto.

hipótese de falsidade da causa"[1]. Mas cita também outro passo que ainda não julgo aceitável, e já direi porquê: "O Direito preocupa-se com a subsistência desta causa, não com a importância que ela assume no pensamento das partes *comparativamente* com os outros motivos"[2].

Não haverá aqui um tudo-nada de paralelismo excessivo a prejudicar a doutrina? Não vem a causa-função a ser considerada como um motivo, que não tem de comparar-se com "outros motivos" (sic), e, por outro lado, a elevar-se o fim indirecto à dignidade típica de função? Que, para ASCARELLI, e para DE GENNARO, as duas coisas, se bem que distintas, eram colocadas de certo modo no mesmo plano, manifesta-o o facto de eles concordarem em ver no negócio jurídico indirecto "uma *divergência* entre a causa típica e o elemento determinante", quando, a meu supor, não existe tal "divergência". E só um perigoso excesso de paralelismo, aproximando demasiado realidades de natureza diversa, pode levar à tentação de considerar o escopo típico do negócio como uma superestrutura formal. Se dois *motivos* ou duas funções se disputam simultaneamente o senhorio do negócio, para que a este se conserve a designação de negócio típico importa a presença decorativa de um deles (a função típica ou causa objectiva), mas ficando o outro, na verdade, como determinante.

Mais longe me parece ter visto GRECO, falando, em vez de "divergência entre a causa típica e o elemento determinante", de "transcendência do escopo"[3]. Eis o que realmente caracteriza o negócio indirecto; e, embora GRECO reconheça que este é "um dos pontos mais delicados, um dos contornos menos fáceis de fixar deste *tipo* de negócio" (perdoe-se-lhe a impropriedade da expressão), e venha, talvez, a desmentir, com afirmações posteriores, a ideia que primitivamente enunciara, parece-me, todavia, haver naquelas suas palavras um vislumbre muito claro de qual seja a verdade.

O paralelismo excessivo de autores como ASCARELLI e DE GENNARO tem a sua explicação no facto já aludido de o elemento que constitui o fim indirecto ter capacidade funcional, isto é, capacidade para representar, só por si, o objectivo ou função dum negócio jurídico

---

[1] ASCARELLI, *Astratezza dei titoli di credito,* "Riv. Dir. Comm.", 1932, I, pág. 388.

[2] ASCARELLI, *Contratto misto...,* cit., pág. 469; cfr. *Il negozio indiretto...,* cit.

[3] *Op. cit.,* pág. 752.

diferente. Possui – é certo – uma natureza funcional em abstracto, mas sem relevo típico no negócio indirecto. Como a função dum negócio só pode ser uma, como o elemento informador dum tipo não pode ser alheado dele sem se desarticular o conjunto e destruir a unidade, é impossível que outro elemento, embora com virtude informadora típica, possa vir *substituí-lo* na integração do mesmo negócio.

Não é preciso tomar partido por uma concepção organicista à maneira de SCHREIBER, segundo a qual o negócio jurídico seria um conjunto fechado, para empregarmos linguagem matemática, uma reprodução da realidade concreta, de sorte que nenhum dos elementos saídos da sua órbita jamais poderia considerar-se *típico* e ser-lhe aplicada directamente qualquer disciplina específica lá consagrada. Dentro da própria "teoria da combinação", sobretudo na lição de DE GENNARO, que defende ser legítimo decompor o todo *negocial* e fundir vários elementos típicos heterogéneos em novas formações contratuais mistas, ninguém ousa pensar que certo negócio possa ser informado por uma função diferente da que lhe coube em sorte; nem tão pouco desempenhar simultaneamente duas funções típicas diversas. No contrato misto, há uma nova causa-função (causa mista), não duas ou mais causas simultâneas, consoante o número dos elementos típicos concorrentes.

Quer dizer: se certo elemento, dotado embora de capacidade funcional, vier a participar num negócio *típico* diferente, ficará forçosamente em posição de subalternidade. A sua natureza em abstracto não pode envolver uma desarmonia em concreto que tenha relevo específico para o Direito.

Mas, os tratadistas, falando de "divergência entre a causa típica e o elemento determinante", resvalam, sem querer, para aquela posição absurda. Impressionados com a natureza funcional, em abstracto, do elemento que ali decorre indirectamente, não vêem a subalternidade em que por força o coloca a função típica, e passam a considerá-lo ao lado dela e em luta com ela. Desta luta fazem o timbre do negócio indirecto; e, para que o negócio adoptado permaneça o que é, na impossibilidade de consagrarem no mesmo negócio duas funções típicas simultâneas, servem-se do artifício inconfessado de uma causa não determinante, de uma causa em sentido formal... Claro que esta atitude extremista nunca é defendida abertamente; mas pressente-se, como foi dito, a tentação para explicar a realidade desta maneira. Há, pelo menos, uma incerteza, uma traição nas próprias palavras, que revela a dificuldade em sair desta posição falsa.

Entretanto, se virmos a tipicidade a uma luz mais realista – e a essa luz o negócio jurídico não deixa de ser caracterizado por uma instrumentalidade substancial – e se surpreendermos a verdadeira natureza do escopo indirecto – que consistirá em ser ele um motivo *transcendente,* mas um motivo –, aquela solução extrema e absurda pode ser evitada com êxito. Pois o que importa mostrar é que não há incompatibilidade concreta nem luta dentro do negócio real; que a função típica subsiste em face do fim indirecto, já porque nunca pretendeu absorver em si todas as finalidades íntimas do negócio, já porque, no suposto examinado, o fim indirecto, embora com virtualidade típica em abstracto, teve de regressar à posição modesta de motivo psicológico.

5. Quanto ao primeiro ponto, deve notar-se, com o Prof. FERRER CORREIA, que o negócio jurídico "é o meio que o Direito objectivo põe à disposição dos particulares para estes conseguirem através dele a livre regulamentação das suas relações"[1]. O ordenamento prefere que os desígnios dos particulares (inumeráveis e imprevisíveis no acto e no momento da feitura da lei), desígnios cuja rápida, serena e harmoniosa consecução é um dos principais escopos da Justiça Social e do Direito, venham a prosseguir-se, não através de processos taxativos, que, por mais especializados, sempre pecariam por deficiência ou por excesso, mas de um instrumento *ad hoc,* plasmado pelas próprias partes à medida concreta das suas necessidades.

Dentro da margem que o sistema confere à livre iniciativa da vontade privada, esta é soberana. Desde que queira mover-se na órbita do Direito, os efeitos que ligar a uma certa declaração de vontade virão a produzir-se *grosso modo* tal como foram queridos. E digo *grosso modo,* porque, de acordo com a melhor doutrina, há consequências legais acessórias e consequências legais mediatas que as partes não têm obrigação de imaginar. Por outro lado, não importa mesmo que, tendo de prever os efeitos imediatos e necessários do negócio, não possuam de eles "uma representação clara de juristas"[2].

---

[1] *Op. cit.,* pág. 4.

[2] ENNECCERUS, *op. cit.,* I t. – II vol., § 136, págs. 55-56, e Prof. MANUEL DE ANDRADE, *Lições citadas,* parte publicada, II – pág. 33, ou *op. cit.,* II, pág. 30.

Nestas condições, a vontade privada é soberana, mas não um soberano *"a lege solutus..."*. Está sujeita, como foi visto, a um certo controle do ordenamento jurídico, controle destinado a pedir-lhe, na expressão de DE GENNARO, um *"minimum* de utilidade social", e que se traduz, para sistemas como o espanhol, o francês e o italiano, na exigência expressa duma causa lícita e, para o nosso, duma função idónea que se considera implícita na ideia de "objecto... legalmente possível".

O papel do negócio jurídico é, desta maneira, um papel de *meio* ou de *processo* para a livre obtenção de escopos individuais. Os objectivos, precisamente porque são, como já vimos, inumeráveis e imprevisíveis, foram deixados num plano extra-jurídico, contentando-se o Direito em averiguar a licitude dos meios e presumir por ela a licitude dos fins. Por isso é que pode dizer-se que o negócio jurídico tem *sempre* uma finalidade intermediária ou *instrumental* [1]. O dito há-de entender-se *cum grano salis*, pois não quer significar de modo nenhum que o negócio seja um simples formalismo sem medula. Volta a repetir-se que o negócio tem de desempenhar uma função idónea, isto é, além de ser em abstracto um meio valioso colectiva e particularmente (ou colectiva porque particularmente), há-de ser um meio valioso em concreto, em cada suposto factual. Mas, esta própria função, como "barreira contra a liberdade caótica do indivíduo" [2] ou como alicerce da "categorização do Direito" [3], é também, por ela mesma, alguma coisa de instrumental como o próprio negócio, alguma coisa que vem dar o molde ou tipo à chave que há-de abrir o escopo extra-jurídico que se propõem os particulares.

Ora nada impede que esse escopo extra-jurídico seja precisamente constituído por um intuito em si mesmo apto a constituir o objectivo de um negócio directo. Razões especiais [4] podem ter indicado como preferível, em vez de se buscar directamente, através do meio apropriado, a satisfação desse fim, que se empregasse um negócio distinto, um negócio ou outro negócio descrito na lei, para indirectamente se visar a mesma finalidade. Tal meio indirecto revela-se, naquele caso, mais consentâneo com os interesses em jogo do que

---

[1] Isto reconhece RUBINO, *op. cit.*, pág. 16.
[2-3] Cfr. TABORDA FERREIRA, *op. cit.*, pág. 78.
[4] Serão desenvolvidas no II cap. deste trabalho.

o eventual negócio directo indicado para os prosseguir. Para as partes é de superior conveniência o instrumento negocial que escolheram, subordinado a uma função típica *a*, do que um negócio directo sob a égide explícita do fim económico *b*. Mas tal conveniência não se satisfaz com um simulacro de negócio típico a servir de capa a outros interesses inconfessados; exige o emprego substancial, o uso pleno do negócio adoptado. Os sujeitos pretendem uma *conformação do fim ao meio,* não uma *deformação do meio pelo fim.* Este vem a ficar, é certo, colocado numa posição secundária, mergulhado na trama dos motivos. Mas, inclusivamente, o fim vem a ser melhor servido situado nesta posição marginal do que situado na posição dominante.

Porque em si mesmo contém uma virtude geradora amordaçada pelas circunstâncias, o fim indirecto comunica ao negócio uma tensão especial. O negócio indirecto é resultado de um processo de conformação das novas necessidades práticas (novas, em geral, ou só em particular) às malhas da esquematização relativamente elástica da lei: ao passo que, no negócio directo, o fim ulterior tem uma consistência débil e rudimentar, sendo absorvido por força da função típica, no negócio indirecto, ousa manifestar a sua individualidade, *transcende* o rudimentarismo ordinário e busca dar um colorido *sui generis* à formação negocial. Por isso é que, às vezes, a sua intervenção provoca alterações no negócio adoptado [1]. O que essas alterações nunca podem

---

[1] Quer dizer: o fim indirecto, para se *conformar* ao negócio empregado, também desenvolve uma certa actividade neutralizadora. Tem, pois, GRECO, alguma razão quando escreve a pág. 775 do artigo cit.: "... o negócio vem não só a ser desviado da sua função típica, mas, em certo sentido, *forçado* para servir uma nova função, com um carácter que contrasta com a sua causa típica, tal como está configurada pelo ordenamento positivo. Todavia, este contraste morfológico ou fisiológico pode não ser um contraste lógico, isto é, pode não induzir incompatibilidade entre as duas funções, a originária e a de adaptação, que se compenetram no mesmo negócio: o novo elemento introduzido neutraliza neste último quanto possa haver de incompatível com o particular intento das partes, de guisa que estas só utilizam o restante, que serve bem aos seus fins...". É notar, porém, que o paralelismo entre causa típica e elemento indirecto criticado noutros autores também ressuma das palavras de GRECO. Não posso deixar de repudiar frases como esta: "... O negócio vem, não só a ser *desviado* da sua função originária..."; e de entender *cum grano salis* estoutra: "neutraliza (...) quanto possa haver de incompatível..." (quanto, aliás, o esquema típico deva consentir, é o que é). Há em contraposição, uma ideia mais exacta: "duas funções (...) que se compenetram"; não em igualdade de circunstâncias – juntaremos nós – , o que seria

Negócio jurídico indirecto

63

conseguir é abalar-lhe as notas típicas ou fundamentais. Não podem, em nome da satisfação real dos interesses das partes, que pretendem um emprego indirecto e não uma formação negocial autónoma. O negócio escolhido revela-se perfeitamente necessário em todos os seus elementos substanciais para a realização concreta dos objectivos das partes. Portanto, a causa-função continua a ser sempre o elemento de predomínio, o que, realmente, estabelece hegemonia sobre o todo orgânico do negócio, que lhe dá coesão e individualidade. Para o Direito, o intruso, digamos pitorescamente, só se manifesta em distúrbios de pequena importância que não transtornam a seriedade da arquitectura e, destarte, pouco ou nada contam para o sistema jurídico.

Mas, dir-se-á: se a causa continua a ser o *elemento determinante,* como explicar que, sem aquele fim designado existir, as partes tivessem ou não contratado ou contratado de modo diverso?[1]. Esta objecção não procede. Ao falar de determinação estou a colocar-me de ponto de vista do intérprete, a quem se oferece uma certa realidade. Não interessa distinguir senão aquilo que o Direito distingue. Ora ao Direito repugnam os índices informes e vagos da vida psicológica. Em princípio, tudo tem de revelar-se-lhe com uma certa consistência e uma certa objectividade; até a própria vontade e o próprio consentimento. Ele está a ver *de fora.* Por mais que faça, tem sempre um antagonismo de métodos a diferenciá-lo do juízo moral. Desta sorte, o intérprete só vê a realidade que se lhe mostra, ou que ele intui através de *dados,* isto é, algo de objectivo e de suficiente. No negócio indirecto, já foi dito de mais, o que ele vê é, quando muito, alterações de superfície que não tiram a tipicidade ao acto jurídico, que não roubam o cetro à função típica reinante.

De resto, o facto de as partes não contratarem sem aquele fim designado existir não é particularidade deste negócio. Em qualquer negócio típico, a razão mais profunda – o *"cur contraxit"* – está algures que não na causa-função[2]. Na compra-e-venda, *A* compra certos

---

impossível, mas ficando o escopo alheio em posição de subalternidade jurídica, posição que não é incompatível com a de primazia psicológica, e talvez mesmo a suponha.

[1] Cfr. Rubino, *op. cit.,* págs. 23-24.

[2] É Giorgi, *Teoria delle obbligazioni,* vol. IV, pág. 446, quem, ao distinguir os simples motivos da causa do negócio, atribui àqueles a função de responderem à per-

móveis para mobilar a sua casa, e sem este intuito não teria concluído o negócio. Pode dizer-se, todavia, que o aludido propósito de mobilar a casa é o elemento determinante da tipicidade do negócio, isto é, da subsunção do suposto no quadro típico da lei?

Em resumo, não pode, correctamente, falar-se, no negócio indirecto, de "uma divergência entre a causa típica e o elemento determinante". Para haver negócio indirecto tem de haver negócio típico, e contra esta tipicidade não pode atentar o fim ulterior da negociação. Tal fim há-de desvestir-se de toda a virtualidade funcional que pudera ser incompatível com o meio jurídico, reduzindo-se às proporções de motivo interior da deliberação, enquadrado no mundo psicológico das partes.

6. O problema conceitual do negócio indirecto vem, assim, a depender da tipicidade do negócio adoptado e esta de um problema geral de subsunção e de qualificação. Em face de uma formação hoterogénea (ou melhor, heterodoxa, pois se trata aqui mais de desvio ou de obliquidade do que propriamente de complexidade), a atitude do intérprete consiste em averiguar, por um lado, a existência de um negócio típico na base, por outro, de um fim indirecto relegado para o campo dos motivos por um processo de transposição interna que as circunstâncias aconselham.

Mas, qual o sentido exacto deste "indirecto", quais as características a que o fim-motivo há-de obedecer para que o intérprete o reconheça? Para ser indirecto, é claro que a sua prossecução não pode resultar de uma convenção tácita ou expressa. Afastam-se pois, os efeitos ligados a um *modus* destinado a produzi-los directamente. Muito menos pode ser consequência secundária das consequências primárias do negócio escolhido. Assim, têm de excluir-se, como negócios indirectos, as transformações de sociedades em nome colectivo em sociedades em comandita, com o escopo de salvar um dos sócios da falência iminente; este fim anda necessariamente ligado à própria mudança do nexo de responsabilidade. De igual modo, não é negócio indirecto o matrimónio realizado com intuito de *"legitimatio subsequens"*.

---

gunta *"cur contraxit?"* e a esta a de responder à pergunta *"cur se obbligavit?"* (DE GENNARO, *op. cit.*, pág. 20).

O fim ulterior há-de, portanto, ser *indirecto em face do negócio adoptado, autónomo em face das respectivas consequências normais,* mas *derivar imediatamente* [1] da própria actuação do negócio. As circunstâncias da vida obrigam este último a desencadear uma íntima dialéctica que faz com que o fim indirecto, embora, no aspecto estático, seja visto como estranho ao meio jurídico, resulte, no aspecto dinâmico, tão normalmente, tão imediatamente satisfeito por ele como um verdadeiro escopo directo. É esta prossecução *normal* dum efeito *anormal,* melhor, é esta *prossecução como efeito próprio dum efeito alheio,* que caracteriza realmente o negócio que estudamos. De tal sorte que esta designação – negócio indirecto – pode não se justificar de modo absoluto para a formação examinada. O fim, na verdade, só é indirecto considerado em si mesmo, como "coisa em si", isto é, considerado fora da *fattispecie* real, enquanto não age indirectamente. O que não obsta, de resto, a que, na própria ideação concreta do negócio, o aludido fim venha a ser pressuposto como anormal ou estranho ao meio empregado. Ao decorrer na prática, ele decorre *como efeito directo,* mas não é efeito directo. Portanto, sempre a designação, já agora tradicional, se justificará.

Nas suas relações com o negócio adoptado, duas hipóteses se podem estabelecer: aquela em que o meio jurídico não sofre qualquer alteração morfológica e vem a ser actuado em pleno na sua forma; e aquela em que tem de sujeitar-se a algumas modificações acidentais, vindo a ser actuado em pleno só na substância. No primeiro caso, costumam distinguir-se ainda duas situações, que constituem especificidade, não em ordem ao negócio indirecto, mas em ordem ao próprio fim ulterior. Este pode consistir na produção dum simples efeito (v. g., a *adoptio* com escopo de instituição de herdeiro, no antigo Direito germânico e no actual Direito espanhol, ou para transmissão de títulos nobiliárquicos), ou dirigir-se a um verdadeiro negócio, de que o indirecto é necessário pressuposto (v g., a *adoptio,* com mudança de nacionalidade, para fins de divórcio ou de casamento). No segundo caso, podem entrar hipóteses como a citada do depósito e da venda com escopo de garantia, se vier a concluir-se pela sua tipicidade; a do

---

[1] Ficam de lado, portanto, os negócios preparatórios. Nesta exigência, ou melhor, na sua dedução racional, segui, como, de resto para as duas anteriores, RUBINO, *op. cit.,* págs. 15-23. Os outros autores não se demoram na presente análise.

mandato irrevogável para o mesmo fim indirecto, se a irrevogabilidade não colidir com a natureza do mandato; etc.

Autores como ASCARELLI, GRECO, DE GENNARO, CARIOTA--FERRARA e RUBINO, admitem ainda uma terceira espécie em que viriam a enquadrar-se os chamados negócios fiduciários. O problema da inclusão destes negócios na categoria geral do negócio indirecto será discutido mais tarde com algum desenvolvimento. Para as doações denominadas indirectas, há a distinguir: as que visam, na frase de GRECO, "operar, num único e mesmo tipo de negócio, uma interposição de pessoas"[1] (interposição real de pessoas), não envolvendo qualquer relação jurídica entre doador e donatário; as que já envolvem essa relação, mas se traduzem mais na extinção de um débito do que na constituição de um direito, como as realizadas por perdão de dívida ou renúncia à sucessão; e, finalmente, as liberalidades feitas *à margem* de um negócio típico diferente (compra-e-venda a preço amistoso, sociedade com participação nos lucros superior à proporção normal ao valor da entrada, locação a reduzida renda ou baixo aluguer, mandato sem dever de prestação de contas, etc.), não podendo, por hipótese, invocar-se para aquele a ideia de uma simulação relativa. Pergunta-se: terão estas liberalidades alguma coisa a ver com o negócio que estudamos? Virão a enquadrar-se em qualquer das espécies separadas do negócio indirecto, tal como a própria designação – doações indirectas – parece sugerir?

Quanto às primeiras, os tratadistas estão de acordo em que não. Como observa GRECO, a função a que se destinam é completamente diversa da que visa o negócio indirecto. Pretende-se tão só adaptar "a relação *jurídica,* constituída em confronto de certa pessoa, à correspondente relação *económica* que se quer fazer valer em confronto doutra pessoa"[2]. O fim de liberalidade é conseguido *directamente.* A estranheza é só quanto aos sujeitos, não quanto ao meio jurídico. Há uma anomalia nas relações externas, não uma anomalia intrínseca do negócio.

Quanto às segundas, o intuito liberal é prosseguido também directamente pelo negócio adoptado; e directamente, não só em cada

---

[1] *Op. cit.*, pág. 777.

[2] *Op. cit.*, pág. 778; no mesmo sentido, DE GENNARO, *op. cit.*, P. III, págs. 196-197.

Negócio jurídico indirecto 67

suposto real – o que não bastaria para individualizar esta hipótese em face do negócio indirecto, que produz sem mediação o resultado ulterior, – mas directamente considerado em si mesmo. O meio jurídico posto em acção é, em abstracto, compatível com o efeito de liberalidade. Configura-se de sorte que na sua função normal vem a caber o *animus donandi*.

É o que sucede com o perdão de dívida, genuinamente *intuitu personae*. Quem perdoa quer, em última análise, *não causar pena a outrem*, embora pena legítima; e se a pena tem um conteúdo patrimonial, *perdoar* equivale a *dar*, só com a diferença de, em vez de lucro emergente, haver um dano cessante, digamos assim. É uma atitude pessoal-patrimonial, que, além de se traduzir num enriquecimento alheio, é querido precisamente por essa vantagem efectiva de outrem. Esta relação faz pressupor o conhecimento consentâneo do devedor-donatário, estando sempre preenchido o requisito da aceitação que caracteriza a liberalidade típica. Na renúncia há a considerar duas hipóteses. Se a renúncia é abdicativa, quem renuncia quer simplesmente abandonar o direito, caiba ele a quem couber. O *animus derrelinquendi* é, neste caso, uma atitude impessoal, incompatível com o *animus donandi*. Se a renúncia é translativa, quem abandona "em favor de outrem", quer verdadeiramente *doar.* A relação causal-psicológica entre o eventual enriquecimento alheio e o acto renunciativo contém em si mesma o intuito de liberalidade; tanto mais que, implicitamente, ela favorece a ideia da *aceitação* (activa, contratual, digamos assim) que tem de corresponder ao impulso do doador [1].

---

[1] DE GENNARO, *op. cit.,* págs. 198-204, distingue do negócio indirecto as "doações" actuadas por remissão de dívida ou renúncia unilateral, mas não pretende que elas sejam verdadeiras doações. Considera-as um resquício da ideia romana de liberalidade, que, ao contrário do que sucede no Direito moderno, não se ligava a uma forma especificamente contratual, mas constituía um carácter genérico adaptável a qualquer negócio.

PONSARD, *Les donations indirectes en droit civil français*, Paris, 1946, separa, dentro das doações indirectas, as que provêm de actos abstractos (e, nestes, inclui a renúncia), as realizadas pela atribuição a outrem dos benefícios dum acto jurídico, como as estipulações em nome alheio, e, finalmente, as vantagens indirectas incluídas num acto a título oneroso, como a venda, a sociedade e a locação. Para todas estas espécies, defende a existência duma verdadeira e válida doação, pois a forma que

Por último, o *negotium mixtum cum donatione*, também chamado "doação mista", tem merecido à doutrina as opiniões mais controversas. O exemplo mais frisante é o da compra-e-venda a preço amistoso, que tanto pode dirigir-se a beneficiar economicamente o vendedor como o comprador, se bem que a última hipótese seja a mais frequente.

É claro que tanto este como os outros casos de *negotium mixtum* postulam um problema liminar: o da sua seriedade jurídica. A simulação afasta, desde logo, a ideia de negócio indirecto, como vimos, devendo, para que esta figura se torne possível, ser o negócio declarado um verdadeiro negócio querido. Saber quando estamos numa ou noutra hipótese, só a análise concreta do suposto o pode revelar; mas, como princípio muito genérico, é talvez permitido dizer, sempre que o correspectivo seja mínimo – *"sestertio nummo uno"*, diriam os romanos –, que há todas as possibilidades e mais uma de haver simulação. Este "mínimo" quer significar "irrisório", "não sério", mesmo objectivamente. A venda a preço "vil" [1], regra geral, encaminha-se nesta direcção: será quase sempre uma doação simulada em venda.

Porém, se o preço não é risível mas "sério", podendo dizer-se que a venda obedece às suas notas típicas essenciais (que, aliás, não encerram, segundo a doutrina, a obrigação de equivalência *matemática* das duas prestações: coisa e preço), o problema da qualificação do *negotium mixtum* ainda não está resolvido: importa verificar seguidamente se a doação actuada é uma "doação" em sentido técnico, se o tipo "doação" intervém no contrato real (pois presume-se a sua unidade) numa posição paralela à do tipo "venda". Se isto suceder, estaremos em face de um contrato misto, diferente de qualquer dos dois negócios que nele participam como o produto é diferente dos factores.

---

assumem é a de "acto neutro", que garante os interesses ligados à forma típica, como a irrevogabilidade.

Não discutindo, por agora, esta concepção de PONSARD, o que importa acentuar é que, também para ele, estas doações epeciais – salvo as da 3.ª categoria, talvez – não merecem a designação de "indirectas". Chega mesmo a propor que sejam designadas por "doações incluídas num acto neutro" ou "doações por acto neutro".

[1] Esta expressão é usada com frequência como sinónima de "venda a preço amistoso". Parece-me que nada justifica esta sinonímia; as palavras "vil" e "amistoso" não se equivalem, sendo, a meu ver, preferível que a primeira se reserve para os casos de preço "irrisório", pelo menos objectivamente, e a última para os do preço "sério", embora favorecido.

Se não suceder e, pelo contrário, se puder afirmar que não há participação *directa* do tipo "venda" e do tipo "doação", mas pura e simplesmente um contrato unívoco "venda", no contexto do qual se insere uma finalidade muito discreta de doação, – as condições estão dadas para lhe chamarmos um negócio indirecto.

É esta a regra conceitual e genérica para resolver o problema do *negotium mixtum*, mas que não passa de uma linha de orientação, incapaz de verdadeira fecundidade distintiva. Quando é que o suposto concreto revela duplicidade e paridade prestacional? Quando é que a compra-e-venda comanda a formação contratual, de modo a asseverar-se que a liberalidade está numa posição *subalterna* em face da função normal de permuta? Eis o que apenas uma análise detida pode revelar – e mesmo assim só relativamente, – uma análise que pressupõe conhecer-se toda a matéria dos contratos mistos e da relevância dos motivos. Também, por agora, o que nos interessa é só definir as linhas conceituais do negócio indirecto, saber *exigi-las* perante formas jurídicas similares, acentuar, em resumo, que a tipicidade do negócio--meio e a subalternidade jurídica do fim ulterior são condições imprescindíveis para a existência lógica e doutrinal desse negócio.

Para terminarmos o problema de conceito, há que referir ainda uma última questão, presa também à do *negotium mixtum*, e que atinge na raiz a natureza do negócio indirecto: saber se este deve possuir o que RUBINO chama "extralegalidade"[1].

Na opinião deste autor (que, entretanto, admite excepções à regra, como o *negotium mixtum cum donatione*), o fim indirecto deveria ser, em princípio, um fim *atípico,* quer dizer, não previsto especificamente na lei, constituindo a necessidade humana que ele representa uma lacuna própria ou imprópria do ordenamento jurídico. Haveria lacuna própria ou *stricto sensu*, quando a lei não conhecesse nem em geral nem em particular essa necessidade; lacuna imprópria ou *lato sensu*, quando o fim indirecto não fosse objectivo de qualquer dos tipos legais, embora pudesse ser regulado *em espécie* por algum deles.

Conceitualmente, não pode, creio eu, fazer-se tal exigência, salvo recorrendo aos subterfúgios de que usa RUBINO, falando, nas hipóteses que não confirmam a regra, de uma extralegalidade relativa ao vínculo entre meio e resultado. Também para os fins tipicizados na lei é pro-

---

[1] *Op. cit.,* págs. 24 e segs.

vável (ou, pelo menos, não é de todo improvável) a existência de razões concretas que induzam à escolha de um meio jurídico típico diferente do que a lei tinha ordenado. Será, porventura, difícil achar casos destes que não sejam antes hipóteses de simulação. Mas, como digo, para o estabelecimento de um conceito de negócio indirecto a sua possibilidade teórica não pode ser elidida.

Certo que apenas uma análise do suposto-de-facto, dirigida a surpreender com relativa exactidão o sentido da vontade das partes, vem a trazer solução definitiva, em cada caso, ao problema da existência e admissibilidade do negócio indirecto. Porém, o critério geral que ficou delineado – vontade séria dos efeitos típicos designados como queridos, para excluir a ideia de simulação; tipicidade em concreto do negócio-meio, para excluir a ideia de inominação; e fim indirecto, possuidor de capacidade funcional em abstracto, mas no caso real remetido para o campo dos motivos e decorrendo *como efeito normal* do negócio adoptado – este critério será um meio valioso para o intérprete, na tarefa de dar a maior utilidade possível à declaração de vontade, sem, por outro lado, pôr em risco os direitos imprescritíveis da lógica e da certeza jurídica.

II
Valor prático do negócio indirecto

Sumário: – **1.** Negócio aparente e negócio indirecto. – **2.** Justificação actual do negócio indirecto: a idoneidade abstracta e a oportunidade concreta dos tipos legais. – **3.** Valor da liberdade contratual para o negócio indirecto. – **4.** Negócio indirecto e jurisprudência cautelar. – **5.** Conclusões.

1. Dado um conceito, logicamente definido e utilizável, de negócio indirecto, importa conhecer quais os motivos que podem vir a recomendá-lo na prática jurídica dos nossos dias.

À primeira vista, parece que OERTMANN [1] e DOMINEDÒ [2] têm razão, quando afirmam não haver lugar, nos direitos consensualistas modernos, para um emprego indirecto dos tipos negociais. O princípio da liberdade contratual veio dar plena validade às formações da autonomia privada, sendo livres os particulares para prosseguirem como quiserem os múltiplos objectivos da sua escala teleológica. Não existe necessidade de uma forma pré-estabelecida para que vejam garantidos publicamente os acordos que entre si modelaram e concluiram. O negócio indirecto deve considerar-se uma categoria meramente histórica, sem razão de ser no presente, salvo – continua DOMINEDÒ – como processo de realizar a fraude à lei, como subterfúgio para evitar a aplicação de normas proibitivas do ordenamento.

Esta objecção simplista obriga, no entanto, a uma análise detida do problema. E como vem argumentar-se com o princípio da liberdade contratual, pressupondo que o negócio indirecto só pode ter existência válida nos direitos não liberalísticos da antiguidade, interessa verificar até que ponto este *a priori* é verdadeiro, apreciando, rapidamente, um sistema formalista modelar como o Direito romano.

---

[1] *Die Fiducia in römischen Privatrecht*, Berlim, 1890, pág. 257 e segs., cit. por DE GENNARO, *op. cit.*, pág. 73, e por RUBINO, *op. ant. cit.*, pág. 32.

[2] *Op. cit.*, pág. 51.

É sabido que, no velho *ius civile*, a garantia pública estava directa ou indirectamente ligada a um número restrito de formas negociais, que os direitos mais importantes tinham de assumir para gozarem dessa garantia. Assim IHERING[1] nos fala da *confarreatio* e da *coemptio* para o casamento; da *arrogatio* e da *in iure cessio* (*adoptio* em sentido estrito) para a constituição artificial do pátrio poder; da *mancipatio* para a constituição da propriedade e das servidões rústicas, como da *in iure cessio* para as urbanas e pessoais; do *nexum* e da *stipulatio* para as obrigações; do *testamentum in calatis comitiis* e, mais tarde, do *testamentum per aes et libram* para a instituição de herdeiro e de legatário; etc.

Com o desenvolvimento da sociedade romana, novos e imprevistos interesses se apresentaram ao Direito para serem tutelados. Em face deles, porém, perfilava-se um sistema de contextura rígida, sem elasticidade bastante para os receber. Como em todos os sistemas rudimentares, à forma ligava-se um prestígio quase religioso, prevalecendo de modo indiscutível o valor segurança sobre o valor equidade. Mas, porque o tráfico urgia e os novos interesses reclamavam protecção, houve a necessidade de recorrer a um emprego indirecto dos velhos esquemas formais, que, assim, vieram a ser adoptados como uma simples condição de garantia pública

O *ius honorarium*, que amaciou as durezas da lei antiga, adaptando-a, com rara habilidade, às exigências concretas duma vida mais ampla e mais complicada, aceitou este emprego indirecto como um produto em si mesmo duvidoso, mas que as necessidades do comércio jurídico justificavam perante a estreiteza do *ius civile*. A *mancipatio*, a *in iure cessio* e a *stipulatio* tiveram um papel de extraordinário relevo na recepção dos novos interesses. O seu uso indirecto foi tão frequente que chegaram a assumir quase a natureza de actos abstractos, tal como hoje os configura a doutrina alemã. Acerca deles falava IHERING de "actos aparentes", actos que, embora fossem queridos apenas no seu *decor*, na sua *aparência,* todavia o Direito vinha a sancionar como um produto forçoso das circunstâncias jurídico-económicas[2].

---

[1] *Op. cit.*, I, págs. 221-223.

[2] Os negócios aparentes são estudados por IHERING no *op. cit.*, II, § 52, págs. 220-226.

Os actos aparentes respondiam a um problema da jurisprudência antiga muito semelhante – e isto já foi dito nas primeiras páginas – ao que hoje levantam os negócios indirectos. Como resolver a controvérsia entre a necessidade da *forma,* base da segurança, e a necessidade do *fim económico,* "espelho" do novo interesse, para me servir de uma imagem de CARNELUTTI?[1]. Era preciso achar uma solução conciliatória, e esse "sistema de transacção" foi precisamente encontrado nos actos aparentes que o Direito Romano veio a conhecer[2].

Problema semelhante, mas não o mesmo problema. Com efeito, o que se pretendia era tão só preservar a forma ou a aparência do acto, não o próprio acto em si, na sua função normal e na sua tipicidade. No acto aparente ressalvava-se o *"sacrum",* a *"solemnitas"* do negócio jurídico. Faltava uma vontade efectiva do acto na plenitude das suas consequências, ou melhor, existia apenas a vontade duma *sugestão* exterior, duma simbólica, que creditasse aos olhos do Direito o fim empírico determinante. Não havia uma escolha livre, voluntária, do tipo negocial, como o meio mais eficaz, por motivos concretos, para a própria consecução do intuito económico; nem sequer uma verdadeira obediência à coacção legal do tipo, uma adesão subjectiva à imposição dos esquemas formais; havia uma ostentação forçada, não decorrente de qualquer utilidade específica, ou individual, mas imposta pelo interesse genérico de assegurar a licitude dum acto económico subjacente. E se atentarmos em que, na sua origem, enquanto mantinha o carácter de expediente de facto, o acto aparente não devia ser utilizado em plena luz, mas velar-se no acordo tímido das partes[3], será difícil negar razão a IHERING[4], BECHMANN, KOHLER e VOIGT[5], quando nele vislumbram

---

[1] CARNELUTTI distingue pitorescamente o escopo do interesse: "L'interesse è l'immagine, mentre lo scopo non è che lo specchio". Cit. por DE GENNARO, *op. cit.,* n.º 1, pág 27.

[2] Cfr. IHERING, *op. cit.,* III, § 52, pág. 226.

[3] BETTI, *Istituzioni di diritto romano,* I, P. Geral, 2.ª ed., 1942, pág. 134, fala de "secreto acordo das partes".

[4] IHERING, *op. cit.,* III, § 52, págs. 220-226, escreve, entre outras, estas palavras: *"Agir em aparência (dicis causa)* é o contrário de agir com seriedade; é realizar uma acção *exterior,* é pronunciar palavras a que não se liga nenhuma intenção".

"Historicamente, pode ser que, muitas vezes, o acto aparente mais não seja do que o resto dum acto simulado erigido em regra pelo costume e tolerado pelo juiz".

[5] BECHMANN, *Die Kauf nach gemein Recht,* I, pág. 169; KOHLER, *Studien,* págs. 108-109; VOIGT, *Ius naturale,* IV, pág. 67; cits. todos por FERRARA, *op. cit.,* pág. 80.

um parentesco suspeito com o acto simulado. Tanto num como noutro caso haveria a convicção de ilicitude, de se proceder *contra legem*, iludindo-a com o fogo-fátuo duma aparência negocial permitida.

A diferença entre simulação e aparência só logra estabelecer-se através de um critério etiológico[1], atendendo a que os "actos imaginários" eram resultado duma coacção legal do tipo, da própria culpa, digamos assim, do sistema jurídico romano. A sua frequência conseguiu elevá-los a costume, revelando uma necessidade consistente e legítima. Deu-se a justificação do facto, porque o "estado de necessidade" que lhes serviu de berço foi reconhecido pelo pretor e pela jurisprudência, que aí divisaram o sinal da guerra surda do sistema formalista com o *ius vivens*, o desenvolvimento progressivo do tráfico, a afirmação de novas sedes de interesses, incompatíveis com o monopólio legal de meia dúzia de esquemas típicos. A sagacidade romana viu neles um instrumento eficaz da "arte jurídica", uma das afirmações do princípio da "economia lógica" (IHERING), que, através da harmonia e da sobriedade do ordenamento clássico, buscava abarcar os novos interesses do comércio e da prática jurídica. Viu neles o rasgo do progresso interior do próprio Direito romano, que vai tendo uma alma cada vez mais ampla, uma concepção mais larga e menos "fetichista" da lei, e do respeito quase religioso das formas irá lançar-se na aventura duma *interpretatio* abundante e complexa, que, a pretexto das velhas normas quiritárias, ousa criar ela mesma um Direito diferente.

Mas esta "estandardização" dos actos imitativos ou aparentes corresponde à legalização duma mentira, embora duma mentira necessária[2]. Se, aliás, houvesse no acto imaginário ou *dicis causa* um verdadeiro querer de acto em si, com adesão subjectiva à função normal do negócio adoptado (melhor: se a vontade não se dirigisse sobretudo a preservar a forma, conquanto, em alguns casos, ainda subsistisse a função normal), não poderia a *mancipatio*, v. g., ter chegado à exiguidade ridícula do *"sestertio nummo uno"*. Não poderia o acto aparente ter dado lugar, como afirma ASCARELLI, "quer a negócios simbólicos, que só traem a longínqua origem num formulário adaptável,

---

[1] Realmente, mesmo na fase inicial, mais ou menos secreta, não pode falar-se de simulação jurídica por falta de verdadeiro *"animus nocendi"* ou *"decipiendi"*.

[2] IHERING, *op. cit.,* IV, pág. 275, define o acto aparente de um modo sugestivo: É uma mentira jurídica consagrada pela necessidade.

Negócio jurídico indirecto

de resto, a todos os usos, quer a negócios abstractos, quer, por último, a negócios causais cuja causa vem a ser constituída pelo escopo prosseguido antes indirectamente pelas partes"[1]. Parece-me que FERRARA e outros autores viram o negócio aparente mais à luz do negócio real indirecto do que à luz que lhe é própria[2], cometendo, em sentido inverso, o mesmo erro de ASCARELLI e sequazes, que, sem querer, nos dão um conceito de negócio indirecto por demais vazado no velho conceito clássico de aparência.

O acto *"dicis causa"* será um procedimento indirecto em sentido lato; será mesmo, para o Direito clássico, o emprego dum acto jurídico *real* (se aceitarmos, com BETTI, que esse Direito não reclamava do acto *real* a reprodução exacta duma deliberação psicológica concordante). O que não chega a ser é um emprego indirecto tal como hoje deve configurar-se: emprego indirecto dum negócio típico, querido nas suas consequências jurídicas e práticas, na sua funcionalidade e na sua disciplina. A coacção legal de tipo presta-se mais a estes simulacros sem convicção do que a verdadeiros empregos indirectos. O *ius vivens*, amordaçado pela rigidez do sistema, toma uma atitude de revolta surda, de sabotagem, de preferência a uma atitude de selecção criteriosa, de aproveitamento calmo e reflectido das virtualidades económicas do tipo legal.

Isto não quer dizer que de todo eliminemos a possibilidade, mesmo sob a espora de necessidades contrafeitas, de se produzirem

---

[1] *Il negozio indiretto...*, cit., pág. 57; cfr. *Contratto misto...*, págs. 468-469.

[2] FERRARA, *op. cit.*, págs. 77-82, repudia a doutrina da simulação como provável origem histórica dos actos aparentes (teoria a que até esse momento rendera homenagem) para considerá-los como negócios *reais* concluídos daquele modo pelas partes para alcançarem uma determinada consequência jurídica. Não sei até que ponto o novo conceito de "negócio real indirecto" ou "oblíquo" definido adiante (pág. 86) veio a influir nesta viragem de FERRARA. Certo é, contudo, que o A. pretende ver na figura romana uma confirmação prática do negócio indirecto, do mesmo modo que, para os nossos dias, a julga encontrar nos negócios fiduciários e fraudulentos. A sua argumentação de forma alguma convence. Se, por exemplo, o *nexum* pode justificar o seu ponto de vista, pois, nesse caso, o devedor ficava realmente na disponibilidade do credor, podendo este torná-lo escravo, se ficasse insolvente, no caso da *in iure cessio*, da *acceptilatio* e da *mancipatio*, não pode dizer-se o mesmo. Todavia, era quanto a estas figuras que o problema da aparência se punha, quanto a estas que se falava de actos imaginários: da *mancipatio* (*imaginaria venditio*), da *acceptilatio* (*imaginaria solutio*), etc.

verdadeiros negócios indirectos, em vez de actos aparentes no sentido que definimos. Creio bem que algumas dessas hipóteses, alheias a qualquer raiz de simulação, devem ter tido lugar na prática jurídica de Roma, sem, entretanto, gozarem de autonomia em face da categoria genérica dos actos aparentes (e por força ainda do quase nenhum relevo que à sensibilidade clássica merecia o carácter de voluntariedade que pudera distingui-las). Mas a regra geral foi, por certo, a que acabo de referir, e que é comprovada já pelo adjectivo *"imaginarius (a, um)"* (ou seja "decalcado sobre um modelo e imitando-o na sua forma" segundo BETTI) [1] e pela expressão *"dicis causa propter veteris iuris imitationem"*, que as fontes registam ao mesmo propósito, já pelo papel desses actos na própria evolução da arte jurídica romana, vindo a decompor-se em actos abstractos ou em actos causais sob a égide do fim empírico prosseguido antes indirectamente. Só uma desanimização do esquema negocial pode justificar, de resto, a perda do conteúdo típico que caracteriza o negócio abstracto. Só uma formação andrógina, sem fisionomia jurídica definida, pode dar origem a um negócio de conteúdo típico diverso do conteúdo primitivamente actuado.

De qualquer modo, o que é manifesto é não serem os sistemas formalistas os mais propícios talvez ao livre desabrochar do negócio indirecto. Pelo contrário, um clima de maior liberdade contratual, em que não pode dizer-se existente um verdadeiro *ius vivens* (pois o sistema de Direito procura abranger, por si ou pela autonomia privada, todos os objectivos económicos nascentes), um clima que facilite a livre escolha entre a directa obtenção dos intentos privados e o prosseguimento indirecto dos mesmos intuitos por intermédio de um negócio distinto, vem a revelar-se possivelmente mais de acordo com a natureza espontânea e legal da figura jurídica que estudamos. Eis o que tentarei provar no número seguinte.

2. Na maioria dos casos, o negócio indirecto é resultado duma eleição voluntária e concreta. Em face de novos interesses económicos, ou de interesses já previstos na lei mas, em singular, portadores duma nova exigência, as partes vão percorrer um de dois caminhos: ou realizam o negócio, nominado ou inominado, que em abstracto se destina directamente ao fim proposto; ou um negócio típico que só pode

---

[1] *Op. cit.*, pág. 134.

Negócio jurídico indirecto

alcançá-lo de maneira indirecta. E por certo que se resolvem a seguir a primeira ou a segunda orientação consoante tenham em maior apreço as vantagens da via directa ao fim prático ou as da via oblíqua ou transversa (*"Schleichweg"*).

Esta expressão "via oblíqua" ou "indirecta" tem de entender-se nos moldes que defini no capítulo anterior. Certamente – e só por isso é que os sujeitos se vêm a decidir pelo seu emprego – ela se revelará, em face das circunstâncias, como a mais propícia à satisfação dos interesses individuais, quase podia dizer-se sem paradoxo, como a mais *directa* a satisfazê-los. Na balança das partes pesou mais, com os seus defeitos e vantagens, do que a perspectiva dum caminho abstractamente normal.

Mas, para que isto suceda, temos de estar num *modus vivendi* de liberdade como o dos negócios obrigacionais. Nos outros domínios esta escolha concreta não será possível; em todo o caso, sob pena de não haver negócio indirecto, o carácter de voluntariedade – aqui, de obediência ou conformação subjectiva – tem de estar impresso na adopção do tipo legal.

Quer se movam apenas pelas vantagens concretas do procedimento quer também pela obrigação de respeitar os limites expressos dum *numerus clausus*, sempre as partes, ao adoptarem o meio jurídico, vêm a reconhecer que ele é o mais apto à fruição do escopo económico, que ele contém em si virtualidade suficiente para este ser atingido da maneira lícita mais concordante com a vontade dos contraentes.

O negócio jurídico indirecto situa-se, em última análise, na divergência ou na contraposição polémica entre o "pensamento abstracto" ou "sistemático" e o "pensamento concreto" ou "existencial"[1]. O homem, enquanto estabelece princípios genéricos descarnados do "humus"

---

[1] Expressões da filosofia *à la page*, emprego-as, contudo, pela maneira impressiva como fixam estas duas posições adversas: a posição do que é obrigado a abstrair e a posição do que é obrigado a concretizar. São duas atitudes humanas, não talvez separadas irremediavelmente como querem alguns, mas, na verdade, definidoras de dois pólos de atracção e de repulsa. "Pensador sistemático" chamava KIERKEGAARD a HEGEL, opondo-lhe, e à sua lógica das nuvens, uma actividade pensante concreta, mais humana, sempre retomando, e sempre abandonando para a retomar, a sua pele de "vivências" existenciais. O "existencial… pensa por intermitências" – dizia o autor de *O Desespero Humano*.

natural das vivências, enquanto sistematiza, generaliza e organiza abstractamente, vai esquecendo mais e mais, em benefício da lógica formal e do raciocínio claro, "os temas, missões e dificuldades particulares da sua vida"[1], que vê obrigado a pôr de banda "como se põe a um canto a bengala", no dizer de KIERKEGAARD[2]. É a traição de todo o *pensar* ao *existir*, e eu julgo poder divisar, em motivo deste fenómeno inerente à pura construção racional, um paroxismo ainda maior naquelas ciências que se votam a orientar o *existir*, a descortinar e a possibilitar as finalidades concretas do homem. Para lhe poderem facilitar os passos dentro da sociedade têm de o constranger em caminhos racionais que, por isso mesmo, esquecem os obstáculos e os imprevistos do existente.

Ora, com os negócios típicos sucede talvez coisa semelhante. São esquemas em que o legislador procura abraçar o maior número de variantes concretas. Mas, por um lado, nem todas podem ser ali compreendidas, como nem todas as particularidades de cada hipótese real logram ser contempladas nessa visão abstracta. Por outro lado, o esquema vem a revelar-se subitamente como apto a compreender nas suas linhas mestras interesses económicos que o legislador não sonhava sequer. Só a prática jurídica é que traz a plena luz as variadas aptidões de que é susceptível um tipo legal. E se o *pensar* traiu o *existir*, reduzindo os dados da vida a puras categorias intelectuais, o *existir* vinga-se do *pensar*, quer chamando-o para finalidades que o "pensador abstracto" não concebera possíveis, quer abandonando no limbo das virtualidades sem realização os intuitos que historicamente determinaram o legislador.

Assim, na venda a preço amistoso ou de favor. Por certo que o intuito de liberalidade não veio ao pensamento de quem legislou, ao "pensar" o tipo da compra-e-venda. Todavia, isso não obsta a que, em certas circunstâncias, esse intuito possa existir na compra-e-venda em concreto. Por outro lado, ninguém duvida de que foi na doação que o legislador quis fixar esse escopo económico de enriquecimento voluntário do património alheio. O que não impede também que, em certas hipóteses, o quadro da doação se revele menos apto a satisfazer o interesse liberal das partes, e estas prefiram a tutela da compra-e-venda

---

[1] BOLLNOW, *Filosofia existencial,* trad. port., Coimbra, 1946, pág. 16.
[2] Cit. por BOLLNOW, *op. cit.*, pág. 17.

Negócio jurídico indirecto 79

para conseguirem o mesmo objectivo prático da liberalidade (embora não, por certo, em via principal).

O emprego indirecto assume, não há dúvida, diversas gradações consoante a obliquidade é mais ou menos acentuada. As vantagens que podem influir no recurso a ele também variam de caso para caso, embora deva notar-se, quando se trata de um fim económico atípico, que a vantagem da *segurança disciplinar* não é, por certo, a menos ponderosa.

As formações inteiramente novas envolvem, regra geral, um risco para os contraentes pelas incertezas que rodeiam os negócios *sui generis*. Devem ser consideradas um último recurso, uma *"extrema ratio"*, escreve RUBINO[1], visto as partes não poderem concretizar a sua vontade de modo a excluir eventuais dúvidas, nem prever todos os efeitos, nem fixar duma vez para sempre toda a disciplina. E a integração da vontade das partes nos negócios inominados, definida em termos tão vagos como "a analogia com os casos semelhantes", "os princípios gerais das obrigações e dos contratos", e "os princípios gerais do Direito Civil", não é de guisa a preservá-las, sequer relativamente, dos perigos do arbítrio e da incompetência judicial.

Para o recurso aos negócios tipificados, obviando às dificuldades da inominação, deve concorrer também aquela força da *inércia jurídica* que ASCARELLI pôs em evidência no seu primeiro trabalho[2]. Esse fenómeno, que RABEL filia na "regra geral da comodidade e da timidez"[3], traduz-se na tendência do Direito para se desenvolver organicamente, através dum processo evolutivo e conservador em que "a nova exigência recebe (…) satisfação (…) através dum velho instituto (…), que oferece à nova matéria ainda incandescente uma armadura já conhecida e sólida"[4]. E, sendo expressão, afinal, "de um misogenismo que parece-se ser sempre muito vivo nos ambientes jurídicos – é raro encontrar-se um jurista que, mesmo só no campo político, seja revolucionário"[5] – corresponde, como nota igualmente ASCARELLI, à neces-

---

[1] *Op. cit.*, pág. 49.

[2] *Il negozio indiretto...*, cit., págs. 25-27.

[3] *Nachgeformte Rechtsgeschäfte*, "Zeitschrift für Savigny Stitfung", XXVIII, 1907, pág. 378 – cit. em RUBINO, *op.* prim. *cit.*, pág. 31

[4] *Il negozio indiretto...*, cit., pág. 27.

[5] *Il negozio indiretto...*, cit., pág. 26.

sidade profunda em qualquer ordenamento de "a sensibilidade às novas exigências ter lugar lentamente, cautelosamente, de sorte a não comprometer a unidade do sistema, a certeza da norma jurídica aplicável"[1].

Mas, longe de ter como dominante este fenómeno da inércia jurídica, que só poderia mesmo vislumbrar-se perante fins económicos atípicos, insisto em ter por verdadeiramente basilar, para a explicação do negócio jurídico indirecto, a divergência entre a oportunidade concreta e a idoneidade abstracta dos tipos legais, como expressão flagrante da luta do pensamento sistemático com a vida real.

Esta explicação tem a vantagem de abarcar todos os casos e todas as gradações do emprego indirecto, não o fazendo depender apenas da coacção legal de tipo ou apenas da inércia jurídica[2]. De evitar o que numa contemplação sobretudo dinâmica ou evolutiva à maneira de RABEL e de ASCARELLI se revela difícil: a confusão com o acto aparente do Direito romano, e a ideia falsa de que o negócio indirecto é uma figura de transição, uma forma patológica, só possível ou mais possível em sistemas em degenerescência. De o considerar, em suma, como legítimo aproveitamento, que é, dos tipos legais, e não como expediente ou invenção jurídica[3] mais ou menos ardilosa; dando-se-lhe assim uma amplitude tão grande como o próprio Direito e uma existência tão normal como a do negócio jurídico comum.

A objecção de OERTMANN e DOMINEDÒ, ligando irremediavelmente o negócio indirecto à ideia do *numerus clausus* – e daí que

---

[1] *Loc.* ult. cit.

[2] Evitam-se, deste modo, as críticas de RUBINO à explicação da inércia jurídica e do *ius vivens*. Diz ele, *op. cit.*, págs. 31-32, que, se entre as causas do negócio indirecto pode vislumbrar-se a inércia jurídica, é só em termos muito gerais, pois que: 1.º) a recolha dos resultados indirectos sob figuras já conhecidas e tipicizadas tem tantas gradações que é impossível subordinar tudo à explicação da inércia jurídica; 2.º) no caso de o escopo indirecto ser já típico, tendo, portanto, já a sua forma negocial *ad hoc*, não há verdadeiro *ius vivens*; 3.º) a explicação da inércia jurídica não diz com nitidez que mais íntimo significado deva atribuir-se ao fenómeno do emprego indirecto, em ordem ao seu eventual carácter de necessidade, consequente dos limites da lei à liberdade contratual.

[3] ASCARELLI, *Il negozio indiretto...*, cit., nota à pág. 57, é que fala com grande entusiasmo das invenções jurídicas, como a a cambial, para o A. tão úteis à humanidade quanto as da vida mecânica e física. Vem isto a propósito de o negócio indirecto ser também, segundo o mesmo A., uma demonstração do poder "inventivo" do género humano...

o vento da liberdade contratual o reduzisse para sempre a uma categoria de valor arqueológico – , vem deste modo a sossobrar. O negócio indirecto não é um fruto do Direito morto; é um fruto do Direito vivo, da permanente atitude polémica da vida perante a norma[1]. A conclusão daquele último autor de que, nos tempos modernos, só se justificaria como um processo de fraude à lei, também não é confirmada. Em princípio, o negócio indirecto não é fraudulento nem deixa de o ser. Os interesses que o promovem são tão diversos quanto as situações da vida real, embora seja verdade que, devendo, para o emprego indirecto, contribuir geralmente um interesse *grave,* esse interesse pode, uma vez por outra, ser atentatório das normas proibitivas do ordenamento. Mas não é lícito votar ao ostracismo uma figura prática do seu alcance, só porque a utilidade se paga, às vezes, também com um pouco de ilegalidade...

3. O problema da liberdade contratual não me interessa, pois, no mesmo plano que aos tratadistas já citados do negócio indirecto. Tenho para mim que a coacção legal de tipo é, na verdade, propícia a criar expedientes ou recursos de circunstância, que a *"opinio iuris vel necessitatis"* pode legalizar ou "tolerar" (IHERING), é propícia ao uso das "velhas formas para novas funções" de que falava GRECO, mas recuso-me a nomear esse emprego formal como característico do negócio que estudamos, situando este no mesmo pé dos actos aparentes ou "imaginários" do Direito romano clássico.

O negócio indirecto é um aproveitamento legítimo dos negócios tipificados, mas dos negócios no seu conteúdo integral, e, desta sorte, não precisa de uma espécie de "estado de necessidade" para se justificar aos olhos do Direito e da lógica. Por outro lado, a adesão subjectiva ou o voluntarismo que temos de pressupor na escolha do negócio adoptado, para realmente consistir num emprego de "tipos" e não de

---

[1] Quanto à liberdade contratual é, aliás, sempre válida a resposta de GRECO: – "... se se reconhece o poder de forjar novas formas, adaptando-as a novas funções, *a fortiori* deverá reconhecer-se o poder de utilizar as velhas formas adaptando-as a novas funções..." (*op. cit.,* págs. 782-785).

Não a incluo, porém, no texto por enfermar de um sentido historicista que não aprovo. Primeiro, não se trata de *forma*s velhas, mas de *tipos* permanentes. Em segundo lugar, não se vem enxertar uma vida nova; faz-se decorrer uma vida ignorada.

"formas" apenas, parece-me conciliar-se melhor com um ambiente de liberdade contratual que dê às partes possibilidades de livre escolha, do que com uma atmosfera hipertensa de rígida tipicidade. E assim, a liberdade contratual interessa positivamente mais do que negativamente, isto é, para o conceito que formei de negócio indirecto a sua existência vale mais do que podem valer as suas restrições.

Mas, até por isso mesmo, importa dar uma vista de olhos sobre o panorama da autonomia privada nos vários ramos do Direito civil. A autonomia privada, instrumento da liberdade contratual, reside precisamente no poder de certo modo criativo da pessoa privada dentro do negócio jurídico. A ordem objectiva confere àquela o poder, não só de livremente concluir este ou aquele negócio, modelando a matéria de facto, mas ainda de dispor quase livremente da lei, querendo efeitos que, só pelo facto de serem queridos juridicamente, se vão produzir mais ou menos assim. Não entro no problema de saber se a pessoa privada *cria* ou apenas *provoca* os efeitos jurídicos, se é verdadeira *causa efficiens* ou apenas *conditio sine qua non* das consequências que vão decorrer. O que me interessa frisar é que esses efeitos se produzem de acordo com a sua vontade explícita ou implícita, embora não com a sua vontade hipotética ou imaginária.

Com estas proporções a autonomia contratual não existe em todo o vasto campo do Direito civil. Em matéria de negócios pessoais, pode dizer-se que não vigora, salvo na medida em que os interessados são livres para os realizarem ou não. No domínio dos negócios patrimoniais, sofre restrições gerais e especiais de bastante importância em matéria sucessória (necessidade de deixar íntegras as legítimas, exclusão da sucessão contratual, proibição do testamento ológrafo, etc.), e ainda, posto que menores, em matéria familiar-patrimonial (convenções antenupciais). O seu "campo de eleição" é, como escreve o Prof. MANUEL DE ANDRADE, o dos negócios obrigacionais, onde "impera quase inconfinadamente" [1].

---

[1] Prof. M. ANDRADE, lições cits., parte publicada, II, pág. 62 (ou *op. cit.*, pág. 275).

Tem-se discutido se, para haver autonomia privada, é necessária a patrimonialidade da prestação. Esta exigência foi feita pela primeira vez por HELWIG, em nome da certeza jurídica, que também servira já a ENDEMANN para combater o princípio da liberdade contratual. De então para cá, as opiniões repartem-se, tendo a contar-se, entre os defensores da ideia da patrimonialidade, POLLACO, *Le obbligazioni nel diritto civile italiano*, e De RUGGIERO, *Instituições*. Em sentido contrário, KOHLER,

Duvidoso é saber se, nos contratos com eficácia real ou reais *quoad effectum*, o princípio do *numerus clausus* dos direitos reais não virá a prejudicar a autonomia privada. A opinião geral é de que sim, invocando-se em apoio desta conclusão a ideia de que os contratos com eficácia real têm consequências em face de terceiros (pois o direito real decorrente é, como tal, um direito *erga omnes*), vindo a consistir num "facto grave para todos", que só deve ser autorizado nos casos em que a lei o tenha julgado conveniente.

RUBINO[1], defendendo esta solução, mostra como perante a lei italiana os produtos da autonomia privada se circunscrevem ao âmbito das partes. "Um só é o legislador e não pode sê-lo o particular para o particular"[2]. Conclui, pois, que, andando ligados a uma formação contratual efeitos que transcendem o âmbito das partes ou de seus herdeiros, havendo consequências que se impõem a terceiras pessoas (sequela), a liberdade deve ser *ipso facto* banida. Assim, para os contratos reais *quoad effectum*, tendo em vista a transmissão, enquanto possível, de direitos reais limitados; assim, para a cessão de créditos e toda e qualquer transferência não prevista na lei da simples faculdade de disposição de direitos. "As razões de interesse social e de tutela de terceiros que determinam a tipicidade dos direitos que lhes constituem o objecto, reflectem-se sobre os negócios, e, embora não apresentem para estes a mesma intensidade, são todavia suficientes para justificar as mesmas conclusões em ambos os casos"[3]. Em idêntico sentido, SEGRÈ[4], GRAZIANI[5] e GRECO[6].

WINDSCHEID, ENNECCERUS, VON THUR e SCHREIBER. O Prof. M. ANDRADE também considera desnecessária a existência da patrimonialidade.

[1] *Op. cit.*, págs. 35-42.

[2] *Op. cit.*, pág. 38. Os artigos em que RUBINO se fundamenta são o 1098.° e o 1123.° do Código Civil de então. O artigo 1123.° diz, por exemplo, que "I contratti legalmente formati hanno forza di legge *fra coloro* chi li hanno fatti". Este argumento literal nada adianta nem atrasa para a questão, como é evidente.

[3] *Op. cit.*, págs. 39-41.

[4] *Sul trasferimento di proprietà di merci a scopo di garanzia e sui suoi effetti nel caso di fallimento in relazione alla riserva del dominio,* "Ann. di diritto comparato e di studi legislativi del Galgano", vols. II-III, Roma, 1929, pág. 834 e segs.; cit. por GRASSETTI, *La rilevanza...*, cit., pág. 12.

[5] *Negozi indiretti e negozi fiduciari,* "Riv. Dir. Comm.", 1933, I, págs. 415 e segs.

[6] *Op. cit.*, págs. 782-784.

GRASSETTI [1] insurge-se contra a opinião da maioria, começando por mostrar que uma coisa é certa: da tipicidade dos direitos reais não pode concluir-se pela tipicidade dos negócios com efeito real ou real-obrigacional. "Trata-se de problemas bem distintos, como distinta é a fonte (negócio) da consequência (direito real), e, portanto, susceptíveis de diferentes soluções"[2]. De resto, o Código não se reporta exclusivamente, tratando dos contratos em geral, aos contratos obrigacionais em sentido estrito. Mas, ainda supondo que tal deva entender-se, a interpretação extensiva estará naturalmente indicada para os demais, pois não existe na lei uma disciplina específica dos contratos com eficácia real.

Dada como provável, em face do Direito positivo, a atipicidade dos negócios obrigacionais em sentido estrito, julga fácil o Autor mostrar que também é possível a atipicidade dos contratos reais *quoad effectum*. Para isto – diz ele –, não é necessário admitir com ESMEIN que "não há contrato translativo real ou real-obrigacional, mas sempre e só contrato obrigacional" (dele "não nasceriam senão obrigações", sendo o efeito real "a consequência da obrigação de dar ou de transferir, directamente engendrada pelo contrato e, em geral, tão rapidamente executada como criada")[3]. Não importa para GRASSETTI que "alguns ou todos os efeitos obrigacionais surjam como correspectivo em face dos efeitos reais: basta que exista uma relação de interdependência". Basta que a doação ou, em geral, a transmissão se traduza num meio que "possibilite ao próprio adquirente aquele determinado comportamento em ordem à coisa ou ao direito de que é investido"[4]. Pense-se na figura impropriamente chamada de interposição real de pessoas.

Em suma, contra GRAZIANI, aquele autor vem a defender que o facto de os direitos reais, pela sua importância, estarem subordinados ao princípio do *numerus clausus* não implica, para os negócios com eficácia real ou real-obrigacional, a rígida tipicidade das causas esta-

---

[1] *La rilevanza dell intento giuridico...*, cit.

[2] Pág. 10.

[3] *Obligations*, cit. por GRASSETTI, *op. cit.*, págs. 24-25.

[4] Págs. 28-29. "Não importa que os negócios atípicos com efeitos reais sejam necessariamente recondutíveis a uma das quatro categorias de negócios inominados do Direito romano", particularmente à que se exterioriza num *"do ut facias"*.

belecidas para a transmissão, mas apenas a necessidade de observância de dadas formas de publicidade. Ora, desde que esta se assegure convenientemente – através dos chamados índices de circulação, como o registo em matéria imobiliária –, os interesses de terceiros ficam garantidos, mesmo com o *numerus apertus* dos contratos com eficácia real.

Rubino, no seu livro *Il negozio giuridico indiretto* [1], responde a Grassetti que não é lícito argumentar com uma questão de forma para resolver um problema dogmático. Assegurar índices de circulação para os contratos inominados de transferência não é justificá-los, a estes, perante a doutrina e perante a norma.

O que pode aproveitar-se, para o Direito português, desta polémica doutrinal? Numa visão muito rápida do problema, suponho que a hipótese de negócios translativos-reais e reais-obrigacionais atípicos não é de todo improvável na nossa lei. A rigorosa tipicidade dos direitos reais justifica-se, com certeza, por motivos de ordem pública que não vingarão facilmente em matéria contratual. O *numerus clausus* anda aliado, por natureza, a uma ideia de função social, de interesse colectivo, de *instituição,* que é a marca característica dos direitos reais – função social de propriedade, dos direitos de família – função social da família, de certos direitos sucessórios – função social da sucessão legítima e testamentária. No mundo contratual, esta presença dos bens colectivos é menos nítida, pois à ordem pública conveio mesmo que os contratos adquirissem uma nota peculiar de autonomia privada. O instrumento mais idóneo para a colectividade não é, neste campo, a instituição estruturada e sólida, mas o livre manejo dos interesses económicos, através de um processo *ad hoc,* variável, oportuno, de natureza concreta. A *ratio iuris* que preside a cada ramo do Direito civil não pode ser afastada sem graves e subsistentes razões. O taxativo dos direitos reais não é mais importante para a vida social (pelo menos no recorte individualista em que foi talhada pelo Código) do que o exemplificativo dos contratos tipificados.

No caso que estudamos, parece-me que as razões de sobressalto andam ligadas sobretudo à tutela de terceiros, uma vez que a eficácia real se lhes impõe como *"droit de suite"* Mas a resposta de Grassetti para o Direito italiano pode valer talvez para o nosso ordenamento,

---

[1] Pág. 41.

que, no artigo 949.º, n.º 4.º, admite ao registo "todas as transmissões de bens ou direitos imobiliários..." sem discriminação. Será responder, como volve RUBINO, com uma questão de forma a um problema de substância? Não creio. O *numerus clausus* dos contratos reais *quoad effectum* não pode louvar-se numa razão de fundo, num suposto "interesse social", como afirma este Autor, pois o interesse social em matéria de contratos é precisamente a autonomia privada.

Mas, enfim, são estas algumas ideias *per summa capita*, que não pretendem dar solução definitiva ao problema dos contratos com eficácia real. Também é problema que para os negócios indirectos tem um relevo muito secundário, pois o negócio indirecto viverá, em princípio, quer num regime de liberdade quer num regime de tipicidade; mais interessará talvez para os chamados negócios fiduciários, que estudaremos algumas páginas adiante.

Recapitulando, seja dito que o negócio indirecto tem audiência em todas as espécies de negócio jurídico, seja ou não imposta uma esquematização taxativa das figuras legais. A sua viabilidade existe para os negócios obrigacionais, onde impera a autonomia privada, como para os negócios de natureza pessoal, onde se estabelece um rígida tipicidade. Porém, como já acentuei contra os autores que trataram desta figura [1], eu venho a supô-la como ainda mais aclimatada aos largos ambientes da determinação individual do que à tensão e ao hermetismo do *numerus clausus*. Deste modo, à semelhança do que acontece para o princípio da liberdade contratual, o domínio dos negócios obrigacionais será verdadeiramente o seu "campo de eleição".

4. Para concluir esta matéria do valor prático do negócio jurídico indirecto, há que dizer duas palavras sobre o papel da jurisprudência cautelar na sua génese e no seu aperfeiçoamento.

Jurisprudência cautelar ou das cautelas chama-se ao trabalho dos juristas ou práticos do Direito a quem os interessados confiam os seus negócios para que, através de uma técnica experimentada, logrem maior segurança e maior nitidez para os supostos que modelaram. Muitas vezes, os *"esperti del giure"* alteram o material objectivo, deformam-no até, para o rodearem de mais completas garantias. É um trabalho de engenho pessoal – que não exclui, aliás, uma certa praxe e uma

---

[1] Sobretudo GRECO e RUBINO.

certa rotina –, um trabalho de oportunismo, de eficiência concreta, um expediente da "arte jurídica".

Havendo definido o negócio indirecto como um fenómeno permanente, que persegue o negócio jurídico como ao homem a sombra, excluímos da sua génese esta ideia de oportunismo, de momentaneidade, de arranjo de última hora. Por outro lado, acentuou-se o papel fundamental das partes na escolha ou na submissão voluntária a um tipo descrito na lei, tendo previamente ponderado os interesses em jogo. A particularidade do negócio indirecto é ser querido assim e *só* assim pelas partes: enraíza na deliberação concreta dos sujeitos, pois o elemento indirecto é, por natureza, o seu *"cur contraxerunt"*. Não pode conceber-se um negócio indirecto moldado sem intervenção das partes, como se estas entregassem ao jurista um conteúdo amorfo que ele ajeitaria às circunstâncias; salvo funcionando o jurista como representante, mas, nessa hipótese, tudo se passa como se as partes interviessem.

O negócio indirecto tem a natureza de verdadeiro meio jurídico, que se apresenta à selecção dos particulares no mesmo pé dos outros meios legais – dos aproveitamentos directos de cada negócio – e preexiste como figura genérica aos propósitos momentâneos. As partes são conscientes de não usarem dele como de um artifício de circunstância, mas de uma possibilidade estabelecida, de uma *via* já trilhada. Daí mesmo a facilidade teórica em distingui-lo das figuras congéneres, e, ao mesmo tempo, a necessidade de ser também de alguma maneira adaptado, em cada caso particular, às mil modalidades em que florescem os interesses.

Mas, se como explicação originária a ideia de jurisprudência cautelar não pode servir[1], é forçoso concordar com ASCARELLI em que de certo modo a prática jurídica vem a trabalhar para o aperfeiçoamento do negócio indirecto. O que não será, todavia, uma especialidade desta figura, pois em qualquer outro caso pode suceder; "um *minimum*" de construção da *fattispecie* verifica-se em toda a exposição de factos, em todo o negócio, ainda quando este seja concluído directamente pelas partes, sem qualquer auxílio dos legistas, pela pró-

---

[1] RUBINO afasta, logo de início, esta ideia da jurisprudência cautelar (*op. cit.*, págs. 13-15). ASCARELLI também não procura nela uma explicação radical, como se depreende da nota à pág. 56 de *Il negozio indiretto...*, cit., em que responde a MESSINA.

pria necessidade de recorrer a uma terminologia que é quase sempre terminologia jurídica[1].

5. Está, parece-me, mostrado com relativa precisão o valor prático do negócio jurídico indirecto. Situado entre dois mundos que se penetram e alheiam, o do *conhecer* e o do *proceder* jurídico, tem em si mesmo uma natureza dúplice que participa da tipicidade abstracta e é, pois, carecente de adaptação individualizadora para existir, e da realidade concreta da vida, carecendo de um especial esforço de análise para ser pensado. Contudo, é uma figura lógica e harmoniosa, sabe manter-se nos justos limites da transigência recíproca da teoria e da prática, e, por isso mesmo, nem é uma "deformação" do tipo legal nem uma "construção" fictícia[2] do suposto existente.

Fruto da contraposição polémica entre a vida e a norma (entre o *"bios"* e o *"logos"*), é um "fenómeno geral, imanente ao Direito, – como escreve RUBINO – pois deriva de necessidades, situações e inaptidões que são inerentes à existência mesmo do ordenamento jurídico". Dar-se-á quer num regime de coacção legal do tipo quer de liberdade na contratação. Mas, embora eu seja contrário a uma ideia desta figura como transitória na evolução do Direito, a força da lógica obriga-me a reconhecer que na maior ou menor frequência dela terá de influir, com certeza, a maior ou menor desadaptação do Direito legislado à vida prática, sendo essa frequência razoavelmente mais alta nos sistemas de forte normativismo ou de estrita legalidade, mais baixa no domínio duma óptica ordinalista (DAHN), duma casuística equitativa e plástica; mais reduzida nos anos imediatamente posteriores às codificações, mais acentuada

---

[1] Nota à pág. 56 de *Il negozio indiretto...*, cit.

[2] RUBINO, como veremos mais tarde, dá do negócio indirecto uma explicação *sui generis*, fazendo-o resultado duma construção em sentido técnico que actua sobre o suposto como a analogia actua sobre a lei. Tendo tão encarecidamente procurado afastá-lo da jurisprudência cautelar, não se percebe bem como, em última análise, faz do negócio indirecto um produto acabado da arte de "construir" juridicamente. Ou esta "construção" é, para ele, apenas uma "subsunção", que procura enquadrar o suposto-de-facto no tipo legal e, para isso, vem a reduzir o negócio aos seus elementos essenciais (que não são os habituais – e aqui está a delicadeza do negócio indirecto); ou é uma deformação fictícia da realidade, uma "ficção", que se antepõe ao verdadeiro suposto para fazê-lo típico à força. Creio que o grande mal de RUBINO é tender para esta última hipótese.

nos períodos de tensão ou de crise, quando os velhos Códigos se divorciaram num grau alarmante das exigências concretas da vida prática.

Produto da contradição necessária entre o *pensar* e o *agir*, é natural, sempre que as duas paralelas se afastem excessivamente, subir a sua frequência na mesma proporção. Talvez seja este o panorama das legislações civis não renovadas da actualidade, como a francesa, a espanhola e também a nossa. Talvez fosse o da legislação italiana antes do Código de 1942, que veio consagrar de modo explícito alguns empregos indirectos de que a prática amplamente usara, como o depósito com escopo de garantia.

Terá, por certo, grande interesse para o nosso Direito, submetido a uma codificação desactualizada em muitos pontos, o estudo duma figura que arrancará ao domínio da inominação, ou mesmo duma actividade interpretativa precipitada conducente à simulação, casos que um julgamento equitativo não pode deixar de tomar em conta: fins atípicos de garantia actuados por meio de depósito (com suspensão do dever do entrega imediata, em contraste com o art. 1448.º do Cód. Civil), por meio de mandato irrevogável (contra o art. 1364.º), por meio de venda (com pacto obrigacional de devolução, talvez contra o art. 1587.º); fins de liberalidade actuados por meio de contratos seriamente queridos, como a compra-e-venda a preço amistoso ou de favor, a locação, com baixa renda ou baixo aluguer, o mandato, sem dever de prestação de contas, a sociedade, com participação nos benefícios superior à participação nos sacrifícios; fins de cessão ou de pagamento actuados por meio de mandato; etc. Não pretendo, de resto, qualificar todas estas hipóteses como verdadeiros negócios indirectos; mas apenas mostrar alguns casos flagrantes que o intérprete, se possuir conhecimentos desta figura, submeterá com certeza a um exame mais detido, mais orientado a uma qualificação de acordo com a vontade das partes e a aproveitar esta, por conseguinte, no seu máximo possível.

À ciência jurídica interessará igualmente fazer este exame de consciência sobre a verdadeira estrutura e elasticidade dos tipos legais, avaliando, para cada negócio descrito, a substancialidade de certas normas, como os citados artigos 1364.º e 1448.º do Código Civil, e o alcance de certos preceitos proibitivos, como o da "venda *a retro*" no artigo 1587.º. Interessará distinguir harmoniosamente as hipóteses de séria contratação das hipóteses de simulação, e fornecer, além disso, para algumas figuras, uma solução mais conforme com os princípios gerais, como v. g. o da irrelevância normal dos motivos. Interessará, por último, através da justa apreciação do problema da admissibilidade conceitual de variantes típicas aparentemente anómalas, indicar o sentido em que devem orientar-se as futuras leis para estarem mais próximas da realidade e da vida.

III
Valor jurídico do negócio indirecto

Sumário: – **1.** Posição do problema. – **2.** Distinção dos negócios inominados. – **3.** Distinção dos negócios mistos. – **4.** Distinção dos negócios abstractos. – **5.** Distinção dos negócios fiduciários. – **6.** Distinção dos negócios simulados. – **7.** O problema da relevância do fim indirecto de molde a que o negócio em exame seja uma categoria dogmática. – **8.** Qualificação final do negócio indirecto.

1. Até aqui estudei o negócio indirecto numa posição essencialmente positiva, despida de verdadeiros juízos de valor ou de referências a valores jurídicos. Mantendo-me num plano de lógica formal, discerni de entre o amálgama de elementos de facto aqueles que, sob pena de não se chegar a um conceito nem coerente nem utilizável de negócio indirecto, tinham forçosamente de o integrar: um negócio típico adoptado e um fim indirecto de natureza especial. Seguidamente, com esse *mínimo bastante*, intentei um reconhecimento empírico sobre se e porque existe, na prática jurídica hodierna, um emprego negocial deste género. Cabe-me agora, usando de uma perspectiva ou de uma óptica mais propriamente jurídica do Direito, *"wertbeziehend"* e não já *"wertblind"*, dizer alguma coisa sobre o que vale ou pode valer juridicamente a figura do negócio examinado. Em resumo: deu-se uma "imagem" do objecto da investigação, intentou saber-se se esta "imagem" corresponde a uma realidade, e, agora, compete pesá-la na balança dos valores jurídicos e dar-lhe, se for possível, um lugar ao sol no mundo das categorias normativas.

É evidente que para o negócio indirecto constituir uma *res nova* tem de ser coisa diversa de outras entidades já conhecidas. Assim, o primeiro trabalho de identificação será, para o Direito, reconhecê-lo como autónomo em face dos negócios empiricamente mais afins: o negócio inominado, o negócio misto, o negócio abstracto, o negócio fiduciário e o negócio simulado. Em segundo lugar, se a conclusão sobre a autonomia for positiva, há ainda uma última prova: verificar se a especialidade deste negócio – que é o fim indirecto – tem relevo suficiente para lhe dar uma fisionomia jurídica própria; se, no fim de contas, o negócio indirecto se vem a impor como algo de novo em face do negócio típico ordinário, e, na hipótese negativa, qual a verdadeira qualificação a que deve submeter-se.

Eis os limites e a orientação deste capítulo.

2. Pela própria natureza da previsão legislativa, grande número de interesses económicos apreciáveis não pode gozar de um reconhecimento específico na letra das leis. É um fenómeno inerente a todo o pensar não concreto, que assume particular importância em matéria negocial pois é aqui que o fluir das necessidades reais se renova de modo mais incessante, sobretudo na época actual, de comércio em larga escala, de mercados continentais e inter-continentais, de predomínio crescente duma economia plural e complexa sobre uma economia rudimentar e autárquica. Já os romanos escreviam que *"natura conditum est ut plura sint negotia quam vocabula"*. Os negócios são mais do que as possibilidades da previsão legislativa; o legislador não pode ter presentes todos os intuitos económicos do momento, quanto mais adivinhar todos os possíveis que o futuro chame à barra do Direito privado.

Desta sorte, impõe-se que, ao lado de um reconhecimento em via específica, haja um reconhecimento em via genérica, para usar de expressões caras a GRASSETTI. Impõe-se que o legislador, na impossibilidade de contemplar todos os fins existentes e eventuais da vida prática, consagre em norma geral a validade das formações privadas que intentem prossegui-los. Isto é: consagre a validade das formações inominadas ou não descritas na lei em via específica, desde que preencham os requisitos gerais de cada negócio. Ao lado, pois, dos negócios dotados de nome, registados pelo legislador na sua individualidade concreta, as codificações modernas admitem como possível a existência de negócios *sem nome,* sem registo particular na letra da lei, mas que uma norma geral recebe na *civitas juridica* através de um processo indirecto de reconhecimento.

Talvez por isso autores como MANIGK [1] entendem que os produtos da autonomia privada são igualmente dotados de tipicidade. As conse-

---

[1] *Das Anwendungsgebiet der Vorschriften für die Rechtsgeschäfte,* Breslau, 1901, págs. 88-89; cit. por GRASSETTI, *op. cit.*

Negócio jurídico indirecto 93

quências jurídicas resultam da norma que formula a antecipada sanção geral. A diferença está apenas em que a lei, neste caso, estabelece uma norma em branco e deixa aos particulares a incumbência de a preencher; nos negócios previstos em via específica, ela adianta-se a este trabalho dos particulares, concretizando de algum modo as notas mais fixas e salientes dos esquemas negociais. Há talvez uma diferença quantitativa; nunca, porém, uma diferença qualitativa, entre negócios nominados e negócios inominados.

Afigura-se-me haver aqui confusão entre tipicidade do negócio e reconhecimento da sua validade. Ao falarmos de tipicidade, não pretendemos aludir ao facto de ser admitido em geral um suposto; mas à sua conformação concreta com certos quadros legislativos, com certos tópicos abstractos que o legislador preordenou. Quando se diz que um negócio é típico, supõe-se a existência dum *tipo,* dum molde definido, onde venha a enquadrar-se o acordo factual submetido à apreciação do intérprete. Não há tipicidade sem tipo, isto é, sem ideação abstracta. Não basta uma previsão sumária; importa a "imagem" do negócio em espécie. Ora o contrato não descrito na lei só aparece como entidade orgânica no momento de contratar. Tem uma existência concreta, esporádica, embora não esteja elidida toda a possibilidade de se criar uma rotina e mesmo até uma interpretação e uma jurisprudência.

Sem dúvida, para sabermos se determinado negócio é típico ou atípico, tem primacial importância conhecer e analisar o suposto-de--facto. Realmente, só em face do que as partes quiseram e souberam exprimir, é que pode denunciar-se a existência na declaração das notas frisantes de qualquer dos tipos legislativos ou, pelo contrário, a ausência de tipicidade. GRASSETTI dirá, entretanto, que, se houver negócio típico, existirão conjuntamente duas causas: a causa em sentido material (que é indispensável a qualquer negócio, típico ou atípico, pois revela o propósito imediato da contratação) e a causa em sentido objectivo, que mais não é do que a eventual chapa ou *cliché* que o aludido negócio encontra registado na lei [1]. RUBINO invocará a este respeito, a sua concepção da *fattispecie* real, concreta e abstracta, dizendo que, no negócio nominado, estamos em face de uma *fattispecie* real (situação de facto) que se enquadra numa *fattispecie* abstracta (hipótese normativa), enquanto, no negócio inominado, a *fattispecie* real

---

[1] *La rilevanza dell'intento giuridico...,* cit.

só logra enquadrar-se numa *fattispecie* concreta (hipótese interpretativa)[1]. Mais simples me parece dizer que o suposto-de-facto, para ser típico, há-de poder subsumir-se em qualquer hipótese negocial descrita na lei, e, para este efeito, há-de revelar, como queridos, os *"essentialia"* que o legislador consagrou para aquela hipótese. De contrário, faltando um ou outro dos *"essentialia negotii"* designados na lei, ou sendo o todo negocial complicado por elementos estranhos que o modificam a partir da base, de modo a oferecer-se ao intérprete como algo de novo, de *essencialmente* novo (pois "a evasão do tipo legal pode vir tanto por defeito como por excesso", escreve DE GENNARO[2]) –, nestas circunstâncias estamos em face de um negócio não tipificado.

Dentro dos negócios não tipificados, haverá, por certo, a distinguir duas grandes categorias: a dos contratos mistos e a dos contratos inominados ou *sui generis*, entendendo-se por aqueles os que resultam de várias prestações típicas concorrentes em pé de igualdade, de sorte a prosseguirem uma nova função: a função *mista*. Situam-se numa zona de claro escuro, revelam ainda alguma individuação legal; constituem um todo atípico resultante de partes típicas. Só os negócios inominados, aqueles em que se não evidencia sequer esta colaboração típica em ordem a um resultado atípico, é que, por agora, directamente nos interessam.

ARCANGELLI[3] entendeu distinguir, na massa comum dos negócios *sui generis*, os *inominados próprios,* que têm um conteúdo inteiramente novo para o Direito, e os *inominados impróprios,* que constituem deformações essenciais de tipos legislativos. E DE GENNARO[4]

---

[1] *La fattispecie...*, cit., pág. 3.

"Por *fattispecie* entende-se o complexo dos elementos necessários para a produção de um efeito ou de um conjunto de efeitos". "A *fattispecie* abstracta é a que é prevista em via hipotética pela norma, sendo parte constitutiva da mesma. A *fattispecie* concreta é uma *fattispecie* correspondente à abstracta, mas pensada no seu histórico devir. Distingue-se da *fattispecie* legislativa porque não é concebida como parte constitutiva da norma; mas aproxima-se da *fattispecie* legislativa, porque é, também ela, simplesmente pensada, e é, também ela, em certo sentido, uma abstracção: não uma abstracção criada pela lei, como a *fattispecie* legislativa, mas uma abstracção que o intérprete extrai de todas as possíveis *fattispecie* reais (...). As *fattispecie* reais são, afinal, as vividas, as individuadas no tempo e no espaço".

[2] *I contratti misti*, cit., nota à pág. 12.

[3] *Il servizio bancario delle cassette-forti di custodia*, "Riv. Dir. Comm.", 1905.

[4] *Op. cit.*, págs. 9-17.

cita, a propósito daqueles, o contrato de garantia, o contrato estimatório, o contrato de publicidade, e, sobretudo, os vários exemplos, hoje frequentíssimos, de contratos de concorrência de que fala ASCARELLI [1]: os consórcios e os entendimentos (*"intese"*) comerciais e industriais. Geralmente, porém, os negócios inominados resultam de uma deformação de tipos legais, quer pela falta de alguma das notas que os individualizam, quer pela adjunção de elementos estranhos que orientam o contrato para um destino diverso do hipotizado na lei.

Os negócios inominados, por definição, não gozam de uma disciplina específica. E se aí reside talvez a sua força, pois se revelam como um instrumento manejável livremente, não espartilhado em moldes severos, mas plástico e rico de variantes, aí está também a sua fragilidade, a sua indecisão, o risco que envolvem para os particulares.

Qual o regime dos negócios inominados? RUBINO, descutindo o problema, chega a conclusões que me parecem inaceitáveis [2]. Assim, contra MESSINA [3] e ARCANGELLI [4], que dão relevo aos intentos jurídicos dos contratos inominados, observa que a liberdade contratual se cifra numa faculdade de criação simplesmente prática, não tendo as partes, mas só a lei, que atribuir consequências jurídicas ao suposto que modelaram. A *voluntas partium* tem um valor apenas subsidiário, para o caso de ser insuficiente o recurso à via analógica ou aos princípios gerais. Por outro lado, os princípios gerais das obrigações e dos contratos, bem como os do sistema jurídico, não resolvem a disciplina do contrato como *species*, como entidade distinta das congéneres, e, portanto, de pouco ou de nada servirão para estabelecer um regime medianamente circunstanciado. Só no caso dos inominados impróprios, isto é, de deformação de tipos legislativos, o recurso à extensão analógica viria preencher esta lacuna, e, ainda assim, de modo bem precário e bem insuficiente.

---

[1] *Note preliminari sulle intese industriali*, "Riv. It. per le Science giuridiche", n. s. n. I, pág. 90, n. 5; *Sindicati azionari*, "Riv. Dir. Comm.", 1931, II, pág. 256; *Contratto plurilaterale e negozio plurilaterale*, "Foro della Lombardia", 1932, pág. 439. Os contratos de concorrência visam, na frase de DE GENNARO (que se refere a estes trabalhos no *op. cit.*, nota à pág. 20) "disciplinar a concorrência através de obrigações (positivas ou negativas) assumidas pelos aderentes" (*op. cit.*, pág. 29).

[2] *Il negozio giuridico indiretto*, cit., págs. 45-52.

[3] *Op. cit.*

[4] *Op. cit.*

Em suma, o regime dos contratos inominados atenderia a dois aspectos essenciais: enquanto *género*, o negócio sujeitava-se à vaga determinação dos princípios gerais das obrigações e dos contratos, ou do sistema jurídico; enquanto *espécie,* se constituísse uma derivação de um tipo legislativo (inominado impróprio), recurso à analogia com o tipo "deformado", se uma formação inteiramente nova, recurso à vontade das partes. E como, em qualquer dos casos, mas particularmente no último, a disciplina contratual se revela, nestes termos, indecisa, arriscada, ao sabor de todos os arbítrios e improvisações, o intérprete, segundo RUBINO, tenderá, por um processo coactivo de construção, a submeter o negócio a um dos esquemas consagrados na lei.

As conclusões enunciadas não me parecem de aceitar nem de *iure condendo* nem de *iure condito.* Em primeiro lugar, quanto à posição e ao valor da *voluntas partium,* toma como *a priori* uma ideia hoje superada pela melhor doutrina do negócio jurídico. Toma evidentemente como princípio a ideia de que a vontade das partes só tem que dirigir-se a intuitos empíricos ou económicos, só tem que modelar o suposto-de-facto, competindo à lei e só a ela atribuir consequências de direito à manifestação de vontade. Para a melhor doutrina, contudo, o sujeito da declaração negocial tem de querer e de prever, embora grosseiramente, os principais efeitos jurídicos do acto, tem de dirigir-se, não apenas a consequências de valor prático, mas a consequências de natureza jurídica. O que não obriga a supor, aliás, que a ele venha a referir-se a criação original, e não uma simples provocação consciente, dos aludidos efeitos, impedindo que numa recta visão tanto estes decorram *ex voluntate* como *ex vi legis.*

A vontade das partes é, portanto, o elemento a atender em primeiro lugar, e não em último, como quer RUBINO. Uma vez que ela tem de dirigir-se aos principais efeitos jurídicos do contrato, a indagação destes efeitos deve ser o primeiro trabalho do intérprete ao analisar a formação negocial, para, com base neles, estabelecer a disciplina imediata do negócio. É o que RUBINO devia ter concluído do artigo 1123.º do Código Civil de então, quando fala, para os contratos legalmente celebrados, da *"forza di legge"* que eles possuem em relação aos contraentes. É o que na lei portuguesa inequivocamente se estabelece nos artigos 702.º e 704.º do Código Civil. O último, por exemplo, toma como paradigma de obrigatoriedade o conteúdo da declaração – "o que é neles expresso", revelando a fundamental importância que o legislador atribuía à vontade das partes. De resto, isto nem precisava de demonstração, pois deriva logicamente do princípio da autonomia privada, que não pode ser de modo algum simples autonomia para movimentar o material de facto. O seu mérito é bem maior, pois o Direito objectivo confiou-lhe o poder de determinar até onde queira (respeitados, com certeza, os limites legais) os efeitos dos acordos que estabelece. Verdadeiramente novo em matéria contratual, é este *valer como lei* (entre as partes, bem entendido) dum simples acordo particular, esta juridicização de vínculos de natureza privada.

Só quando as partes não previram, ou deficientemente previram, é que o intérprete se servirá de outros recursos, agora, na verdade, subsidiários. Para a nossa lei, existe a norma do artigo 16.º do Código Civil, onde se fala de recurso à analogia e de recurso aos "princípios de direito natural conforme as circunstâncias do caso" – princípios estes que devem ser entendidos como os do sistema jurídico, incluindo para esta hipótese, os referidos às obrigações e contratos em geral [1].

No conjunto, o regime do negócio inominado percorrerá, a meu ver, como no de ENNECCERUS [2] e no do Professor MANUEL DE ANDRADE [3], os seguintes degraus: 1.º – vontade das partes; 2.º – analogia com os negócios típicos mais afins, sempre que sejam compatíveis com a natureza dele; 3.º – princípios gerais das obrigações e dos contratos; 4.º – princípios gerais do Direito, que conferem uma ampla margem ao arbítrio judicial. E, como regra de aplicação, é claro só dever cada processo subsidiário ser utilizado depois de exausto o processo anterior.

---

[1] Esgotada a via analógica em sentido próprio, ou seja, a "analogia da lei", o intérprete deve recorrer à "analogia do Direito", quer dizer, regular "o caso omisso não análogo ao caso previsto, mantendo-se no quadro do sistema legal"; se a analogia não aponta uma solução, propõe todavia várias soluções possíveis, "entre as quais o juiz terá a escolher conforme lhe pareça melhor *de lege ferenda*, e, ao mesmo tempo, exclui todas as outras. O juiz não encontra a solução apontada no sistema, mas há-de obtê-la dentro dele... Completa o sistema legal, onde se mostra que o legislador o deixou por acabar".

Cfr. o Prof. M. DE ANDRADE, *Evolução do Direito privado português*, "Bol. da Fac. de Dir. da Univ. de Coimbra", 1946, págs. 290-291.

[2] *Op. cit.*, t. II, vol. II, pág. 3; cfr. o que se diz sobre o valor da declaração de vontade no negócio jurídico no t. I, vol. II, págs. 52 e segs.

[3] *Lições* citadas, p. publicada, II, nota às págs. 37-39. No mesmo sentido, a *op. cit.*, II, pág. 33-34, nota 2.

Por último, e embora concorde com RUBINO na indecisão e nublosidade que sempre rodeiam estes processos, o largo campo que fica ao juiz, e, daí, ao arbítrio, à improvisão, à insegurança privada, não posso aceitar que o intérprete se furte a estes perigos indo manifestamente contra a vontade das partes: isto é, que ele deforme essencialmente, por um processo construtivo e coactivo, o suposto que lhe é apresentado em exame, a fim de o subordinar a um dos esquemas legais, de o *tipicizar* à força, fazendo decorrer dele consequências que não estavam, de certo, no querer dos contraentes.

É o contrato inominado uma *"extrema ratio"*, sem dúvida, uma *"morta gora"*, como escreve DE GENNARO [1], mas para os particulares, que só recorrerão a ele em casos-limite, em que o interesse de certeza jurídica é suplantado por outros interesses. Não para o juiz, que tem de subordinar-se ao que lhe oferecem (à declaração de vontade que é apresentada à sua avaliação) e, desta sorte, nem pode supor nela a existência de notas típicas que realmente faltam nem pode considerar como típico um negócio que lhes não obedece. Não há processo construtivo que possa violar a lei impunemente [2].

O que o juiz deve fazer é avaliar com delicadeza e muito critério a formação aparentemente heterogénea que é submetida à sua apreciação. Neste momento judicativo, e só neste, é que a sua técnica tem de intervir, para apartar convenientemente do suposto-de-facto as notas indispensáveis e cotejá-las com os *essentialia negotii* dum tipo legal determinado. Não se deve precipitar na declaração de atipicidade, pois muitas vezes um suposto de aparência anómala vem a reduzir-se a uma forma típica definida.

É o que sucede com o negócio indirecto, ou antes, com o negócio adoptado. O fim ulterior parece, à primeira vista, deformar essencial-

---

[1] *Op. cit.*, pág. 3.

[2] A ideia de construção em sentido técnico absorve totalmente a obra de RUBINO, que tende, como já dissemos em nota ao Cap. II, a fazer do negócio indirecto um "expediente", destinado a chamar à tipicidade supostos oferecidos como inominados. Ora não vejo como é possível sancionar uma doutrina que dá ao juiz poderes para revogar a vontade das partes. Se a avaliação jurídica do suposto pertence ao juiz e só a ele, a apresentação do mesmo suposto pertence aos particulares e só aos particulares. O papel do intérprete é judicativo, e, como tal, está subordinado à realidade da coisa a julgar. Não há certeza jurídica que possa valer contra o interesse da lei em chamar e tratar de típico o que é, e só o que é, na verdade, típico.

Negócio jurídico indirecto

mente o tipo, e o intérprete, se não tivesse em consideração esta figura do negócio indirecto, seria muito capaz de remeter desde logo o contrato para o campo dos negócios sem *nomen iuris*, quer na forma intervalar de contrato misto (se o fim ulterior é, em abstracto, típico), quer na forma extrema de contrato inominado (se o fim ulterior é, já de si, atípico). Sabendo da possibilidade do negócio indirecto, pesará com mais cautela o material de facto, fará do tipo legal um exame mais detido, de modo a afastar como dispensáveis certas notas habituais que não são, em última análise, típicas, e poderá eventualmente concluir que se trata de uma formação daquele género, não sendo o fim ulterior uma verdadeira função determinante, mas apenas um elemento recuado da motivação psicológica. Se, porém, o elemento estranho assume força tal que é inconciliável concretamente com o esquema legislativo, o juiz não pode deixar de aceitar o suposto como ele é, quer dizer, de o considerar um negócio inominado.

Tome-se um exemplo: o mandato irrevogável com escopo de garantia. Precipitadamente, e desconhecendo a possibilidade do negócio indirecto, o juiz talvez o remetesse desde logo para a classe dos negócios atípicos, dada a especial função de garantia a que se destina e que, colidindo com a normal revocabilidade do mandato, parece incompatibilizar o suposto com este tipo contratual. Conhecendo o negócio indirecto, verificará antes de tudo se a revocabilidade é absolutamente imprescindível ao mandato, se, por causa da função marginal de garantia, o suposto já não desempenha a função típica daquele negócio; e só quando se houver decidido por esta ideia, é que pode afastar definitivamente o contrato da órbita dos esquemas legais. A possibilidade de resolver por esta ou pela ideia contrária, vem a ter, aliás, uma importância enorme: pense-se na diferença de regimes, na incerteza jurídica que rodeia as formações inominadas.

O negócio indirecto é, portanto, um ponto de escala de valor transcendente na avaliação dos negócios jurídicos de aparência anómala[1]. Mas, afirmar isto é precisamente excluir que se trata de um

---

[1] Escreve GRASSETTI (*Deposito a scopo di garanzia e negozio fiduciario,* "Riv. Dir. Civile", 1941, pág. 97): "Ainda quando venha a admitir-se, como julgo se deva, a existência de contratos inominados não redutíveis a causas típicas conhecidas ou à combinação de causas típicas, parece certo que à presente categoria só pode rocorrer-se como *ultima ratio,* isto é, depois de se haver verificado que no

expediente de técnica jurídica, destinado a fazer entrar toda e qualquer formação dentro dos quadros legislativos. Na realidade, só entra no tipo o que é já concretamente típico. Não é lícito ultrapassar os limites da lógica, mesmo em nome da certeza ou da segurança disciplinar.

Em qualquer caso, é bem nítida a diferença entre o negócio indirecto e os negócios inominados. Se se trata do primeiro, estamos ainda no domínio da tipicidade, visto as partes se quererem subordinar à disciplina específica da lei, e, a troco dessa vantagem, remeterem a sua última intenção para o campo dos motivos psicológicos. Vê-se, através do suposto-de-facto, que as partes deram prevalência ao meio jurídico sobre o fim económico, e que os interesses se configuram de tal sorte que este fim é mais vantajosamente prosseguido numa situação marginal do que numa situação preponderante. Nos negócios atípicos, o suposto-de-facto indiciou, aliás, uma vontade diferente, que deu prevalência ao fim económico, que o constituiu em função dominante, em torno da qual se modela uma formação inteiramente nova (inominados próprios) ou por força da qual se deforma o meio típico eventualmente pensado a ponto de torná-lo irreconhecível na prática (inominados impróprios).

De resto, só com estes últimos é que será a confusão admissível, mesmo *primo conspectu*. Com os inominados próprios, não há que levantar sequer o problema, pois surgem ao intérprete com um perfil de tal modo alheio que não há cautelas que levem ou obriguem a pensar num possível negócio de escopo indirecto. Por outro lado, só no caso de o fim ulterior ser um fim atípico, mesmo em abstracto, quer dizer, não constituir uma função própria de um negócio típico diferente, é que o emprego indirecto pode ter algo que ver com os contratos inominados. Na outra hipótese, o possível contacto é só com os chamados negócios mistos, que passamos a considerar.

---

suposto-de-facto concreto falta ao menos um dos "essentialia" de qualquer contrato nominado".

Neste esforço de análise radica, a meu ver, o negócio indirecto. Mas, por isso mesmo, é que não admito a possibilidade de o conceber como instrumento de tipicização *forçada,* se este forçar da "construção" vai neutralizar a incompatibilidade *real* do suposto com o tipo da lei. O negócio indirecto serve para mostrar que a incompatibilidade concreta não existe; não serve para a superar ou para a esquecer.

3. Entre a categoria dos negócios típicos e a categoria dos negócios inominados [1], existem certas formações contratuais complexas que, a bem dizer, não cabem exactamente numa ou noutra. Por um lado, não são típicas, visto nenhum quadro da lei se adaptar perfeitamente à sua estrutura. Por outro lado, não são verdadeira *res nova*, porque o material de facto apresenta uma contextura especial: é constituído por várias peças de tipos legais diferentes que concorrem numa unidade de acção.

É preciso afastar, no entanto, como ideia liminar, a possibilidade de essas formações representarem cada uma delas um concurso ou coligação de negócios. Efectivamente, se de uma coligação se tratar, o problema dos contratos mistos não se levanta. Cada negócio vive, salvo o disposto em cláusulas especiais, a sua vida própria e independente. Negócio misto importa negócio único, e é essa unidade que tem de provar-se, antes de classificarmos qualquer suposto-de-facto daquela maneira [2].

---

[1] Estas designações de "nominado" e "inominado" vêm da terminologia romana. Deve, contudo, notar-se que os *"contracti inominati"* do Direito de Roma, do tipo *"do ut des"*, *"do ut facias"*, *"facio ut des"* e *"facio ut facias"*, não eram verdadeiros contratos atípicos tal como hoje se entendem. Pressupunham uma certa normatividade, só podiam realizar-se dentro de certos quadros (precisamente as formas indicadas do tipo *"do"* e do tipo *"facio"*), devendo considerar-se como novas espécies de *"nominati"*.

[2] O problema de saber quando estamos perante uma combinação de negócios ou um negócio único não é fácil de resolver. Como pressuposto, é claro que tem de haver uma situação formalmente unitária. Mas em que termos é que se pode dizer que essa unidade formal corresponde a uma unidade material e jurídica?

O terem sido as várias prestações estabelecidas *uno actu*, isto é, a unidade do documento, não basta de-per-si. Importa, segundo ASCARELLI (*Contratto misto...*, cit., págs. 463-468), a unidade da fonte, daquela ou daquelas manifestações de vontade de que resulta o negócio; e, uma vez esta verificada, a avaliação deve tomar em conta o nexo que liga e funde os intuitos económicos na vontade das partes. Índice deste nexo jurídico estreito, pode ser, embora não com carácter decisivo, a unidade do preço.

DE GENNARO critica a pretensão de ASCARELLI de um critério que combine o elemento objectivo com o elemento subjectivo: isto é, que atenda, não ao nexo das funções directamente mas à sua representação na vontade das partes. Para o autor de *I contratti misti* (V. esta obra, págs. 41-59), também o critério formal não chega; também a unidade do correspectivo é um indício muito probatório; mas a *voluntas partium* tem apenas um "valor semiótico", não decisivo em si mesmo, pois, como mostrou ASQUINI, as partes não possuem competência para *avaliar* juridicamente do

Mas, uma vez afastada a ideia de coligação e identificada a unidade económico-formal com a indispensável unidade jurídica, o problema do negócio realizado "com materiais de construção fornecidos pela lei", no pitoresco dizer de LA LUMIA [1], levanta-se com agudeza particular, dada a natureza típico-atípica desse negócio. Em última análise, qual a boa solução a dar a estes "contratos de duplo conteúdo", na expressão de ENDEMANN? [2] Remetê-los ao patrocínio dum tipo legal? Relegá-los pura e simplesmente para a massa amorfa dos inominados? Erigi-los em categoria autónoma – a categoria dos contratos mistos?

A primeira solução era inicialmente dominante na doutrina alemã, que foi quem mais cedo se ocupou deste problema. A repugnância clássica em sair dos tipos legais, levava à absorpção a todo o custo e à disciplina unitária com base numa suposta prestação principal.

Só com HOENIGER [3] o problema foi visto a uma luz mais equitativa e realista, intentando buscar-se, dentro da formação complexa, o "centro de gravidade" de que falava ENDEMANN, para daí se partir

---

suposto. Esse "valor semiótico" traduz-se em ela poder indiciar a unidade económica que há-de servir de base à unidade jurídica.

Para DE GENNARO, a nota decisiva tem de buscar-se no complexo objectivo do negócio, na própria causa-função. Se existe um "vínculo de subordinação funcional" entre as várias prestações concorrentes, ou se se verifica a "fusão orgânica" delas para constituírem "o objecto e a causa (única) de um novo contrato, diverso de todos os tipos legais que o (...) geraram" (pág. 50), o suposto é realmente um negócio único. Mas, como regra prática, de valor não absoluto, concorda DE GENNARO, "quando não existam outros elementos seguros de ordem jurídica", em poder afirmar-se "que a conexão económica entre as diversas prestações exclui (...) a possibilidade de se falar de concurso de negócios", mesmo sem se exigir o vínculo de subordinação funcional.

Esta presunção, contudo, não implica que a conexão económica seja, por si só, produtiva de consequências jurídicas. Em princípio, – reafirma o citado A. – se não há conexão jurídica, cada negócio tem a sua vida independente. É por isso que critica ENNECCERUS (*Op. cit.*, I t., II vol., pág. 5 e segs.), quando estabelece uma "união de contratos com subordinação recíproca" em que faz depender a vida de cada um deles da vida do outro. Tão importante efeito – acrescenta – não pode derivar de uma relação puramente económica.

[1] *Contratti misti e contratti inominati*, "Riv. Dir. Comm.", 1922, I, pág. 719.

[2] *Lehrbuch des bürg. Rechts*, 8.ª ed., Berlim, I, 4, pág. 907; cit. por DE GENNARO, *op. cit.*, pág. 4, nota 1.

[3] *Untersuchungen zum Problem der gemischten Verträge*, I: *Gemischte Verträge in ihren Grundformen*, Mannheim e Leipzig, 1910; cit. por DE GENNARO, *op. cit.*, pág. 4, nota 2.

Negócio jurídico indirecto

para estabelecer uma disciplina. O contrato misto foi considerado pela primeira vez um *quid medium* entre os contratos nominados e os inominados; e a teoria da combinação, que defende precisamente uma disciplina intermédia – com aplicação directa a cada tipo concorrente das normas respectivas –, veio substituir a velha teoria da absorpção (LOTMAR)[1]. Mas, nem o próprio HOENIGER descera, na verdade, ao fundo do problema, conservando muitos dos erros passados, e, por isso mesmo, a sua doutrina apresenta ainda uma falta evidente de unidade lógica, querendo, como queria, erigir em categoria única a mole heterogénea de formações complexas sobre que trabalhara o empirismo doutrinário anterior. HOENIGER não fez a indispensável selecção, não conseguiu demarcar, com firmeza, sequer relativa, o campo dos negócios inominados. Por isso, lhe moveram algumas críticas de fundo[2], e SCHREIBER[3], incompatibilizado com a teoria da absorpção, chega a propor que se releguem os contratos mistos para a vala comum dos negócios inominados, defendendo para eles uma disciplina baseada na analogia.

Entretanto, HOENIGER tivera o indiscutível mérito de avocar o problema para o seu verdadeiro centro de gravidade. Por isso DE GENNARO[4], retomando as mesmas premissas e submetendo-as a um critério mais rigoroso, já nos oferece uma construção dos negócios mistos que não cede o flanco às críticas de fundo a que HOENIGER se

---

[1] *Der Arbeitsvertrag*, Leipzig, 1908; cit. por DE GENNARO, op. cit., pág. 4, nota 2.

[2] ENNECCERUS-NIEPERDEY, *Tratado de Derecho Civil*, cit., II t., II vol., págs. 7-14, e notas relativas.

ENNECCERUS divide assim os *contratos mistos em sentido lato*: 1) *contratos combinados ou geminados* ("um dos contraentes obriga-se a várias prestações principais que correspondem a diferentes tipos de contrato, enquanto o outro contraente promete um correspectivo unitário"); 2) *contratos mistos em sentido estrito* ("o contrato contém um elemento que, por sua vez, representa um contrato de outro tipo"); 3) *contratos de duplo conteúdo* ("o total conteúdo do contrato enquadra-se em dois distintos tipos contratuais"). Para o 1.º caso, a disciplina é autónoma em cada prestação; para o 2.º, vale, em princípio, a disciplina do "tipo base", embora à parte integrante se apliquem, na medida do possível, as suas regras próprias; para o 3.º, o regime é combinado: aplica-se simultaneamente a disciplina de ambos os tipos.

[3] *Gemischte Verträge im Reichsschuldrecht*, "Iher. Iahrb.", 1911; cit. por DE GENNARO, *op. cit.*, pág. 1, nota 2.

[4] *I contratti misti*, cit.

expusera. Em DE GENNARO, a teoria da combinação será ainda, talvez, demasiado "teoria", mais um ponto de partida do que instrumento de verdadeira eficácia; mas, no seu conjunto, revela-se uma doutrina coerente, apartando o que não é essencial, preocupada em abranger apenas o que convém, não em ter larga projecção prática de que resulte prejuízo para a clareza lógica do pensamento e para os interesses da justiça concreta.

Mostra DE GENNARO que as soluções anteriores pecavam por uma visão empírica do contrato misto, olhando sobretudo ao lado externo da concorrência de prestações, em menoscabo da realidade interna, da posição de cada um dos elementos entre si e em face do conjunto. Além de que todos aqueles juristas – continua ele[1] – seguiram, ao investigar o conceito de negócio misto, o caminho mais tentador, mas caminho errado: em vez de partirem da determinação dogmática e lógica para a disciplina, partiram da disciplina para a determinação dogmática. Consoante entendiam solucionar o problema do regime em abstracto, assim modelavam a realidade contratual, sacrificando as fundas divergências de caso para caso aos interesses de uma linha-mestra de orientação.

LOTMAR, agarrado ao princípio da absorpção, não tratou sequer de investigar se em todas as hipóteses complexas se poderia descobrir uma prestação principal ou determinante; entendeu que sim, porque lhe convinha cometer a ela uma função de hegemonia em relação às outras. SCHREIBER, com a sua concepção organicista dos tipos legais, julgou dever, em matéria de regime, repudiar toda a possibilidade de aplicação directa da lei a negócios que não fossem integralmente típicos. Assim chegou a concluir que os negócios mistos em nada de importante se distinguem dos inominados, muito embora a realidade concreta saliente o contrário. Por último, HOENIGER parte do princípio de que há uma relação directa entre os elementos que constituem o tipo legal e a disciplina típica aplicável, de sorte que, encontrando-se esses elementos conjugados em outras formações diferentes, vêm a ficar, na mesma, dotados do seu regime específico. Com esta armadura, apressa-se a conceituar o negócio misto como aquele que, de qualquer modo, apresenta a união de vários elementos típicos contratuais, sem embargo de criar desta feita uma categoria exorbitante, que nem se

---

[1] *Op. cit.*, págs. 105-112.

define a si própria nem respeita os limites da alheia seara dos negócios de absorpção.

DE GENNARO, para evitar tais erros, atenta sobretudo na realidade, e, apoiado num critério sistemático racional, vai separando, na mole das formações complexas, o que deve aceitar-se como verdadeira novidade contratual e o que deve remeter-se ao domínio das hipóteses já conhecidas. Para ser misto um negócio único não pode ser unívoco, isto é, apresentar uma estrutura jurídica ao mesmo tempo complexa e simples, nem pode ser típico, isto é, ser dotado de uma função inédita (função mista) e subsumir-se numa função expressa nominadamente na lei. A univocidade é antagónica da misticidade, e, por isso, ou se estabelece de uma vez para sempre que o negócio misto tem como fundamento uma função económico-jurídica diversa de qualquer das funções dos tipos intervenientes, embora seja resultante da sua acção combinada, ou temos de renunciar a constituí-lo em figura autónoma. Por certo que a ideia primária de contrato misto vem a englobar hipóteses essenciais distintas, como a combinação de uma prestação típica com outros elementos destituídos de virtude informadora de tipo, e a de diversas prestações típicas entre si. Mas será erro pretender subordinar à mesma categoria unidades que só empiricamente se assemelham, quer a subordinação seja em prejuízo da última hipótese, como fez LOTMAR, quer da primeira, como fez HOENIGER, ou mesmo das duas, como fez SHREIBER.

Um conceito autónomo de contrato misto deve nortear o investigador tanto na classificação dos casos concretos como na sua regulamentação É claro que a pluralidade de prestações é um elemento necessário, mas não é suficiente. Para que dos "contratos de conteúdo complexo" de que falava REGELSBERGER [1] se deduzam os contratos mistos *stricto sensu* é necessário que, à característica *pluralidade prestacional*, se venha juntar a característica *fusão de tipos*, isto é, tem de exigir-se que as prestações estejam entre si unidas numa causa- -função comum (mista), diversa dos factores típicos concorrentes mas resultante deles como um produto. Para que tal suceda, importa, em primeiro lugar, que todas as prestações intervenientes sejam *típicas*, dotadas de virtude informadora típica; e, em segundo lugar, que con-

---

[1] *Mehreit von Verträgen oder Vertrag mit zusammengesetzten Inhalt?*, "Iher. Iahrb.", 48, 1904, pág. 452; cit. por DE GENNARO, *op. cit.*, pág. 106, nota 1.

servem reciprocamente uma posição de autonomia e de igualdade, sem risco, para alguma delas, de ser absorvida pela função económica-jurídica da outra. Se ambas estas condições não são preenchidas, a formação complexa não é contrato misto, vindo naturalmente a enquadrar-se no tipo legislativo a que compete a prestação principal.

Com este critério, afasta, desde logo, DE GENNARO[1] a sociedade em que as entradas de algum ou de alguns sócios tomem a forma de prestações típicas de outros contratos, e o que na transacção se passe de análogo com as coisas transaccionadas. Não há contrato misto porque precisamente a lei prevê essa diversidade de elementos dentro do vínculo – essa elasticidade da prestação – sem transtorno, porém, da univocidade do contrato. Afasta o contrato de transporte, em que podia ver-se prestação de serviços e depósito (transporte de móveis) ou prestação de serviços e locação de coisa (transporte de pessoas). Não é contrato misto porque a responsabilidade pela conservação da coisa ou pelo fornecimento do lugar deriva da prestação de serviços em si mesma, integra a responsabilidade pelo transporte.

Na classe dos contratos com "mistura bilateral"[2] ou sinalagmáticos, a qual, para este autor, realiza melhor e mais facilmente a misticidade, tem o cuidado de afastar os chamados "contratos de reciprocidade" de MEREU[3], pois, havendo não só estipulação como entrega efectiva de preços, devem entender-se existentes dois negócios distintos realizados *uno acto*. Da classe dos contratos com "mistura unila-

---

[1] *Op. cit.*, págs. 117 e segs.

[2] *Op. cit.*, págs. 113-139.

[3] Contratos com prestações simultâneas e recíprocas, em que a prestação de *A* para com *B* não se compensa pura e simplesmente com a de *B* para com *A* (hipótese que seria de contrato misto com "mistura bilateral"), mas há realmente estipulação e entrega de preços para ambas as prestações. MEREU (*Contratti reciproci*, Cagliari, 1928) supõe a existência dum *contrato de reciprocidade*, bilateral, inominado, tendo por objecto a execução das prestações singulares, o que daria ao nexo intercedente um carácter sinalagmático. DE GENNARO combate esta ideia, fazendo notar que ela repousa numa avaliação apriorística da *voluntas partium*, pois não se compreende nem tem razão prática dizer que os contratos singulares estão dependentes um do outro, por sorte a o não cumprimento deste poder constituir uma *"exceptio non adimpleti contractus"* para aquele. Propõe a solução (limitada, é certo, pela realidade concreta) de se considerar aqui existente uma "condição suspensiva" que admitirá ou precludirá a validade do outro contrato na hipótese de um deles ser ou não ser cumprido (*op. cit.*, págs. 130 e segs.).

teral"[1], exclui todos os casos em que uma prestação típica se relaciona com um elemento contratual estranho mas sem virtude informadora de tipo (obrigação, na compra-e-venda, de dar prova do azeite a vender, de expedir a coisa vendida; o *modus* aposto a uma doação ou a um comodato; etc.) e aqueles em que uma das prestações intervenientes, embora típica em si mesma, não está no conjunto em posição de igualdade perante a outra: é o caso das prestações *secundárias*, no sentido de *não prometidas* (LOTMAR)[2]; é o caso das *prestações preparatórias* de que HOENIGER fazia uma categoria especial[3] (v. g., a actividade do lojista que, para vender, tem de tirar o objecto do seu lugar); é o caso ainda das prestações que se destinam a tornar possível, a completar, a tornar mais vantajosa a prestação principal[4].

Mas é também pelo critério proposto que DE GENNARO afirma ser a locação de cofres-fortes por um banco um verdadeiro contrato misto, com dupla função de aluguer e prestação de serviço de custódia[5]; e da mesma forma o contrato de pensão (locação de coisa, venda e prestação de serviços), a venda com exclusivo (venda e prestação de serviços), o arrendamento de oficina com força motriz (locação e venda), etc.

---

[1] *Op cit.*, págs. 141-168.

[2] As que, embora não tendo sido expressamente estipuladas, são devidas "como consequências legais, ou de boa-fé, do contrato realizado entre as partes". (*Op. cit.*, I, pág. 237; cit. por DE GENNARO, *op. cit.*, pág. 145).

[3] As operações que devem necessariamente realizar-se para se cumprir a prestação principal. – HOENIGER, *op. cit.*, págs. 118-121 cfr. DE GENNARO, *op cit.*, págs. 146-47.

[4] Cfr. LOTMAR, *op. cit.*, págs 193 e segs.; cit. por DE GENNARO, *op. cit.*, pág 155.

[5] Sobre este negócio as opiniões têm sido as mais variadas. Uns absorvem o dever de custódia na locação, apelando para a obrigação legal que tem o locador de assegurar o gozo pacífico da coisa locada. ROCCO (*La natura giuridica del cosi detto contratto di obbonamento alle cassette-forti di custodia presso le Banche,* "Circolo Giuridico", 1911, págs 62-63) recorre ao princípio geral de que a obrigação de custódia é inerente à detenção da coisa, à sua posse de facto. VITALI fala de uma locação de "coisa *segura*", de "coisa que exige segurança", para inferir desta "qualidade específica" da coisa a obrigação inerente ao locador de a custodiar. É evidente – diz DE GENNARO – que há um verdadeiro vício de raciocínio e vontade de torcer a realidade nestas concepções, a fim de se obter o enquadramento do caso em discussão num dado tipo legal. Ora, quando se indaga se uma prestação está, em face de outras, na aludida posição de subalternidade, é preciso que a aplicação deste princípio não exceda os limites da realidade contratual como se configura na prática (cfr. *op. cit.*, págs. 149 e segs.).

Para o contrato misto, assim definido, já não é fácil defender a teoria da absorpção de Lotmar [1] quanto à disciplina. Tentar aplicá-la quando não existe uma prestação principal, só por mera obediência à velha inclinação para se não reconhecer, salvo em casos muito excepcionais, a não idoneidade dos tipos normativos em face de certo número de relações privadas, e, daí, a possibilidade de contratos inominados. Por certo que a aplicação do princípio seria muito cómoda para o julgador, "que poderia resolver todas as dificuldades subordinando o suposto-de-facto a um tipo legal e estendendo mecânica e simplesmente as regras do tipo escolhido" [2]; mas não se sabe se, com isso, ele chegaria realmente a tutelar os interesses das partes ou se vinha a confessar que a lei e o juiz são incapazes de fornecer direito equitativo quando a norma legal é inexplícita. Como demonstra Schreiber, "a teoria da absorpção é resultado dum equívoco: não faz mais do que confirmar um erro dos escritores da Idade Média, que entenderam a absorpção formal do sistema processualístico romano (visando à determinação da *actio* a exercitar no caso concreto..., mas sem qualquer influência quanto à disciplina jurídica, declarada pelo juiz *ex bono et aequo*) como uma absorpção *material*, sem notarem a diferença entre o seu próprio método e o método dos jurisconsultos de Roma" [3].

Também a "teoria da extensão analógica" de Schreiber [4] é uma atitude-limite, que vem a esquecer que os contratos inominados são uma *"extrema ratio"*, a que só deverá recorrer-se quando de todo seja impossível o recurso a uma disciplina diversa. Partindo de uma concepção organicista dos tipos legais, segundo a qual estes constituem uma espécie de reprodução concreta da realidade, um todo homogéneo e infrangível, insusceptíveis, como dados concretos que são, de serem generalizados, toda a formação que não incarne, digamos assim, a hipótese real que o tipo legislativo representa, será irremissivelmente inominada. A esta sorte de ordinalismo repugna submeter a operações analíticas o "conjunto fechado" do tipo legislativo, e muito mais admi-

---

[1] *Op. cit.*; De Gennaro, *op. cit.*, faz referência à teoria de Lotmar a págs. 172-176.

[2] Cfr. La Lumia, *op. cit.*, págs. 720-721.

[3] Cfr. La Lumia, *op. cit.*, págs. 720-721.

[4] *Op. cit.*; De Gennaro expõe esta doutrina a págs. 178-182.

tir a separação, dentro dele, de elementos constitutivos que venham a conservar, numa *species nova*, a virtude típica que apenas na órbita originária – expressão imediata da realidade imanente – pode, a seu ver, encontrar-se. Deste modo, logicamente, para SCHREIBER, é excluída, nos contratos mistos, a aplicação directa de um regime próprio a cada prestação, porque tal disciplina só pode ter lugar pelo e dentro do invólucro primitivo.

Como frisa DE GENNARO [1], esta doutrina contradiz, antes de tudo, a própria natureza das codificações modernas, que, ao contrário do Direito romano, de feição essencialmente casuística, "surgem como complexos de normas de conduta, que não podem deixar de ter valor abstracto"; em segundo lugar, traria consequências práticas desastrosas esta "semicolocação em repouso" da parte especial do Código Civil, deixando o maior número dos casos concretos nas incertezas do procedimento analógico, que deve ser procurado só em último recurso.

Afastadas do âmbito dos contratos mistos as hipóteses inconciliáveis teoricamente com uma verdadeira autonomia conceitual, a "teoria da combinação" de HOENIGER [2] surge, na realidade, com a mais próxima dos factos, e, portanto, a mais equitativa. Sendo um *"quid medium"* entre a disciplina dos negócios típicos e a disciplina dos negócios inominados, parece também ser a mais consentânea com a própria natureza dos contratos mistos, com a sua própria estrutura complexiva, com a *paridade* em que intervêm as diversas prestações concorrentes, a qual, desde logo, sugere uma disciplina também complexiva, também harmonicamente variada, recolhida de modo imediato em cada um dos esquemas legais cujas prestações constituem o novo ser contratual. A "teoria da combinação" tem como pressuposto a existência de certa relação de carácter abstracto entre os elementos constitutivos de cada *Tatbestand* e os efeitos jurídicos correspondentes, relação que permanece ainda quando esses elementos se distraem para formações diversas do contrato típico a que dizem respeito. Antes de HOENIGER, a quem ficou indissoluvelmente ligada, já RÜMELIN [3] a propusera para

---

[1] *Op. cit.*, pág. 182.

[2] *Op. cit.;* DE GENNARO refere esta doutrina a págs. 176-178 e 182 e segs.

[3] *Dienstvertrag und Werkvertrag,* Tubinga, 1905; cit. por DE GENNARO, *op. cit.,* pág. 176.

certas hipóteses de locação, e daí a estendera a outros casos diferentes. ENNECCERUS[1], OERTMANN[2] e LEHMANN[3] aceitaram-na com restrições e MESSINA[4] integralmente.

Mas SCHREIBER moveu-lhes críticas severas, que, entretanto, parecem não proceder. A primeira, baseada na própria essência da teoria analógica, defende que é impossível aplicar directamente disposições que estão ligadas a um todo *orgânico,* modelado sob certa causa, a elementos desgarrados desse todo e agindo sob uma causa diversa. Não se contesta o que possa haver de real nesta concepção, depurada de extremismos ordinalistas, e reconhece-se que é preciso distinguir, em cada contrato, os elementos que só vêm a referir-se a uma determinada disciplina porque estão referidos a certo tipo legal e os elementos que são directamente previstos por normas especiais e que devem *urbi et orbi* ser acompanhados por elas: os elementos com virtude informadora típica, como o elemento prestacional. Este, sendo o que modela o contrato, deve estar directamente ligado à regulamentação, e não ligado a ela só em vista da sua integração no tipo legislativo. Não há óbice algum, portanto, a que, agindo em novas formações contratuais, venha a ser-lhe aplicável o seu regime específico. E, como, segundo DE GENNARO, só têm entrada na categoria de contratos mistos os que forem integrados por elementos com virtude informadora típica, a "doutrina da combinação", apesar daquela destrinça, continua a ser a única reguladora do regime dos aludidos contratos.

A outra crítica de SCHREIBER baseia-se no artigo 3.º das Disposições Preliminares do Código Civil italiano de 1865, correspondente, na 2.ª parte, ao artigo 16.º do nosso Código Civil. Daí parece concluir-se que a lei preclude a possibilidade de se aplicarem por semelhança ou identidade normas referidas apenas a *simples elementos,* porquanto ela só consente a analogia com os *"casi",* os "casos análogos". Este argumento de pouco ou nada vale. A semelhança dos "casos" de que a lei fala há-de ser dada pela semelhança dos *elementos* que constituem cada hipótese. Isto, para a aplicação analógica, e, *a fortiori*, para a aplicação imediata.

---

[1] *Op. cit.,* II t., I vol., pág. 5 e segs.; cit. por DE GENNARO, *op. cit.*, pág. 179.
[2] *Op. cit.,* pág. 522; cit. por DE GENNARO, *loc. cit.*
[3] *Lehrbuch*; cit. por DE GENNARO, *loc. cit.*
[4] *Op. cit.,* págs. 115-116.

Em resumo, o melhor princípio geral para a disciplina dos contratos mistos, é, a meu ver, o seguinte, baseado em HOENIGER: "Decomposto o contrato nas prestações de que resulta, individuado exactamente o *nomen iuris* correspondente a cada uma delas, deverá proceder-se à combinação orgânica dessas normas". Claro que não basta uma pura combinação mecânica, como acentua DE GENNARO. Importa verificar, em primeira linha, se ela é compatível com o *nexo* contratual como se configura no seu todo, se é compatível com o escopo complexivo do negócio. Porque, se, quanto ao adimplemento das prestações, raramente haverá dificuldades de maior, não é já assim em matéria de formação, validade, prescrição, garantias legais, etc., para o que respeita, em suma, ao contrato na sua unidade. A avaliação terá de ser feita, em regra, casuisticamente, pela doutrina e pela jurisprudência[1], sendo a "teoria da combinação", como dissemos, mais um ponto de partida para o intérprete do que um processo absolutamente eficaz.

Deste rápido exame da categoria dos contratos mistos ficou-nos uma ideia suficiente para a diferenciarmos com relativa segurança do negócio indirecto. Do mesmo modo que para os contratos inominados, a possibilidade do negócio indirecto excluirá a possibilidade do negócio misto em cada suposto-de-facto. Numa ordem de qualificação, o jurista, colocado em frente de uma hipótese de aparência hetero-

---

[1] Isto não impede, aliás, que se fixem certas regras gerais. Assim, quanto aos *requisitos de validade,* a divergência só pode ser no sentido de um dos tipos em fusão exigir mais do que o outro; neste caso, prevalece o maior rigor, não por obediência a qualquer ideia preconcebida de absorpção, mas porque os requisitos são baseados em razões de ordem pública. De resto, o princípio, nesta matéria, deve ser o que esta frase estabelece: – "O efeito mais saliente da unidade do contrato é a impossibilidade de qualquer das suas partes gozar de vida autónoma; o contrato ou é válido no seu conjunto ou é completamente nulo".

Quanto à *resolução* e à *"exceptio non adimpleti contractus",* vigoram os princípios gerais do Direito civil. Assim entre nós, a norma do artigo 709.º falando de "se... algum dos contraentes deixar de cumprir *pela sua parte...",* não quer senão significar que a condição resolutiva tácita se estende a todo o contrato sempre que uma das partes a invoque sob o pretexto de que a outra não cumpriu *tudo* a que se obrigou. A falta de cumprimento de uma das prestações típicas, no contrato misto, pode determinar, portanto, o seu emprego. Quanto à *garantia* conferida ao credor, entende DE GENNARO que, se ela é especial e deriva da natureza do próprio crédito, deve actuar nos rigorosos limites da lei; de contrário, estender-se-á naturalmente a todo o contrato (cfr. *op. cit.*, págs. 186-190).

génea, tem de seguir esta via metodológica: em primeiro lugar, saber se constitui um negócio único ou uma coligação negocial; sendo único, saber se o negócio é típico ou atípico; sendo atípico, saber se é misto ou inominado. O problema do negócio indirecto surge no segundo momento; o do negócio misto surge no terceiro. Para ser misto o negócio há-de, em última análise, revelar-se inadaptável no seu escopo determinante a qualquer dos tipos legais. Cada prestação interveniente guarda em face da outra uma atitude de autonomia, não se deixando absorver por ela; e a função objectiva do negócio é algo de novo, de complexivo, de portador em si dos vários interesses reunidos, mas diferente, no íntimo, de qualquer deles. Isto é essencial ao contrato misto. Para o negócio indirecto é essencial o contrário; que a formação "heterogénea" se revele, no fim de contas, homogénea, unívoca, simples, ficando a dominar o negócio a função típica do esquema adoptado, e não induzindo sequer uma "efectiva participação em diverso tipo contratual" o facto de o intento prosseguido indirectamente pelas partes constituir, em abstracto, o escopo determinante de um negócio típico de outro género.

Quer dizer: ao contrato misto importa que as várias prestações sejam típicas em si mesmas e se conservem típicas no conjunto negocial; para haver negócio indirecto é preciso que o fim ulterior seja típico em si mesmo (ou, pelo menos, função propícia a um contrato inominado), mas não assuma, na formação concreta, mais do que a simples natureza de um motivo psicológico. No contrato misto, tem de *haver paridade* das prestações e uma causa *mista* não designada na lei; no negócio indirecto, tem de haver *subalternidade* do fim ulterior e uma função *unívoca* e *típica,* que será a que é própria do negócio adoptado. No contrato misto, cada função económica é desempenhada directamente, por participação do próprio tipo originário; no negócio indirecto, o fim ulterior é conseguido de uma maneira singular, pois o seu tipo originário não só não chega a intervir, como é, realmente, preterido, em vista de necessidades concretas originalíssimas que o não aconselham para aquela hipótese.

4. Aos negócios mistos e inominados, o negócio indirecto assemelha-se, à primeira vista, pela aparente heterogeneidade ou atipicidade da sua contextura. Com o negócio chamado abstracto, a relação que pode vislumbrar-se é de uma ordem diversa, se não mesmo con-

Negócio jurídico indirecto

trária: diz respeito àquela tendência empirista a que a doutrina, até hoje, dificilmente escapou, para considerar o negócio indirecto uma espécie de uso *formal* do negócio típico, para nele supor a existência de uma nova função – "função de adaptação", na linguagem de GRECO – que se substitui à função típica originária. Contemplado assim como um esquema linear, que se despiu do seu próprio conteúdo para consecução de intuitos económicos de natureza distinta – e intuitos que, em última análise, vêm a ser irrelevantes para o Direito — o negócio que estudamos estaria muito próximo do conceito do negócio abstracto da teoria germânica e, *a fortiori*, da interpretação que dele fornece a teoria latina.

O problema da abstracção só pode levantar-se em matéria de negócios patrimoniais. Os negócios pessoais têm uma função *imanente,* digamos assim, esgotam-se com actuar o próprio fim imediato a que se propõem: por exemplo, se alguém adopta uma criança, é para a considerar sua filha, (o que não obsta, de resto, a que, psicologicamente, a esse motivo principal se reuna e anteponha um intuito de diferente natureza prática: v.g., constituí-la herdeira – e será o caso do negócio indirecto). Nos negócios que implicam um enriquecimento patrimonial, a função é, de alguma maneira, *transcendente.* Não são queridos em si mesmos; destinam-se a dar vida, mediatamente, a consequências jurídicas de outro teor, que o sistema jurídico faz alcançáveis (ou, pelo menos, acessíveis) por aquela forma. O enriquecimento não se concebe só por si; há atrás dele uma intenção dirigida a efeitos jurídicos mediatos, a função dele é realizá-los, e, para isso, a subpor--se à atribuição patrimonial, tem de existir um "convénio de fim" (ENNECCERUS)[1] a que costuma chamar-se *causa da atribuição.*

Geralmente, essa causa insere-se no âmago do próprio negócio patrimonial, constitui uma parte do negócio que contém o enriquecimento; de sorte que devem concorrer a respeito dela todos os requisitos de que o enriquecimento vem a depender. Se não existir ou for ilícita, o negócio é invalidado. Estamos perante um "negócio causal". Outras vezes – muito mais raras, certamente – o "convénio causal não toma parte no conteúdo do negócio"[2]. O sistema jurídico *abstrai* da existência dele, tudo se passa, materialmente, como se não interviesse,

---

[1] *Tratado...,* cit., I t. – II vol., págs. 76 e segs. Ao longo da exposição da doutrina germânica, guiei-me por este autor.

[2] ENNECCERUS, *op. cit.,* pág. 78.

porque não tem relevo para o Direito. É uma realidade que, embora necessária e existente no mundo da natureza, nada chega a significar para o mundo do normativo legal. Não *emerge* à tona das realidades culturais-jurídicas. Assim, no Código germânico, são abstractos os *negócios de disposição* que contêm um enriquecimento a favor de outrem, como a transmissão de propriedade e os demais contratos por que se constituem, extinguem ou trespassam direitos reais, a cessão de créditos, a assunção de dívidas, e ainda alguns poucos negócios obrigacionais, a saber: a promessa abstracta de dívida, o reconhecimento de dívida, a emissão de títulos ao portador, a letra de câmbio, etc. Estes negócios são válidos mesmo que a causa seja ilícita ou imoral, conquanto sempre possa invocar-se o princípio do enriquecimento injusto como compensação.

Eis como a doutrina alemã compreende o negócio abstracto[1], sendo visível que a abstracção, para ela, reveste natureza *material,* visto o Direito *desconhecer* a existência do "convénio de fim".

A doutrina italiana interpreta de outro modo a realidade, movida pela consideração de que não é pensável um negócio destituído de função ou causa objectiva. Todo o negócio, tanto causal como abstracto, deve obedecer a este requisito lógico e psicológico; simplesmente, nem todo se encontra na mesma relação para com ele, nem sempre é a mesma a relação entre a causa objectiva e a vontade. Umas vezes – e será a hipótese dos negócios causais – "essa relação é fixa e incindível; a causa está consubstanciada no negócio. A vontade, além de não poder formar-se a não ser pela existência dessa causa determinada, vem a revelá-la desde logo, de sorte que nenhum efeito produz quando ela falte ou seja ilícita"[2]. Outras vezes, porém, a causa não falta, mas "o negócio não a exprime nem a traz consubstanciada em si; parece

---

[1] STAMPE entende que a distinção entre negócios abstractos e causais foi superada pela evolução jurídica. Propõe, para a substituir, a distinção entre "negócios básicos" e "negócios auxiliares"; aqueles serão as determinações feitas pelas partes sobre a espécie e o objecto duma atribuição de bens; estes são os que apenas servem para modificar os efeitos normais dos primeiros, ou para a garantir ou possibilitar o pleno desenvolvimento dos mesmos. ENNECCERUS (*loc., cit.*, nota 5 à pág. 78 e 79) combate esta distinção, já porque nem todo o negócio abstracto supõe um negócio básico (v. g., a promessa de dívida derivada de delito ou de enriquecimento injusto) nem todo o negócio auxiliar é abstracto (v. g., a fiança), etc., etc.

[2] DE RUGGIERO, *Instituições*, cit., IV, págs. 277 e segs.

Negócio jurídico indirecto 115

que a vontade é só por si suficiente para produzir o efeito que tem em mira, devendo a causa procurar-se fora do negócio, numa outra relação entre as partes, e, podendo assim, ser vária e diversa conforme a própria índole"[1]. É a hipótese dos negócios abstractos. A abstracção, para a comum doutrina italiana, não é, deste jeito, uma abstracção material, mas *processual*. A relação subjacente não é ignorada pelo sistema jurídico, como sucede na concepção germânica. Pelo contrário, o Direito sabe que ela existe, conta mesmo com a sua presença, muito embora, graças aos interesses duma circulação rápida e fácil, a venha a presumir *iuris tantum*, não requeira a sua demonstração ou prova positiva. Deste modo, os vícios relativos à causa actuam sobre o negócio de maneira bastante peculiar: não reagem do interior, atacando directamente a eficácia da obrigação, mas do exterior, fazendo surgir efeitos que vêm contrapor-se a ela e neutralizá-la, sob a forma de excepções e repetições do indevido (sistema das *"condictiones"* romanas)[2].

Deve dizer-se, contudo, que, em face do antigo Código italiano, era muito controversa a própria admissibilidade genérica dos negócios abstractos[3]. Na esteira do artigo 1131.° do Código de Napoleão, o artigo 1119.° dispunha que a obrigação sem causa, ou fundada numa causa falsa ou ilícita, não podia ter nenhum efeito. Entretanto, os autores entendiam que este artigo não eliminava completamente a possibilidade de negócios abstractos, ao menos quando a lei os reconhecesse de modo explícito; se bem que alguns deles só os admitissem em matéria de títulos à ordem, particularmente da cambial, e de títulos ao portador. Foi, assim, que o problema do negócio abstracto veio a levantar-se, na doutrina italiana, sobretudo para a letra de câmbio, dominando, em regra, a tendência processualista a que acabamos de referir-nos e que CARNELUTTI[4] procurou trilhar abertamente.

DE GENNARO[5] e, em certa medida, ASCARELLI[6] dão outra variante da explicação da natureza de alguns negócios abstractos. Seja qual for

---

[1] *Id., ibid.*

[2] Cfr. DE GENNARO, *I contratti misti,* cit., págs. 38-39.

[3] Cfr. RUBINO, *Il negozio giuridico indiretto,* cit., págs. 76-81.

[4] CARNELUTTI, *Titoli di credito,* "Riv. Dir. Comm.", 1933, I, págs. 257 e segs. *Vide* também REDENTI, *Natura giuridica della cambiale,* "Riv. Dir. Comm.", 1912, I, págs. 942 e segs.

[5] *Op. cit.,* págs. 37-39.

[6] *Il negozio indiretto...,* cit., págs. 47-48.

a ideia que se faça da abstracção, não resta dúvida de que a obrigação cambiária é juridicamente abstracta perante a relação fundamental. Mas, nem por ser abstracta ou independente, deixa de ter uma causa que, para DE GENNARO, consiste na própria "especialidade de utilização", na própria elasticidade, do vínculo cambiário, no ele ser assumível sem dependência de qualquer contraprestação ou da ilicitude da promessa em si mesma, o que leva aquele Autor a dizer impressivamente que os negócios abstractos são *"privi di colore"*. ASCARELLI, por seu turno, parece simpatizar com a ideia de BONELLI[1] quando identifica a função ou causa objectiva do cheque com o puro *"versamento di somma"*, o simples desembolso de dinheiro em que esse negócio se traduz.

É evidente que esta forma de explicação não é mais do que a tentativa malograda para conciliar dentro do negócio abstracto – e, em particular, da obrigação cambiária – a independência do título e a causalidade objectiva do mesmo, sem recurso à relação fundamental. Quer-se um negócio abstracto dotado de causa, ou um negócio causal dotado de abstracção, e como estas duas ideias, tomadas com o seu peso normal, são contraditórias, trata-se de equipará-las à força, deformando o conceito de causa-função ou causa objectiva. E, assim, chega--se requintadamente a ver a função típica do negócio no ele "ser desprovido de função típica", no ele "ser simplesmente forma". É um subterfúgio para escapar à solução *causa-forma;* mas, confesse-se, a habilidade não chega a ser convincente, faltando, em último termo, a DE GENNARO o direito de, apoiando-se em LA LUMIA[2], censurar a MESSINA o recurso aos "negócios formais".

Porém, seja o negócio abstracto entendido à alemã ou entendido à italiana, o que fica em relevo é a aparente vizinhança desta figura com o negócio indirecto. Vizinhança tanto mais impressionante quanto se adregou de ver este último negócio com uma perspectiva erradamente histórica, como um fenómeno peculiar das épocas de transição ou de crise. Tendo-se do negócio indirecto uma noção que, conforme demonstrei , dificilmente se furta à ideia de causa em sentido formal, um conceito – já o disse – em que há muito do velho conceito clássico

---

[1] *La cambiale.*

[2] Cfr. nota 3, págs. 37-38; LA LUMIA, *L'obbligazione cambiaria e il suo rapporto fondamentale,* "Riv. Dir. Comm.", 1904, I.

de acto aparente, era natural que, no campo dogmático, se não pudesse recusar a existência de certo nexo entre esse negócio e o negócio abstracto. Assim sucedeu a ASCARELLI, que tenta explicá-lo já pela suposta função que, de acordo com BONELLI, lhe parece subsistir no negócio abstracto, já pela consideração de que historicamente este negócio terá derivado de um negócio causal e, por algum tempo, se terá subordinado à respectiva disciplina típica. E ainda, talvez, com RUBINO, que, embora venha a concluir que, "para determinado momento histórico, um negócio, se é abstracto, não pode ser indirecto" [1] e afaste, na mesma ordem de ideias, os negócios fiduciários abstractos do âmbito do negócio indirecto, não resiste, contudo, à tentação de explicar historicamente o negócio abstracto por esta última figura, que, nas suas próprias palavras, seria "o esforço para tornar abstracto o que é concreto" [2].

Ora, combatida a premissa, não podemos deixar de combater a conclusão. O negócio indirecto não é uma figura jurídica de degenerescência, mas um aproveitamento legítimo dos tipos legais, dos tipos na sua plenitude, e não apenas na sua "aparência" ou na sua "forma". O negócio causal conserva-se causal dentro do negócio indirecto; a função originária não é substituída; não há esvaziamento do conteúdo funcional em proveito de qualquer conteúdo momentâneo, pois o fim indirecto adapta-se àquele, e não vem neutralizá-lo ou suprimi-lo. Partindo desta noção, é impossível acharmos qualquer título de parentesco entre os negócios indirectos e os negócios abstractos. Se, na ordem histórica, algum destes negócios eventualmente derivou de um negócio causal, não foi por obra e graça do verdadeiro emprego indirecto, que, amarrado como anda à causalidade, não pode ter produzido, mas apenas suportado passivamente, a perda de alma do tipo negocial: o degenerar do negócio em simples acto *aparente*, a sua "formalização" em sentido pejorativo, até que, tornado puro expediente de facto, consegue ascender, de novo, a uma situação jurídica definida, por força do reconhecimento do sistema, que o transforma em negócio abstracto ou em negócio causal sob uma égide diferente. Em suma, para que o negócio indirecto fosse na verdade o agente do *"bouleversement"* operado no tipo, impunha-se que ele fosse, em si mesmo, um emprego

---

[1] *Op. cit.*, pág. 81.
[2] *Op. cit.,* pág. 80.

abusivo, ilegítimo (o que não quer dizer "injusto" ou "imoral") em face da ordem jurídica estática. Era-o, enquanto não sancionado, o acto aparente da romanidade; e por isso deu lugar a verdadeiros negócios abstractos, como a *"in iure cessio"* dos últimos tempos. Mas não o é nem pode ser o negócio indirecto, tal como deve definir-se para o Direito e para os interesses da nossa época.

5. As relações do negócio indirecto com o negócio fiduciário têm repousado num equívoco que, pouco a pouco, a doutrina vai reconhecendo e superando.

Efectivamente, que se deve entender por *"fiducia"* e por negócio fiduciário?

Duas teorias pretenderam dar um conceito de *"fiducia"*: a romanista, atribuída a REGELSBERGER e hoje dominante na ciência do Direito [1], e a germanista, de certo ramo do pensamento jurídico alemão [2].

Na doutrina romanista, a *"fiducia"* assenta na ideia clássica de *"fides"*, que envolve um poder de abuso para uma das partes – o *"accipiens"* ou fiduciário – a quem o fiduciante transmite em propriedade plena uma coisa ou direito próprio, mas em vista de certa finalidade económico-jurídica desproporcionada com a latitude da transmissão. É por exemplo, **A** que, receoso da sua própria prodigalidade, ou, então, dos resultados de um empreendimento que iniciou, procura desviar do seu património determinado prédio, para que não venha a ser atingido pelas dívidas que contraia ou pelas perdas eventuais. Para realizar este intuito, despoja-se do bem em favor de um amigo íntimo, **B**, com o pacto obrigacional de este lho retransmitir quando a situação de emergência tenha passado (figura jurídica que os ingleses designaram por *"trust"*). O elemento *"fides"*, ou a confiança que

---

[1] REGELSBERGER, *op. cit.*; cfr. *Pandekten Recht.* Foi este A. quem pela primeira vez empregou a terminologia "negócio fiduciário". Na doutrina romanista, enfileiram FERRARA (*Della simulazione* cit.); AMBROSINI (*Disposizioni di ultima volontà fiduciarie nel diritto civile moderno,* Roma, 1917); MESSINA (*op. cit.*); ASCARELLI (*Il negozio indiretto,* cit.); GRECO (*op. cit.*); DE GENNARO (*op. cit.*); etc.

[2] SCHULTZE (*Treuhänder im geltenden Recht,* "Iher. Iahrb", XLIII, 1901, págs. 1 e segs.); SCHONY (*Treuhandsgeschäfte,* "Arch. für die bürgerliches Recht", XXV, 1910, págs. 291 e segs.); RUMPF (*Wirtschaftsrechtliches Vertrauensgeschäft,* "Arch. für die civilistische Praxis", CXIX, 1920, págs. 1 e segs.). Citados por CARIOTA-FERRARA, *op. cit.,* na pág. 8 os dois primeiros e na pág. 3 o último.

A deposita na palavra de *B*, é que justifica logicamente este negócio fiduciário.

Para a teoria romanista, a presente situação analisa-se numa transferência real de propriedade, na plena extensão das suas consequências, mas subordinada obrigacionalmente a um pacto fiduciário destinado a adaptar às necessidades do fim económico proposto a amplitude do meio jurídico. Todavia, sendo puramente obrigacional, o pacto não consegue *neutralizar* os efeitos reais da transferência, e, por isso, sempre aquela adaptação será insuficiente, sempre uma incongruência do meio em relação ao fim virá a subsistir, competindo à *"fides"*, como raiz psicológica de confiança, lançar a ponte entre as duas margens. Ora é neste emprego de um *mais* para obter um *menos*, nesta desproporção ou incongruência entre o meio jurídico e o fim económico que, aos olhos da teoria romanista, reside a nota distintiva do negócio fiduciário.

Para a doutrina germânica, a *"fiducia"* é entendida de outra maneira. Baseando-se na velha instituição alemã do *"Salman"*, os autores que a defendem vêem igualmente no negócio fiduciário moderno uma transferência de propriedade, mas submetida, para eles, a uma condição resolutiva com efeitos reais, que fará *ipso iure* regressar a coisa alienada ao património do fiduciante, uma vez cumprida a determinação pactuada. O *"Salman"* não chega a ser, para os germanistas, verdadeiro proprietário; a condição resolutiva *neutraliza* praticamente toda e qualquer possibilidade de abuso, adaptando de maneira exacta o meio jurídico às necessidades do fim ulterior. Não há lugar para uma *"fides"* em sentido próprio, devendo a *"fiducia"* germânica ser equiparada a uma verdadeira *"fiducia"* legal, contrapondo-se à voluntária da doutrina romanista.

É evidente que, destas duas interpretações, só a primeira nos interessa, pois só na característica "incongruência entre meio jurídico e fim económico"[1] pode vislumbrar-se uma raiz de parentesco ou de semelhança entre o negócio indirecto e o negócio fiduciário. Mas, para ser mais patente essa semelhança, importa dizer, de acordo com a doutrina comum do negócio fiduciário "à romana", que a transmissão neste operada é uma transmissão típica, feita através de um negócio causal como, v. g., a compra-e-venda. Nestas condições, bem parece,

---

[1] Cfr. REGELSBERGER, *op. cit.*; Cfr. FERRARA, *Simulazione*, cit., pág. 58.

na verdade, que estamos em face de um emprego indirecto de negócios tipificados (negócios translativos-reais ou reais-obrigacionais), e, portanto, que o negócio fiduciário se enquadra nos limites do negócio indirecto, se mesmo o não esgota. Foi esta última a posição de REGELSBERGER, FERRARA, SANTORO-PASSARELLI[1], e DOMINEDÒ[2]; foi a primeira, a de KOHLER[3], ASCARELLI, GRECO, DE GENNARO, e, praticamente, de CARIOTA-FERRARA.

FERRARA, construindo o negócio fiduciário como o produto de um concurso de dois negócios, um real-positivo e outro obrigacional-negativo, acentua que ele "*vai além* do escopo das partes, *supera* o intento prático, *produz mais* consequências jurídicas do que seria necessário para alcançar aquele fim determinado"[4]. Mas, embora seja "uma figura ondulante e equívoca"[5], não se confunde com a simulação, pois é "um jogo a cartas descobertas", no dizer de REGELSBERGER[6], "e um negócio querido, existente", destinado a "suprir a ordem jurídica que falta ou a evitar certas consequências *fâcheuses* do negócio directo"[7]. Constitui uma forma ou a forma actualizada do negócio real indirecto, propondo-se fazer a "correcção do direito inadaptado" e "facilitar e acelerar o ritmo da actividade mercantil"[8]. GRECO, por sua vez, considera o negócio fiduciário uma das categorias da sua série de negócios indirectos, aquela que pressupõe "que o negócio escolhido não tolera as alterações à sua estrutura necessárias para o adaptarem ao intento ulterior das partes", "sendo necessário admiti-lo como é, actuá-lo com todos os seus atributos e consequências (...), embora exorbitantes em face do fim ulterior dos sujeitos"[9]. E CARIOTA estabelece com argúcia uma pequena diferença de matiz entre as duas espécies, dizendo consistir o negócio fiduciário numa "excedência" do meio

---

[1] *Op. cit.*

[2] *La costituzione fittizia delle anonime*, "Studi in onore di Vivante", Roma, 1931. Como é sabido, este A. recusava ao negócio indirecto outra razão prática, nos direitos modernos, que não fosse a fraude à lei.

[3] *Studien über Mentalreservation und Simulation*, cit.

[4] Cfr. LANG, REGELSBERGER e KAUL; *Simulazione*, cit., pág 58.

[5] *Op.* ultim. *cit.,* pág. 58.

[6] Cfr. FERRARA *ibidem*, pág. 59.

[7] *Ibidem,* pág. 66.

[8] *Ibidem*, pág. 56.

[9] *Op. cit.*, pág. 778.

jurídico em relação ao fim económico (a divergência será quantitativa), enquanto o negócio indirecto se traduz numa "dissonância" (a divergência será qualitativa) [1].

Entretanto, repito, esta posição da doutrina repousa toda ela num equívoco, numa visão menos ponderada, talvez, quer do negócio indirecto quer do negócio fiduciário. Quanto ao negócio indirecto, temos já elementos bastantes para o demonstrar. Se, como foi dito nas primeiras páginas, o fim económico vem a resultar sem mediação do negócio actuado, de tal maneira que pode dizer-se produzido *directamente* pelo negócio, como falar de incongruência entre lado económico e lado jurídico? Que foi essa a impressão de ASCARELLI, DE GENNARO, GRECO e outros autores, já se disse também, para imediatamente se provar que ela é incompatível com a íntima natureza de um "negócio de escopo indirecto". Sendo filha, conceitualmente, da falsa consideração do negócio jurídico como meio instrumental e do fim económico das partes como motivo determinante a concluir o contrato, é-o também, historicamente, de se haver aproximado em demasia o negócio indirecto do acto imaginário do Direito romano. Restituído aquele à sua noção mais verdadeira e mais lógica, a "divergência entre meio e fim", que existe inegavelmente no confronto típico, vem a desaparecer em cada situação prática. E é esta ausência em concreto duma incompatibilidade em abstracto que, segundo vimos, distingue conceitualmente o emprego indirecto dos negócios tipificados.

Mas, se nem sequer podemos falar de "dissonância" ou de "divergência", como falar da *"fides"* e do "poder de abuso" característicos, na doutrina romana, do negócio fiduciário? RUBINO julga encontrar, como sinal de parentesco entre as duas espécies negociais, uma situação de *"fiducia"* em sentido lato [2], sobre a qual, como já frisei em nota, chega a fundamentar um problema específico dos "desenvolvimentos anormais da relação". Tal situação de *"fiducia"*, que vem a trazer

---

[1] *Op. cit.*, pág. 40.

[2] *Op. cit.,* pág. 102. "Os negócios indirectos em geral, pela própria natureza do procedimento mediato, apresentam quase sempre uma situação de perigo, pela qual é dado a uma das partes impelir a obtenção do resultado último, em que a outra parte tinha prevalente interesse. O negócio indirecto apresenta, por consequência, uma situação fiduciária em sentido lato, que, todavia, mais vem a aproximá--lo, talvez, dos chamados negócios de "confiança" que dos verdadeiros negócios fiduciários".

o negócio indirecto para a categoria dos negócios de confiança[1], revela-se na possibilidade de abuso que terá cada uma das partes em faltar ao prometido – isto é, em não utilizar o negócio-meio no sentido proposto – ou, pelo menos, no risco que sempre envolverá o procedimento de por qualquer motivo não vir a desembocar na finalidade indirecta que se pretende.

Ao imaginar um negócio indirecto com estas características, estou certo de que RUBINO pensou em tudo menos no negócio indirecto: pensou no negócio fiduciário e pensou no *"negotium mixtum cum donatione"*; foi perante estas figuras indecisas, se não mesmo estranhas à categoria examinada, que desenhou a ideia inadmissível de um negócio indirecto como negócio de confiança. É o que resulta, de resto, da simples análise dos números que dedicou aos tais "desenvolvimentos anormais da relação"[2]. Para exemplificar, cita dois casos de negócio fiduciário e três de *"negotium mixtum"*. Dos três últimos, um é de revogação da liberalidade, outro de rescisão pelo facto de o preço ser menos de metade do valor da coisa (o antigo Código italiano admitia a lesão enorme como vício autónomo) e outro, finalmente, respeita à garantia por evicção. Três hipóteses muito contestáveis de negócio indirecto, pois supõem a relevância jurídica do fim ulterior, de efeitos incompatíveis com a unidade disciplinar do negócio típico adoptado, se não mesmo com a sua tipicidade.

Ora, fundando-se em tão controversas situações, não é lícito a ninguém deduzir as linhas-mestras duma categoria. Pelo menos, não é

---

[1] RUMPF, *op. cit.*, págs. 54 e segs., fala especialmente dos negócios de confiança ou de *"fiducia"*. Distingue o A. as várias formas de supostos económicos que podem fundamentar uma relação de confiança: a "luta de interesses" (em que a oposição dos interesses em jogo está dominada por sentimentos egoístas: v. g., os negócios de permuta, de garantia e de crédito); a "fusão de interesses" (quando os interesses se combinam em negócios de cooperação: v. g., a sociedade e a parceria); o "ligamen ou coordenação de interesses" (fica a meio caminho entre a fusão e a luta de interesses, podendo servir de exemplo o arrendamento); "a representação de interesses" ou "actuação por conta alheia" (quando se confia ao cuidado de outrem um interesse económico próprio: v. g., o mandato, o depósito). A 1.ª e a 3.ª categorias, em princípio, não obedecem a relações de confiança, embora, em casos excepcionais, como na venda ou locação com correspectivo de favor, possam apoiar-se em relações de amizade. A 2.ª é normalmente baseada em relações de confiança. A última pode dizer-se que constitui sempre um típico negócio de confiança (Cfr. CARIOTA-FERRARA, *op. cit.*, págs. 4-6).

[2] *Op. cit.*, págs. 125-143.

Negócio jurídico indirecto

brilhante dizer que o negócio indirecto é um negócio de confiança se o paradigma foi um negócio fiduciário. Atente-se mesmo em que a designação "negócio de confiança" nem dentro da própria concepção de RUBINO se justifica: porque os negócios indirectos fiduciários não são *apenas* de confiança e os negócios indirectos não fiduciários não são *também* de confiança. O *"negotium mixtum cum donatione"*, por exemplo, ou é indirecto ou não é indirecto, ou é venda ou não é venda; mas, de forma alguma pode vir a enquadrar-se na categoria dos negócios de confiança de que falava RUMPF.

O verdadeiro negócio indirecto que, na própria voz de RUBINO, pela força germinativa que encerra desemboca na situação económica pretendida (embora, contrariamente ao que o autor pense, o resultado indirecto não se substitua nem no todo nem em parte ao intuito imediato do negócio-meio) [1], não precisa de recorrer ao conceito de *fides* para lançar a ponte sobre o desnível do meio para o fim. O seu fim ulterior é, em último termo, um produto *directo* e necessário, perante as circunstâncias de facto, do meio jurídico posto em acção. Só uma análise, portanto, menos ponderada pode ver no negócio indirecto alguma das marcas distintivas de uma *"fiducia"* como a entende a doutrina comum.

Mas também esta comum doutrina vem a dar uma noção técnica que parece não corresponder à mais profunda realidade do negócio fiduciário. A ideia de que o fim económico é *excedido* pelo meio jurídico, de que existe "a transmissão de um direito para um fim (económico) que não exige tal transmissão", na linguagem de ENNECCERUS [2],

---

[1] RUBINO, *op. cit.*, pág. 22, escreve: "O negócio indirecto tem no seu íntimo um princípio germinativo por meio do qual, tão depressa seja realizado totalmente, logo desemboca numa nova situação". E, na pág. 23, define assim o "resultado indirecto": "um resultado que tem um perfil jurídico exactamente individuado, estranho ao negócio adoptado no caso concreto, e que, quando este negócio tiver recebido completa execução, se substituirá praticamente no todo ou em parte ao resultado imediato dele".

[2] *Tratado*, cit., I t., II vol., § 139.°, pág. 81. Para ENNECCERUS o negócio fiduciário é realmente querido. O fiduciário (*"Treuhänder"*) deve converter-se em proprietário da coisa, credor do crédito transmitido ou endossado, mas portar-se economicamente como administrador ou credor penhoratício, deve ter a coisa, em suma, nos termos da "confiança" depositada nele. Estes negócios seriam um exemplo da relevância pura e simples do intento jurídico (cfr. nota 3 à pág. 54 do I vol.), ideia que, juridicamente, pode estar de acordo com certa tradição alemã (dos actos materialmente abstractos), mas não pode aceitar-se nos Direitos latinos. Para estes, a trans-

é uma ideia que, segundo GRASSETTI, "nem toca o cerne do negócio nem possui verdadeiro equilíbrio com a realidade"[1]. O meio jurídico não se revela excessivo, mas "é o *único suficiente* para a obtenção do próprio fim". No exemplo citado, a transferência da propriedade é necessária para que o efeito pretendido se produza. Um mandato com escopo de administração não bastaria. De desproporção só é possível falar-se, no dizer ainda de GRASSETTI, não atendendo ao excesso dos poderes conferidos, mas à sua definitividade. A propriedade transferida é absoluta, definitiva, quando, para conseguimento do fim, era bastante que fosse temporária. Mas não é neste sentido que MESSINA e CARIOTA nos falam de incongruência, pois, até perante a propriedade resolutivamente condicionada de SCHULTZE, dizem haver desproporção: uma atribuição patrimonial não requerida pelos intentos práticos, para o primeiro, ou um proprietário que deveria, v. g, ser simples mandatário, para o segundo[2]. O característico do negócio fiduciário não pode ver-se, pois, na "incongruência ou não homogeneidade" de REGELSBERGER, que não existe; mas no "poder de abuso" derivado de ser a *fides* um elemento metajurídico, de "só do leal comportamento do fiduciário, e não de rigorosos meios de coacção legal", se esperar a *plena* obtenção do escopo prático do negócio[3].

Porém, sendo embora a *fides* um elemento metajurídico, não resta dúvida de que ela é necessária para equilibrar uma situação juridicamente desnivelada. Quer dizer: transferir em pleno uma coisa para garantir uma dívida ou para efeitos de administração, só pode entender-se, em face da lógica, através da confiança na palavra dada ou na lealdade do adquirente. Como é que uma transferência definitiva produz praticamente efeitos como se fosse só um mandato ou só uma garantia? Graças à *fides* que liga o adquirente. Ora, esta força que consegue fazer de um proprietário pleno praticamente um mandatário ou um hipotecário, que consegue *vincular* a propriedade aos limites do crédito, superando o "contrassenso" jurídico que representa equiparar os dois termos – é que se chama *"causa fiduciae"*. Nela radica o negó-

---

missão, ou é querida também economicamente, ou não releva, salvo na hipótese excepcional da abstracção, onde, todavia, a causa económica se manifesta.

[1] *Del negozio fiduciario e della sua ammissibilità...*, cit., págs. 348-349.

[2] *Ibidem*, págs. 349 e segs.

[3] *Ibidem*, pág. 355.

cio fiduciário de tipo romanístico e só com base nela pode construir-se solidamente a teoria deste negócio.

Mas, sendo assim, o negócio fiduciário não é, como mostra CROME [1], e na sua esteira SEGRÈ [2], actuável através de um negócio causal. Dos contratos com eficácia real, capazes de produzirem uma transferência de propriedade, os principais são a doação e a venda. Porém, a doação é incompatível com a *"causa fiduciae"* Dar para *só administrar* ou *só garantir* é realmente *não dar*. O *"animus donandi"* envolve um efectivo e definitivo enriquecimento alheio, não se concilia com a intenção simultânea de que esse enriquecimento seja definitivo só em vista de ser temporário. Porque é assim: o fiduciante quer a transferência absoluta *como meio* para realizar alguma coisa que *precisa* dela e definitivamente, mas só enquanto situação transitória. O fiduciante, no exemplo citado do *"trust"*, quer a transferência plena, para conseguir o fim de protecção dos bens; querendo-a plena, tem de a querer *malgré tout* definitiva, mas só enquanto, também é verdade, essa situação não tem um carácter irremediável, pois ele estabelece fiduciariamente o direito de resgatar o que transferiu.

Não só com a doação a *"causa fiduciae"* é incompatível; também o é com a compra-e-venda. Se a compra-e-venda tiver fins de garantia e se admite o pacto de retro ou de resgate – o que não sucede na lei portuguesa – então só por si ela desempenha aquele escopo, sem necessidade de intervir uma ideia de *"fides"*. Será uma situação idêntica, salva a causalidade da transferência, à *"fiducia"* de SCHULTZE, RUMPF e SCHONY, como a analisámos no começo deste número. Se a compra-e-venda desempenha fins de garantia e se estabelece um pacto *"de retrovendendo"* ou *"de retroemendo"* com efeitos puramente obrigacionais, a *"causa fiduciae"* vem a intervir realmente, mas desprovida do seu total sentido jurídico, para assumir uma natureza psicológica e de singelo significado económico.

Nessa venda para garantia, a dívida *nunca* chegou a existir juridicamente [3]. O que houve, em face do Direito, foi um contrato oneroso

---

[1] *System des deutschen bürgerlichen Rechts*, I, Tubinga-Leipzig, 1900; cit. por GRASSETTI, *Rillevanza dell'intento giuridico…*, cit.

[2] *Op. cit.*

[3] CARIOTA-FERRARA (*Op cit.*, págs. 143 e segs.) interpreta a realidade de maneira algo diversa e algo artificiosa. Diz que na venda com escopo de garantia o preço

de que resultou entrega de uma quantia como preço ao alienante e de uma coisa em propriedade ao adquirente; embora, no aspecto económico, essa venda fosse realizada *só* como garantia do desembolso feito por uma das partes, que não se contentava com um mútuo em sentido jurídico, seguro por simples penhor ou por simples hipoteca. Se o alienante *vende* é para obter uma quantia que o mútuo normal lhe não concede. Se o adquirente *compra* é para dar ao desembolso a título provisório uma garantia que a posição de simples credor penhoratício ou hipotecário não logra inteiramente satisfazer. Todavia, o desembolso juridicamente funciona como preço, a situação é equilibrada aos olhos da lei, a venda foi real e tão real que o alienante não pode ser obrigado a volver o preço da coisa e readquiri-la, quando estiver em condições de o fazer. Não há, desta sorte, aos olhos do Direito, um contrassenso lógico que importe o recurso a uma ideia de *"fiducia"* em sentido técnico. Simplesmente, recuada na trama dos motivos, como posição psicológica determinante – no sentido que demos ao fim indirecto –, existe uma intenção fiduciária, desprovida, por força da sua adaptação à compra-e-venda ou à função típica de permuta, do significado jurídico preponderante, quiçá desempenhado na transmissão *"fiduciae causa"*. Parafraseando FERRARA [1], que, para o negócio fiduciário, dizia haver quanto muito uma simulação económica mas nunca uma simulação jurídica, eu direi, neste caso, haver quando muito uma situação fiduciária em sentido económico, mas nunca uma situação fiduciária em sentido jurídico. Na hipótese da venda com escopo de garantia, não será, portanto, correcto falar de negócio fiduciário. Mas é possivelmente verdadeiro falar de negócio com escopo indirecto: de uma compra-e-venda com o fim económico de garantia, sem prejuízo da função típica de permuta característica do negócio adoptado.

CROME e SEGRÈ parecem ter, por conseguinte, razão quando invocam como necessária ao negócio *"fiduciae causa"* a não causalidade

---

da coisa vem a compensar-se com o valor do mútuo, quer dizer, antes da venda, pressupõe a existência, e existência jurídica, do empréstimo. Procura ele, desta maneira, subtrair ao império da simulação casos que todavia não podem fugir a este domínio. Assim, quando a venda foi realizada tempo depois de se contrair a dívida, e tempo depois de se haver mesmo constituído outra garantia real. No espírito das partes subsiste a ideia do mútuo, de tal modo que vêm ou reclamá-lo aos tribunais ou contestar com ele a recusa em receber o seu quantitativo e a definitiva posse da coisa.

[1] *Simulazione*, cit., pág. 59.

típica do contrato translativo. Mas terão igualmente razão para falar de um necessário negócio abstracto? GRASSETTI [1], tentando uma *"mise au point"*, como ele mesmo diz, sobre a causalidade do negócio fiduciário, procura tolher o passo a SEGRÈ, que, nesta ordem de ideias, quase excluía completamente este negócio dos sistemas jurídicos latinos.

Mesmo invocando a abstracção do contrato translativo – fácil para os alemães por conceberem uma *"Auflassung"* acompanhada de "negócio de destinação a escopo" –, era preciso, como mostrou CARIOTA, não se entender a abstracção em sentido absoluto, pois a causa da atribuição é ainda de algum modo relevante nos negócios abstractos. Ao falarmos destes negócios, foi dito que, para a ciência germânica, embora se esqueça juridicamente o "convénio de fim", há sempre meio de invocar um locupletamento injusto para atacar uma atribuição sem motivo ou imoral; e, para a ciência latina, que o negócio abstracto era ainda causal mesmo juridicamente, e, se razões de celeridade mercantil exigiam a presunção *iuris tantum* da causa, essa presunção *iuris tantum* podia, como sempre, ser elidida por um método semelhante ao das *"condictiones"* romanas. A diferença prática entre os dois sistemas é agora palpável: no germânico, como juridicamente a abstracção é *material,* basta provar a existência dum motivo económico lícito – como a *"fiduciae causa"* – para o enriquecimento injusto não ser invocado e o negócio translativo subsistir; no latino, como a abstracção é *processual,* torna-se necessário provar, uma vez contestada a presunção, e a fim de que o negócio translativo abstracto subsista, não só a existência duma *"causa fiduciae"*, mas a sua admissibilidade como causa idónea duma atribuição patrimonial. Por isso, a ideia de SEGRÈ vem a perder-se neste beco sem saída: o negócio fiduciário só pode actuar-se através de um negócio abstracto; o negócio abstracto exige uma causa translativa real subjacente; ora as causas translativas-reais só podem ser causas típicas e a *"causa fiduciae"* não é causa típica. Logo: nem sequer em matéria cambiária seria, pois, admissível, como julgava SEGRÈ, o negócio fiduciário, dentro dos sistemas jurídicos latinos.

GRASSETTI [2] tenta fugir a este resultado cortando cerce o nó górdio: para ele, o negócio fiduciário é um negócio atípico com eficácia translativa real ou real-obrigacional que encontra justificação numa *"causa*

---

[1] *Il negozio fiduciario...*, cit.

[2] *Del negozio fiduciario...*, cit., e *Rilevanza dell'intento giuridico...*, cit.

fiduciae". Para concluir deste modo, ao contrário de SEGRÈ, que se vinculava ao *numerus clausus* das funções típicas negociais, julga possível mostrar que, à semelhança dos negócios simplesmente obrigacionais, os negócios reais *quoad effectum* podem ser tanto típicos como atípicos. Já fiz referência, ao tratar da liberdade contratual, a esta tentativa de GRASSETTI. Não vou demorar-me a descrevê-la de novo; mas direi, entretanto, que, admitindo-se a possibilidade de causas translativas atípicas, a *"causa fiduciae"*, como um "dar para haver de rehaver", na frase de GRASSETTI [1], explica, v. g., a figura do *"trust"* (transmissão de domínio com escopo de administração), com mais aceitabilidade jurídica do que a *"causa mandati"*, insusceptível de justificar uma transferência plena, e com menos artifício lógico do que a *"causa credendi"*, que se traduz sobretudo num "dar para rehaver" não muito compatível com a situação audaciosa e periclitante do negócio fiduciário. Talvez tenha, assim, razão o autor da **Rilevanza dell'intento giuridico...**, quando escreve a páginas 16 deste trabalho, referindo-se à célebre frase de POMPÓNIO – *"minus est actionem habere quam rem"*: "Há certos casos da vida em que, para dados efeitos e sob certas condições, é melhor haver de haver que haver simplesmente, como quando ser proprietário de uma coisa é perigoso para a segurança do direito de propriedade", etc.

Por qualquer forma, ou tenha o negócio fiduciário de construir-se como um negócio abstracto incompatível com os sistemas latinos, ou venha a aceitar-se com GRASSETTI o *numerus apertus* dos contratos com eficácia real e, portanto, a causalidade atípica do negócio fiduciário, ou ainda, como já alguém intentou mostrar [2], se concebam negócios fiduciários abstractos e negócios fiduciários causais atípicos – funcionando, além, a *"causa fiduciae"* como causa de atribuição e aqui como função determinante do negócio causal –, por qualquer forma, o que se torna patente é não dever, em boa lógica, integrar-se o negócio fidu-

---

[1] *Rilevanza...*, cit. pág, 16.

[2] Por especial obséquio do A., foi-me possível consultar um trabalho ainda inédito de J. B. JORDANO sobre *negócios fiduciários*, onde se pretende que a *"causa fiduciae"* pode surgir quer em negócios abstractos, como causa de atribuição, quer em negócios causais atípicos como causa do negócio, quer dissimulada em negócios causais típicos como a compra-e-venda. Na venda com escopo de garantia, sendo simulado o negócio típico, haveria, para este A., um negócio translativo abstracto *"fiduciae causa"*.

ciário dentro do negócio indirecto. DE GENNARO suspeitava-o, de resto, ao escrever que, "verdadeiramente, segundo uma construção dogmática mais rigorosa, os negócios fiduciários constituiriam não uma categoria de negócios indirectos, mas uma figura que lhes é contraposta"[1]. Também CARIOTA-FERRARA, admitindo que os negócios fiduciários envolviam transferências abstractas, tinha de concluir da mesma forma, dogmaticamente, e, na verdade, se veio a consentir no referido enquadramento, foi a título de "necessidade do sistema" como fizera DE GENNARO: a título de que, aliás, se vinha a excluir inteiramente o negócio fiduciário dos Direitos latinos, que não admitem os negócios abstractos senão em casos muito contados e, mesmo então, supondo a existência de uma causa de atribuição idónea que confirme a presunção *iuris tantum* do sistema jurídico.

Mas a necessidade de admitir o negócio fiduciário nunca justifica, por certo, a destruição da própria natureza deste negócio. Supor um negócio fiduciário causal só se afigura possível se admitirmos também com GRASSETTI a atipicidade do contrato translativo. De contrário, poder-se-á conseguir talvez um negócio aparente de transmissão, uma *"imaginaria venditio" "fiduciae causa"*; jamais uma verdadeira venda que, aparecendo ao Direito como situação equilibrada, reclame *juridicamente* um desequilíbrio onde venha a poder actuar a confiança das partes.

6. Na distinção do negócio indirecto das figuras empiricamente mais afins, importa, por último, tocar no problema da simulação, assentando rigorosamente em certas ideias que, a diversos propósitos, já foram esboçadas.

O que há de semelhante entre o negócio indirecto e o negócio simulado?

Sobre a íntima estrutura do processo simulatório, três principais teorias se têm procurado impor na doutrina. Uma considera a simulação um produto de duas declarações simultâneas e verdadeiras sobre o mesmo objecto, de tal modo que se anulam reciprocamente. Outra vê na simulação um acto fictício envolvendo, com o fim de iludir terceiros, no seu invólucro lícito, um acto simulado que é, em última análise, o que se pretende realizar. Há uma divergência intencional entre a von-

---

[1] *Op. cit.*, pág. 75.

tade real e a vontade declarada. As partes dizem ter concluído um negócio de compra-e-venda, quando, em derradeiro termo, concluiram um negócio de doação. Finalmente, outra teoria, assentando numa óptica romanística do negócio jurídico, pretende que não existe, no processo simulatório, um acto fictício ocultando um verdadeiro acto, mas que o negócio declarado é realmente querido, embora só como meio instrumental para consecução de objectivos económicos de diverso teor.

A primeira doutrina, de KOHLER, MESSINA e SEGRÈ [1], foi rapidamente vencida pela de FERRARA (2.ª doutrina) [2]. Com efeito, a análise do processo simulatório revela que pelo menos um dos negócios não foi querido pelos declarantes. A única possibilidade de contestar a doutrina da divergência é, precisamente, negar que se tenha pensado em *dois negócios,* é provar que, no fim de contas, as partes quiseram um único acto jurídico. E foi isto o que tentou BETTI (3.ª doutrina) [3], vendo na simulação um abuso da instrumentalidade do negócio jurídico, um emprego do acto como meio de se alcançarem objectivos económicos não inseridos na sua causa.

A tese deste romanista não pode ter aplicação à dogmática moderna, visto partir de uma visão do acto jurídico à romana, antagónica, no seu estreito formalismo, com a amplitude dos moldes negociais da actualidade. Talvez deva, na verdade, entender-se que o Direito clássico ligava os efeitos jurídicos ao conteúdo verbal das declarações, às palavras ritualmente proferidas, e, desta sorte, o grau de voluntariedade que no fundo da manifestação declarativa se encontrasse não tinha interesse para anular ou confirmar a produção desses efeitos; a divergência entre o querido e o proferido seria para o Direito irrelevante. Mas, nos sistemas jurídicos modernos, a produção das consequências legais quase sempre, como norma geral, depende da seriedade da declaração. O negócio jurídico é sobretudo a expressão dum querer de efeitos legais, e por isso a existência de erro, dolo, coacção, simulação, reserva mental, tudo o que impede a clara e nítida reprodução do conteúdo da von-

---

[1] *Obs. cits.*

[2] *Simulazione,* cit.

[3] *Consapevole divergenza della determinazione causale nel negozio giuridico (Simulazione e riproduzione "dicis causa", "fiduciae causa"),* "Buletino dell'Istituto di Diritto Romano", N. S. ano XLI, 1934, pág. 220 e seguintes. Cfr. tb. *Istituzioni di diritto romano,* I, "Parte generale", 2.ª ed., 1942.

tade tem para o Direito o mais fundo interesse, e constitui para o acto jurídico tantas vezes um problema de vida ou de morte. Podemos dizer que, actualmente, ao contrário do sucedido em Roma, o negócio jurídico é edificado a partir da vontade e não a partir da forma. Esta como que transpira das necessidades de certeza que todo o modo de querer juridicamente implica; não é imposta como algo de exterior, mas decorre das reais exigências de cada espécie de negócios jurídicos.

Assim entendida, com esta raiz fundamentalmente voluntarista, a declaração tem, para nós, um significado incompatível com a doutrina de BETTI, devendo considerar-se mais correcta e mais consentânea com a natureza do negócio jurídico a teoria da divergência entre a vontade real e a vontade declarada que FERRARA propugnou na *Simulazione*.

Ora, em face desta última, o negócio indirecto destaca-se com facilidade da simulação. A única semelhança que, à primeira vista, pode aparentá-los é a não coincidência, em abstracto, do fim económico pretendido com o escopo funcional do negócio adoptado, tendo em conta que o fim indirecto é por si mesmo apto a constituir a função determinante dum negócio típico ou atípico diverso. Uma superficialíssima visão das coisas poderia levar o intérprete a considerar, em face de um suposto de emprego indirecto, a existência de dois actos jurídicos – o negócio típico adoptado e o negócio dirigido ao fim ulterior, funcionando aquele como simulado e este como dissimulado.

Mas tal juízo só pode ser feito por quem desconheça ou a natureza do processo simulatório como lucidamente o descreve FERRARA ou a íntima fisiologia do emprego negocial indirecto como se oferece na realidade e na lógica. Simular, juridicamente, significa aparentar alguma coisa que não é; a simulação negocial consiste em aparentar um negócio que não existe, quer sob as roupagens do acto simulado se oculte um negócio diferente quer não se oculte coisa nenhuma. Há, assim, a realidade que se *declara* (vontade declarada) e a realidade que se não declara, mas que efectivamente existe (vontade real), tanto importa se traduza na existência dum acto jurídico diverso (simulação relativa) como na ausência de qualquer negócio jurídico (simulação absoluta). A raiz da simulação está, pois, em a efectiva consistência da vontade residir algures que não no acto declarado; o eixo do negócio, a sua direcção em via psicológico-jurídica, vai dar a um ponto distinto daquele ilusório "centro de gravidade". Quer-se, mesmo juridicamente, não querer ou querer outro modo. Não é o caso de se querer juridicamente o que se diz e economicamente o que se esconde, se, de resto, é possível querer-se juridicamente alguma coisa sem a querer também na sua consistência prática. O acto simulado, se é acompanhado de alguma vontade, é da vontade de "fingir" dolosamente aos olhos do Direito. As partes sabem de modo positivo que o acto não tem qualquer valor real; que é uma mentira quer prática quer jurídica. E por isso mesmo lhes convém; só porque não é mais do que um "fingimento", uma "mentira", que pega como verdade naquele momento necessário, é que chegam a querê-lo e a adoptá-lo na defesa abusiva dos seus interesses. De resto, a contra-declaração salvaguarda a verdadeira vontade, não deixando que a nuvem se tome por Juno, uma vez passado o momento da comédia jurídica.

Mas o negócio indirecto está para com a vontade numa relação absolutamente distinta. No fundo, não há problema especial de simulação para o negócio jurídico indirecto, embora deva reconhecer-se que a heterogeneidade aparente da formação negocial ajuda com certa facilidade a pensar num tal expediente abusivo da prática.

Quanto à simulação absoluta, é, porém, notório que nenhum motivo assiste de confusão. Esta só virá, por certo, a estabelecer-se no confronto do fim indirecto com a função típica do negócio-meio, confronto que leva a suspeitar de que atrás do acto jurídico declarado exista um outro acto jurídico que se endereçe àquele fim ulterior. Mesmo numa visão empírica, portanto, só a hipótese de simulação relativa pode ter cabimento. Simplesmente, haver simulação relativa é não haver, mas com firme certeza, um negócio jurídico de escopo indirecto. O processo simulatório exige uma divergência intencional entre a vontade real e a vontade declarada. No negócio indirecto, as partes dizem que pretendem realizar um negócio típico, porventura com certas alterações transparentes no suposto-de-facto; mas querem efectivamente realizá--lo, na plenitude das suas notas essenciais e de uma função económico--jurídica determinada.

Aqui está, a meu ver, a mola real do negócio indirecto: ser querido o negócio-meio na sua função económico-jurídica determinada, pois só em nome desta funcionalidade subsistente é que se transpõe o fim ulterior do plano também funcional em que normalmente vive para o campo psicológico dos motivos. A vontade das partes dirige-se, no negócio indirecto, a querer, juridicamente, *só* o negócio típico declarado, ou com mais realidade, a *excluir* toda e qualquer determinação jurídica que não seja aquela. Claro que esta determinação jurídica envolve também uma determinação económica. Ao contrário do que parece supor FERRARA, o negócio indirecto não revela qualquer "divergência entre lado económico e lado jurídico", se por esta divergência se vem a entender que no esquema do negócio adoptado cabe um conteúdo económico incompatível, em concreto, com a função do negócio, substituindo praticamente o conteúdo económico *necessário* à subsistência da função típica como tal. Assim, no depósito com escopo de garantia, a função de conservação específica do depósito, com todo o sentido prático que comporta, tem de ser afirmada para que o negócio continue a ser típico e não venha a transmudar-se numa formação negocial inominada. O fim de garantia, buscado ulteriormente através daquele acto jurídico, não só deve estar de acordo, em cada suposto real, com a função típica de conservação, mas deve ser produzido por intermédio dela, numa dependência concretamente necessária; e deste modo parece, na verdade. Outrossim, por exemplo, na venda com escopo de garantia. O intuito de garantia é prosseguido através da função de permuta própria do negócio actuado. Só pela verdadeira permuta da coisa pelo preço, a garantia do "crédito" em sentido económico se verifica, pois só assim, na hipótese vertente, o "crédito" em sentido económico vem a ter lugar (por hipótese, o "mutuante" não desembolsaria o dinheiro sem aquela segurança que a venda lhe concede).

Talvez por influência do FERRARA, que, por seu turno, foi perigosamente influenciado pelo parentesco estabelecido entre negócios aparentes e negócios fiduciários e entre ambos eles e o negócio indirecto, os tratadistas desta figura negocial têm glosado, como vimos, a ideia de "divergência" entre a função típica e o escopo determinante. Suponho que o bastante se disse para rebater esta doutrina. Mas convém anotar, por agora, que ela teve parte na hesitação que já em FERRARA e sobretudo em GRECO denuncia a linha fronteiriça dos negócios indirectos com os relativamente simulados. Parece haver uma falta de convicção ao estabelecer-se a diferença entre as duas hipóteses. GRECO chega a escrever que "existe qualquer ponto íntimo de contacto, que poderia induzir-nos a fazer da simulação relativa uma espécie característica, embora autónoma, da categoria geral do negócio indirecto". E acrescenta que na simulação relativa também se pretendem alguns aspectos da disciplina do negócio simulado para conseguimento do escopo do negócio dissimulado: assim, na doação simulada em venda, da venda se pretenderia alguma consequência jurídica, qual fosse a da transferência de propriedade. Não deixa, porém, de reconhecer que sempre uma diferença subsistirá: ao passo que o negócio indirecto implica a escolha verdadeira de um negócio típico que procura adaptar-se ao escopo económico desejado, a simulação "só ficticiamente é que é empregue pela coincidência de algum dos seus efeitos com os do negócio real, e são os efeitos que se querem projectar e tornar operativos também em relação a terceiros" [1].

Não pode recusar-se, na verdade, que os simuladores vão fingir este ou aquele acto jurídico consoante é mais ou menos capaz de permitir a produção normal dos efeitos do acto querido e de, ao mesmo tempo, criar a convicção de que foi por sua própria energia que eles foram provocados. Assim, no exemplo citado por GRECO, a venda foi escolhida porque, permitindo a doação verificar-se, faz crer aos olhos de terceiros que foi um acto a título oneroso que se praticou. Não escolheriam as partes um acto sem efeitos translativos, porque ninguém poderia crer que tais efeitos se produzissem através dele. Mas aceitar isto não é aceitar que a função prática querida e realmente produzida na venda simulada seja no todo ou em parte a função da venda: no todo, não é, porque não existe preço real; em parte, também não, pois uma função típica não pode cindir-se em partes, sendo, em cada negócio, sempre e toda uma.

Ora neste querer ou não querer da função normal e essencial do negócio declarado é que radica a diferença entre a simulação relativa e o negócio indirecto. Na simulação relativa, a única coisa que se quer de essencial são os efeitos próprios do acto dissimulado. No negócio indirecto, o que há juridicamente de preponderante, a única coisa a que se querem ligar efeitos de Direito, é o negócio típico que se pôs em acção. Na ordem dos efeitos prático-jurídicos relevantes, são os do negócio-meio que preponderam, pois, sem a função típica do negócio se produzir, o próprio fim indirecto – enquanto o jogo dos interesses se mantiver idêntico – permanece inacessível a cada uma das partes.

Cabe dizer, por último, que, ao contrário do procedimento simulatório, não é essencial ao emprego indirecto dos negócios típicos a intenção do enganar terceiros. Já vimos, de resto, que nem a fraude à lei aqui se verifica com carácter de necessidade, e por isso mesmo é que a intenção de ocultamento ou de "esquivamento" não acompa-

---

[1] *Op. cit.*, pág. 780.

nha, regra geral, esta figura, em princípio lícita e válida. O recorte do emprego indirecto é um recorte disciplinado, devendo considerar-se o acto *contra legem* também em relação a ele como alguma coisa de patológico, de circustancial, que tem um sentido de exasperação em face das virtualidades comuns, embora não um sentido negativo, como sucede com a simulação em qualquer das formas.

7. Perante cada uma das figuras mais propícias a confundirem-se com o negócio indirecto, saiu este são e salvo, livrando a independência e livrando a honra: a independência porque não chegou a subordinar-se à "simpatia" de qualquer vizinhança acidental; a honra, porque atravessou incólume o desfiladeiro da simulação relativa.

Mas não ficam por aqui os seus trabalhos. A última prova falta ainda, a que porá definitivamente em jogo a sorte como criatura auto--regida deste exemplar dos negócios jurídicos. Sabemos, na verdade, que se distingue do negócio inominado, do negócio misto, do negócio abstracto, do negócio fiduciário, da simulação. Terá, porém, a virtualidade de se impor como um ente jurídico de natureza marcada e autónoma? Háverá motivo bastante para falarmos de uma categoria jurídica dos negócios indirectos?

Voltando ao conceito proposto, o que surge de peculiar ao intérprete é a existência dum fim indirecto, com capacidade funcional em abstracto, que se amarra à função típica do negócio para o conduzir, em via transversa, a resultados que normalmente lhe não dizem respeito. Ora, se, como intentei mostrar, a função típica se mantém não obstante o procedimento indirecto, não será pelo caminho do negócio-meio que poderemos chegar a *ferir* a nota de individualidade marcante que caracteriza a formação examinada. Semelhante nota terá, pois, de vislumbrar-se no próprio fim ulterior inserido no negócio. O problema de se elevar a categoria jurídica autónoma esta figura negocial é, assim, o problema da relevância do escopo indirecto.

Mas também já se sabe que para haver emprego indirecto de um negócio típico é necessário que o fim ulterior se encontre subordinado ao conjunto material e formal do negócio adoptado; que tenha sido transplantado da posição objectiva e mesmo típica (se, por acaso, constitui a função normal doutro tipo legislativo) que assume abstractamente, para uma posição subjectiva, de simples causalidade psicológica, não de causalidade jurídica. Deste modo, é como problema de relevância dos motivos [1] que o problema do seu relevo jurídico se apresenta ao intérprete.

[1] TABORDA FERREIRA distingue entre *móbeis,* de natureza essencialmente afectiva, *simples motivos,* que englobam os móbeis e todas as representações das circunstâncias criadoras do condicionalismo solicitador da acção, e *motivos-fins,* ou "as representações intelectuais que determinam imediatamente o processo psíquico da vontade".

A relevância dos motivos tem-se tentado até hoje por vários caminhos: *a*) dando-se-lhes valor directamente; *b*) dando-se-lhes juridicidade através da teoria da causa; *c*) dando-se-lhes juridicidade através da teoria de pressuposição.

a) – *Directamente:* Tanto os causalistas como os anti-causalistas. Se aqueles afastam os motivos do conceito de causa, fazem todavia sentir a sua importância; assim DEIANA e assim CARNELUTTI, que, por exemplo, escreve: "O dogma da irrelevância dos motivos é, pelo menos enquanto se lhe atribui valor geral, uma verdadeira superstição". Por outro lado, certos anti-causalistas como DABIN dizem abertamente que o conceito de causa deve ser mantido, se se entender por ela "o motivo que, por cima do conteúdo formal do contrato, levou cada uma das partes a contratar".

b) – *Teoria da causa:* De entre os defensores do conceito clássico de causa há a distinguir CAPITANT com a sua "teoria da causa adjunta", IONASCO, com a sua "teoria da causa dupla", em que atribui dois sentidos a esta palavra: o sentido clássico e o de motivo, e JOSSERAND, que proclama a relevância dos motivos "com coragem verdadeiramente revolucionária". Também MAURY atribui à causa duas funções: uma de protecção individual e outra de protecção social; enquanto meio de protecção social, a causa é equiparada aos motivos. Nos que abandonam totalmente o conceito tradicional de causa, para a identificarem com os motivos: RIPERT, MALVAGNA, MOTTA, e, entre nós, talvez CUNHA GONÇALVES.

c) – *Teoria da pressuposição:* Figura desenhada por WINDSCHEID como o estado particular de espírito em que a vontade do sujeito contrai a obrigação, que não seria assumida se se reconhecesse falso o convencimento de que se partira e em que particularmente se firmava o sujeito, ao emitir a declaração. Para TABORDA "todos os motivos são pressuposição, embora nem todas as pressuposições sejam motivos", como no caso da cláusula *"rebus sic stantibus".*

No Código Civil português, a lei atribui relevância aos motivos quando, através de cláusulas, se inscrevem no próprio corpo do acto. Assim, em matéria de erro no contrato e de testamento. Só terá sido dado valor autónomo aos *motivos-fins* nos arts. 692.º e 1746.º (Cfr. T. FERREIRA, *op. cit.,* págs. 135-145).

A doutrina comum pronuncia-se, entretanto, pela irrelevância dos motivos, desde que não tenham um conteúdo mais ou menos apreensível, pois de contrário levar-se-ia ao campo do Direito a maior insegurança. O Prof. MANUEL DE ANDRADE vem a seguir, neste domínio, o pensamento do Código alemão, que só atribui relevância aos motivos quando eles fazem enfermar de imoralidade ou de ilicitude o conteúdo *global* do acto jurídico. (Lições citadas, parte dactilografada: "Declaração de vontade", págs. 178-180, ou *op. cit.*, II, pág. 346 e segs.).

Antes de entrarmos, porém, na questão, cumpre investigar o que se entende por categoria jurídica, qual o critério que pode servir de base para a estabelecer dogmaticamente. A categoria é um produto da elaboração doutrinal em face dos fenómenos que interessam ao Direito. Assim como as ciências positivas, perante o "caos" da natureza não sujeita ainda a reflexão, agrupam e classificam em quadros lógicos definidos os fenómenos portadores do mesmo *sinal* quântico ou físico ou químico ou biológico, etc., também a ciência do Direito, postada em frente da "matéria" social solicitadora de um regime, procura, com o objectivo de tornar este mais fácil e mais acertado, descobrir as relações de intimidade que aparentam as situações da vida prática, organizando grupos de classificação com figuras abstractas dotadas da mesma unidade lógica e da mesma produtividade jurídica. Por exemplo, na categoria dos contratos mistos, reunem-se todas aquelas formas negociais que apresentam a contextura indicada – pluralidade e paridade prestacional –, e, por esse motivo, têm direito a uma disciplina específica, perante a disciplina de categorias já previstas, como a dos negócios típicos e a dos negócios inominados. É o que afirma DE GENNARO: "A consideração como categoria jurídica dum certo grupo de contratos postula a exigência de unidade lógica e identidade de consequências"[1]. Portanto, para estarmos, também agora, em face duma categoria com valor dogmático temos de pedir duas coisas a cada um dos negócios indirectos: o mesmo sinal ou característica jurídica, que o autonomize no confronto das figuras já estabelecidas; a mesma disciplina particular, que revele a eficiência própria, no raio da causalidade jurídica, da figura que pretendemos estabelecer.

Passando em revista a doutrina, há dois autores, GRECO e ASCARELLI, que, impressionados com a divergência, em abstracto, entre o fim ulterior e a função típica do negócio, atribuem àquele carácter jurídico frisante e elevam o negócio indirecto a categoria dogmática.

ASCARELLI[2] funda-se no relevo específico do fim indirecto; e, embora adira, quanto ao problema da relevância dos motivos, à comum atitude negativista, todavia, comenta: "Poderia observar-se que a qualificação como indirecto de determinado negócio vem a depender de

---

[1] *Op. cit.*, pág. 13.

[2] *Il negozio indiretto...* cit. e *Contratto misto...*, também cit. Posteriormente, o autor acabou por desviar-se desta posição, como veremos adiante.

motivos a que se concede relevância jurídica. A observação seria exacta, mas não constitui uma crítica. A distinção entre a causa e os motivos é, de resto, geralmente aceite, não precisando de ser defendida, mas, de facto, não implica a constante irrelevância dos motivos no mundo jurídico"[1]. Alega, depois, a título de prova, numerosas disposições legislativas, incluindo a tocante às doações remuneratórias, a hipótese de fraude à lei e as normas materiais, o facto de a comercialidade dos actos relativamente comerciais depender, em alguns casos, da intenção que os ditou (revenda, lucro sobre imóveis) ou ainda de elementos económicos, como o exercício sob a forma de empresa, a conexão (que se distingue da acessoridade, em sentido jurídico) com outros actos de comércio, etc. Faz apenas a indicação de que, pelo menos na maioria dos casos, o motivo precisa de ser conhecido do outro contraente.

GRECO[2], por sua vez, dá explicações diversas da relevância do negócio indirecto conforme as hipóteses que este pode envolver. Não havendo alterações ao negócio-meio, reconhece que o emprego indirecto "pode apresentar um interesse menor do ponto de vista dogmático, pois que, segundo o conhecido princípio da normal irrelevância dos motivos, ele tende a confundir-se com o negócio directo". Mas, em todo o caso, esta hipótese encerra ainda para GRECO algum valor no aludido aspecto dogmático, qual seja o de explicar o carácter fraudulento e a ilicitude de um negócio actuado nos termos da lei, ou como pode ser ilícita a adopção duma *causa negocial* que a lei, todavia, prevê e admite[3]. Havendo alterações ao negócio-meio, estas alterações manifestam a relevância do fim ulterior, justificando uma disciplina particular, ao lado da que é própria do negócio directo.

Mediando entre as ideias de ASCARELLI e GRECO e a posição negativa dos restantes autores, RUBINO[4] dá uma explicação muito original do negócio examinado. Em princípio, ele situa-se na corrente dos negativistas, dos que afirmam a irrelevância dogmática do procedimento indirecto. Mas acaba por concluir, analisando o problema dos motivos, que este "fenómeno jurídico" é capaz de consequências espe-

---

[1] *Contratto misto...*, pág. 470.
[2] *Op. cit.*
[3] *Op. cit.*, págs. 773-774.
[4] *Il negozio giuridico indiretto*, cit., particularmente pág. 109-114.

ciais pelo menos *inter partes*. Como? Para RUBINO, importa distinguir entre os motivos que constituem "aquela parte da vontade que deriva do imediato reflexo subjectivo da causa, que representa a parte típica e formal do consenso, determinando a atracção no tipo e a produção imediata de todos os efeitos deste", importa distinguir estes motivos causais, digamos assim, dos "restantes elementos intencionais". Só quanto a estes se levanta o problema da relevância, como é evidente. Ora, – pergunta o autor – será legítimo lançar sem discriminação à massa anodina dos motivos comuns todos estes elementos transcausais da intenção?

Para RUBINO o princípio absoluto da irrelevância necessita de ser temperado realisticamente. Sofre, a seu ver, um desmentido categórico em certos casos: v. g., no da admissibilidade da cláusula tácita *"rebus sic stantibus"* (pressuposição), e no caso do artigo 1501.° do Código Civil de 65, que não valia só para os vícios ocultos da coisa mas também para os defeitos sobre qualidade ou qualidades que as circunstâncias do contrato revelassem terem determinado o comprador a contratar ou a contratar daquele modo, desde que se prove a sua reconhecibilidade pelo outro contraente[1]. Entende, enfim, RUBINO que a irrelevância só pode referir-se aos "coeficientes estritamente pessoais", cuja indagação seria impossível ou muito prejudicial aos interesses da segurança do Direito.

Mas isto não envolve – muito ao contrário – que se desprezem todos os motivos "não previstos especificamente em pactos contratuais". Casos haverá em que alguma relevância deve ser consagrada. O que importa é que obedeçam a dois requisitos: 1.°) *serem conhecidos ou reconhecíveis pela contraparte* – requisito que só a lei pode afastar, criando presunções: 2.°) *serem determinantes* (sem eles não se contrataria ou contratar-se-ia diversamente), notando-se que nem a lei prescinde deste requisito nas aplicações singulares[2]. Uma vez

---

[1] Note-se que os vícios redibitórios não relevam em direito português, salvo a pretexto de erro, etc., artigo 1582.° do Código Civil.

[2] "Pode dizer-se brevemente que a sua presença (desses motivos) deverá deduzir-se do complexivo comportamento externo das partes, comportamento que se não exaure na declaração oral ou escrita considerada em sentido próprio, mas deve iluminar-se por todas as circunstâncias do caso concreto, compreendendo aí a particular posição dos contraentes, os acontecimentos anteriores e posteriores ao contrato,

preenchidas estas condições – e tal é o caso do fim indirecto – o princípio da irrelevância absoluta tem de claudicar. O *quantum* de relevância a dar a estes *motivos* viria a ser fixado, com larga margem de arbítrio prudente, pelo julgador. Mas o que se sabe é que, pelo menos (e, em regra, apenas) nas relações *ad intra*, o motivo terá eficácia, vindo a influir ou na existência do negócio como tal ou só num aspecto particular das prestações das partes. Claro que, na primeira hipótese (existência do negócio como tal), não poderão com certeza, ser violados os direitos regularmente adquiridos por terceiros antes da propositura da acção em juízo.

Por último, colocam-se de modo patente numa posição negativista, recusando uma especial idoneidade disciplinar ao fim indirecto, os restantes escritores que se referem a este assunto. SANTORO-PASSARELLI [1] chega mesmo a tomar uma atitude agressiva perante a ideia de uma categoria jurídica do negócio indirecto. Escreve assim: "Não é admissível uma figura autónoma de negócio indirecto, e a introdução da nova categoria constitui uma duplicação terminológica, não apenas inútil – além de imprecisa, mas prejudicial". Inútil, porque ou o fim indirecto é irrelevante e o negócio não perde a tipicidade, ou é relevante e estamos perante um negócio fiduciário. Prejudicial, porque possibilita a confusão com as doações também chamadas indirectas, confusão a que não fugiu ASCARELLI, que se deixou levar "por esta semelhança (…) puramente verbal".

Não resta dúvida de que a verdadeira investigação do problema vem a concluir negativamente. DE GENNARO [2] tinha o direito de afirmar que, a despeito do fim indirecto a que se propõe, "o negócio na sua estrutura dogmática não muda". Nem os argumentos invocados por ASCARELLI constituem objecção. Em primeiro lugar, a relevância especial dos motivos que é determinada por normas imperativas da lei, fundadas em razões de interesse público, não pode servir de justificação. Para os actos de comércio, é preciso que se entenda também

---

o modo pelo qual as partes lhe deram execução. Não se ignoram assim os intuitos dos sujeitos, mas afirma-se a sua necessária dessumibilidade dos elementos objectivos" (págs 111-112). Talvez RUBINO queira significar alguma coisa de semelhante à "pressuposição" de WINDSCHEID.

[1] *Op. cit.*

[2] *Op. cit.*, págs. 84-86.

que a relevância dos motivos não visa atribuir-lhes eficácia para a elaboração dogmática de categorias normativas; visa pura e simplesmente mostrar ou descrever os *sintomas* que, na hipótese concreta, determinaram a qualificação e devem, portanto, indicar as regras jurídicas aplicáveis. O relevo específico conferido, aqui ou além, aos simples motivos implica a *necessidade* de normas expressas da lei nesse sentido. Não pode o facto excepcional generalizar-se *ad libitum*, tanto mais, conforme é já implícito em PASSARELLI, que, se um motivo é declarado relevante para efeitos de uma especial configuração do negócio jurídico e de uma especial disciplina, já não será lícito falar de *negócio indirecto,* porque o acto realizado, para usufruir de tal regime e de tal natureza, tem de se subordinar directamente àquele motivo.

No mesmo teor se pronuncia LUIGI CARRARO [1], refutando a ideia de ser o negócio que estudamos uma das principais aplicações da "fraude à lei", na sua forma de "violação indirecta". Referindo-se a ASCARELLI, observa que "o verificar-se, numa certa hipótese, um motivo relevante por disposição da lei, em si mesmo nada adianta nem atrasa, porque se poderá sempre objectar que tais disposições legais constituem outras tantas excepções, se não vier a demonstrar-se por outra via que se trata, pelo contrário, de manifestações dum princípio geral".

A posição de GRECO, não admitindo em termos gerais a relevância dos motivos, mas procurando em toda a linha salientar a do fim indirecto, também não é de acolher porque assenta num equívoco. Para GRECO a introdução do fim ulterior ou importava, como já foi dito, alterações ao negócio ou não importava. Se não importava, quer dizer, se consistia apenas numa "representação psíquica do escopo" e o negócio era actuado na sua plenitude formal e substancial, dificilmente poderia o autor descobrir a relevância do fim indirecto. O argumento que procurou encontrar em matéria de fraude à lei não tem, depois da crítica de DE GENNARO a ASCARELLI e de CARRARO no mesmo sentido, qualquer valor especificamente dogmático. Quanto às outras hipóteses, afirma-se que o fim indirecto produz alterações *estruturais* ao negócio-meio. Abstraindo dos negócios fiduciários, que ele inclui no emprego indirecto – o que se nos afigura não autorizado por uma sis-

---

[1] LUIGI CARRARO, *Il negozio in frode alla legge,* Pádua, 1943, págs. 22-30.

temática correcta, GRECO acentua, entretanto, que o fim ulterior não pode colidir, em concreto, com a função económico-jurídica do negócio, tem de conformar-se com as suas notas típicas essenciais; mas, desta maneira, não há motivo para falarmos de "alterações de estrutura", pelo menos enquanto esta expressão induz, e assim ficou supondo CARRARO [1], um relevo jurídico especial para o fim indirecto.

Não ter relevo jurídico especial significa, neste momento, não ter capacidade para fazer do negócio em que vem a inserir-se uma figura com autonomia dogmática. Não quer significar que não interesse *nunca* para o Direito ou em *nenhuma* medida. Mas é verdade também que uma doutrina semelhante à de RUBINO é incompreensível e de rejeitar. DE GENNARO [2], na crítica que moveu à sua monografia, põe à relevância jurídica do fim indirecto, sem envolver relevância categorial, esta questão prévia: Se realmente o fim ulterior dá as premissas suficientes para se deduzir uma disciplina particular da relação, embora com limitações de certa ordem (como os direitos adquiridos de terceiros), por que motivo se exclui a possibilidade de uma categoria jurídica própria? Mas – continua – terá o fim indirecto essa virtualidade de, como fim indirecto que é (e não por força de disposições excepcionais), implicar uma disciplina específica, seja embora nos desenvolvimentos anormais da relação?

DE GENNARO estabelece o seguinte dilema: ou o fim ulterior é antes uma convenção tácita das partes e, nessa altura, RUBINO cai em contradição consigo mesmo porque, ao analisar os requisitos do escopo indirecto, estabeleceu, entre vários, o de não ser produzido por qualquer convenção ou *"modus"*; ou é realmente um motivo sem consistência convencional, e, nessa altura, nada há que justifique um relevo jurídico determinado, fora dos termos da lei ou com virtualidade de impor uma disciplina.

Realmente, quando se fala de relevância dos motivos, e com tanta insistência, a propósito do negócio de escopo indirecto, peca-se, a meu ver, por uma falsa noção desta figura, noção que combati ao tratar do conceito, ao desenvolver as suas vantagens práticas e ao distingui-la cautelosamente das figuras jurídicas mais afins. A divergência tradicional entre a função típica do negócio e o elemento determinante;

---

[1] *Op. cit.*, págs. 27-28.
[2] *Sul valore dommatico...*, cit.

a ideia apriorística de que o negócio indirecto era, no fundo, o tablado de pugilismo entre duas forças antagónicas dotadas igualmente de capacidade funcional e disputando-se ao mesmo tempo a chefia do negócio: a "função originária" e a "função de adaptação", para uma vez mais repetir as palavras de GRECO; a vaga "aparência" (à moda romana) que inconscientemente se liga a este negócio, como se o precedimento indirecto fosse um *desvio* da função normal ou uma *transposição* de escopos determinantes, têm, suponho eu, muita culpa na celeuma sobre a relevância dos motivos que se faz universalmente ao tratar da presente figura.

Com efeito, se outra ideia se fizer do negócio de escopo indirecto, nos moldes em que a procurei elaborar ao longo dos capítulos anteriores, outra será, parece-me, a conclusão que decorre sobre o valor desta figura como categoria dogmática. Pois não se disse que o negócio-meio conservava na formação examinada a plenitude das suas consequências, necessárias em si mesmas à obtenção do próprio fim ulterior, e que este se produz simplesmente com ser actuado o negócio jurídico posto em movimento? Desta sorte, como acolher uma doutrina que, esquecendo a realidade, supõe que entre as duas "funções" em jogo (como se de funções se tratasse) há um alheamento concreto de tal ordem que pode até suceder que a determinação indirecta não venha a conseguir-se, sendo, no entanto, realizado o negócio, e nos *moldes* que a conformação do fim ao meio solicitou? O emprego indirecto não é produto de uma rivalidade pactualmente superada, entre o escopo típico do negócio e o fim naquele instante pretendido. Esta ideia repousa na falsa consideração do papel que o fim ulterior vem a desempenhar no conjunto do negócio adoptado; a verdadeira vontade das partes, se escolheu o emprego transversal em vez do emprego vertical dos meios jurídicos conducentes ao fim, foi precisamente pela vantagem que o negócio não directo apresentava em confronto do negócio directo. A vontade prefere aquele caminho, e prefere-o a tal ponto que vai subordinar a essa preferência a possível vantagem de atingir de modo "perfeito" o fim económico pretendido; perfeito, é claro, tomado em si mesmo, porque, como já se disse e redisse, a forma escolhida é realmente, perante as circunstâncias do caso, também a mais aconselhável.

Vejamos se algumas hipóteses reais confirmam esta observação puramente lógica. Um negócio indirecto sem alterações no seu corpo (na sua *alma* – entendendo por isto a função e as notas característisticas – sabemos que não pode sofrê-las), é, por exemplo, a adopção do antigo Direito germânico, com escopo de instituição de herdeiro, que era proibida. Pondo de lado o problema da fraude, repare-se que o fim ulterior não pode relevar com autonomia própria no seio do negócio realizado: os fins da instituição de herdeiro vêm a produzir se *necessariamente* com produzir-se a adopção, e sem esta se produzir, em concreto, eles não podem ter lugar. Um exemplo de negócio com alterações provocadas por intervenção do fim ulterior: suponhamos que o depósito com escopo de garantia é realmente negócio indirecto. O fim de garantia só pode ser conseguido se o conteúdo típico do negócio for separado de certas obrigações acidentais, por hipótese, a de entrega imediata da coisa logo que o depositante a requeira. Se o negócio, porém, for realizado com *esta forma,* a função de garantia terá necessariamente de produzir-se, se abstrairmos, é claro, do perigo que acompanha toda a obrigação em sentido jurídico. O que quer dizer-se é que não há um perigo especial, de modo a justificar, para o fim indirecto, uma disciplina particular nos possíveis desenvolvimentos anormais da relação.

Outrossim na venda com escopo de garantia, se venda for. Esta garantia é uma garantia fiduciária, mas a *"causa fiduciae"*, como se encontra desprovida do seu conteúdo funcional, não pode ter, no negócio típico onde se insere, o carácter duma função jurídica. As partes, escolhendo este processo, renunciam a poder exigir o reconhecimento da intenção fiduciária como escopo jurídico, e transformam-no em pura finalidade económica que se insere no negócio *"venditionis causa".* Esta inserção não poderá fazer-se sem *alterar* o conjunto formal e habitual da venda, sem a introdução duma cláusula obrigacional *"de retrovendendo",* que, de resto, não vem a ofender o fim principal do negócio. Se o ofendesse, também a garantia não tinha ocasião, pois, como já vimos ao tratar desta venda em matéria de negócios fiduciários, o desembolso não chegava a produzir-se e nem "dívida" em sentido económico existiria.

Para que tal desígnio se possa efectivar, importa, como foi dito, que a venda alterada pela cláusula se verifique tanto no escopo típico de permuta como na inclusão do pacto obrigacional. Mas, celebrada assim a venda, a função de garantia, no rudimentar sentido que lhe advém de ser uma garantia puramente económica, opera-se de modo necessário. Nem contra isto vale dizer-se que o fim de garantia pode vir a ser traído pela possibilidade de o comprador não consentir no regresso da coisa ou de o vendedor não a readquirir; essa possibilidade faz parte, digamos, da natureza da própria garantia que, se não houvesse este risco, não seria "fiduciária". Ela não só não elide o fim indirecto, mas é da sua própria índole neste caso.

Em suma: o negócio indirecto constitui um aproveitamento legítimo dos tipos legais, dos tipos na sua total eficiência, que exclui, portanto, um relevo jurídico particular do fim ulterior. O fim ulterior é obtido através do negócio adoptado – do negócio típico com as alterações que eventualmente se introduzam –, sem outros riscos que não sejam os da própria celebração e execução do contrato. Desta sorte, o negócio indirecto não oferece ao doutrinador nenhuma particularidade relevante de ordem jurídica que o obrigue a levantá-lo às cumiadas da categorização dogmática.

Mas concluir assim é concluir que a figura examinada vem a reduzir-se à categoria dos negócios típicos... E é verdade. Como já estava implícito desde o começo desta demonstração, o emprego indirecto dos tipos legais é, a meu ver, um emprego legítimo e disciplinado, embora não habitual. A aparência extravagante encerra, no fim de contas, uma singela manifestação da força desconhecida mas real dos negócios esquematizados na lei, da elasticidade das funções típicas que os Códigos oferecem como modelos de largo alcance para uso dos particulares. Razão tinha, pois, GRAZIANI, quando fazia notar que, havendo de ser as modificações introduzidas pelo fim ulterior (cláusulas adjuntas) compatíveis com a função primacial do negócio-meio, o emprego indirecto escaparia a qualquer individuação sob o ponto de vista dogmático-jurídico [1]. E GRASSETTI ao escrever: "se, como hoje largamente se acredita, um negócio terá jus à qualificação de indirecto só enquanto causal, de duas uma: ou subsiste também empiricamente a causa típica, e então o negócio produz os seus efeitos e é válido mas são irrelevantes os motivos ulteriores que acompanham a causa, e, daqui, a irrelevância dogmática da categoria; ou a causa típica não subsiste empiricamente, e então é vão falar de negócio indirecto, porque estaremos em face de um negócio típico diverso ou de um negócio atípico" [2].

---

[1] *Negozi indiretti e negozi fiduciari*, em "Riv. Dir. Comm.", 1933, I, págs. 415 e segs.

[2] *Del negozio fiduciario...*, cit., pág. 362-363.

8. Resta, para concluir, afirmar de novo que o negócio indirecto é juridicamente uma forma típica de negociar, sendo o problema desta figura o problema geral da subsunção e da qualificação jurídica de um suposto-de-facto dentro dos quadros da lei.

Subsumir é averiguar se uma dada relação concreta pode enquadrar-se na relação abstracta preordenada pelo legislador. Implica nos seus termos um silogismo em que a premissa maior é a hipótese da lei, a premissa menor a hipótese concreta, e a conclusão o *nome jurídico* que vem a dar-se ao suposto-de-facto.

A subsunção e a qualificação não envolvem, regra geral, grandes dificuldades porque os supostos denunciam com bastante nitidez a sua identidade com a ideia do legislador. Obedecem, não apenas às notas típicas ou principais, mas também às notas consideradas habituais, tão frequentes na realidade que a própria lei as contempla em várias normas supletivas. Algumas vezes, no entanto, a operação de qualificar é grave e difícil, obrigando a um trabalho delicado por parte do intérprete no sentido de examinar a lei e pesar convenientemente as notas comuns da hipótese legal, a fim de saber quais as indispensáveis à qualificação do suposto ou as que, sendo puramente supletivas, aquele não tem obrigação estrita de respeitar. É o que sucede em matéria de negócios indirectos. A declaração de tipicidade só pode ser feita mediante uma análise muito cuidadosa dos esquemas da lei e da sua amplitude, visto o negócio oferecer à primeira vista uma aparência heterogénea e disforme.

A actividade do intérprete opera sobre a norma e sobre o material objectivo do contrato. Sobre a norma, enquanto vai reduzir à sua expressão estritamente típica as figuras abstractas que o legislador organizou; sobre o material objectivo, enquanto vai, tendo em mente os esquemas lineares da tipicidade, separar da massa caótica dos factos aqueles elementos que correspondem, ponto por ponto, às notas típicas do negócio hipotizado na lei.

Muito diferente, parece-me, se bem entendi RUBINO, será este trabalho do intérprete da construção propugnada por aquele escritor em matéria de negócios indirectos.

RUBINO[1] conclui que, não se enquadrando esta figura negocial na qualificação de negócio inominado ou de contrato misto, só resta

---

[1] *Il negozio giuridico indiretto*, cit., págs. 62-73.

considerá-la como negócio nominado. "Mas então – escreve – os escopos atípicos pelos quais os negócios indirectos sobretudo respondem e as situações anormais que sempre contêm no elemento de facto levam a considerá-los como produto duma construção"[1].

A construção de que fala não constitui – tem o cuidado de observar – uma actividade qualificativa genérica, mas um processo de intelecção jurídica bem definido, uma *construção em sentido técnico*. A construção em sentido amplo verifica-se sempre que o intérprete toma os elementos de facto para os erigir em *Tatbestand* e compara depois este resultado com os tipos legais para assim obter uma disciplina. Na construção em sentido técnico, além de a avaliação e a coordenação dos factos surgirem voluntariamente deformadas e artificializadas por motivos de ordem pragmática, o processo é cronológica e logicamente inverso: antes de organizar o suposto-de-facto, o intérprete, com o fim de o atrair à órbita dum tipo legal, avalia os efeitos que as diversas qualificações jurídicas poderão importar. Deve notar-se, contudo, pelo que respeita à primeira diferença, que também na construção imprópria há um *forçar* da realidade para RUBINO, graças a uma actividade interpretativa que acaba necessariamente numa apreciação pessoal e, portanto, num acto de vontade do julgador[2].

Se entra num conceito *lato sensu* de analogia, esta forma de construção distingue-se, entretanto, da analogia em sentido próprio. Ambas tendem, sem dúvida, a reportar ao Direito positivo a disciplina de figuras não especificamente reguladas na lei; mas é diverso o processo de actuação em cada uma delas. "A analogia propriamente dita acolhe o facto sem o modificar, ao menos em medida apreciável, e opera, pelo contrário, sobre a norma..." "A construção opera sobre

---

[1] *Op. cit.*, pág. 62.

[2] A Escola do Direito Livre é contra a admissibilidade em geral da construção técnica e LA LUMIA contra a sua utilidade nos ordenamentos modernos.

Ela deve, porém, aproximar-se da tendência geral do *positivismo jurídico* de SCIALOJA, FADDA e BENZA, COVIELO, RUGGIERO, CHIOVENDA, POLACCO, SCADUTO, etc., que, no dizer de RUBINO, "é uma das aplicações mais intensas das teorias que consideram o ordenamento jurídico como um *organismo*, dotado de uma latente possibilidade de expansão, que se traduz em acto através dos meios aprestados da técnica jurídica, em particular da técnica construtiva, a única que consente manter a ligação com as normas constituídas, fazendo respeitar quanto possível o dogma da segurança do Direito (Cfr. SCADUTO e GENY)". Cfr. nota às págs. 64-65 e 51.

o elemento de facto, modificando-o de sorte a apresentá-lo como figura já prevista pelo Direito...". Além, verifica-se uma "aplicação do Direito ao facto"; aqui "uma subsunção do tipo-de-facto à norma"[1].

Esta adequação do elemento de facto pode fazer-se de duas maneiras: ou se procura reduzi-lo, através de *ficções de vontade,* a subespécie de um negócio hipotizado na lei, ou se vem a equipará-lo a um complexo tal de negócios conhecidos que o efeito combinado se dirija, com a maior aproximação possível, a conseguir os intuitos que determinam as partes[2]. Mas, sempre, deste ou daquele modo, a construção em sentido técnico corresponderá ao "princípio da simplificação analítica do tipo legal" de MESSINA, que RUBINO considera "uma verdadeira lei de ordenamento jurídico", reconhecível, de resto, noutros domínios, como na ideia de abstracção e de limitação pelo julgado do dispositivo[3]. Por outra via, a construção justifica-se atendendo ao "princípio da conservação dos contratos", segundo o qual é conveniente que as declarações lícitas das partes obtenham tutela jurídica, ao menos a que mais se aproxime dos intuitos originários; embora o autor reconheça que, muitas vezes, igual princípio intervirá condenando o resultado da actividade construtiva – quando a relação de facto é reduzida por esse processo a uma nulidade radical. Nesta última hipótese, a solução dependerá mais do que nunca da vontade das partes, pois onde nem sequer se joga o interesse de evitar uma *"stipulatio inutilis"*, só a vontade dos contraentes pode decidir do acolhimento do negócio indirecto[4].

---

[1] *Op. cit.,* págs. 63-64.

[2] Os critérios directivos da construção vêm a ser, por um lado, os interesses reais em jogo, cuja consideração serve de base à *"Interessenjurisprudenz"* e que, bem entendida, representa um elemento moderador e vivificador do mero procedimento lógico-jurídico; por outro, os interesses da ordenação e do sistema. (Cfr. *op. cit.,* págs. 66-67).

[3] O facto de tal princípio colocar sempre na sombra determinados elementos não quer dizer que estes não fruam do mínimo relevo: assim, v g., a relação fundamental é, por vezes, relevante em matéria de negócios abstractos; a motivação deficiente ou contraditória também influi para recurso de revista; etc. (Cfr. *op. cit.,* págs. 65-66).

[4] Também o legislador adopta, por vezes, uma técnica semelhante, quando, para atingir um certo fim prático, configura e legitima um meio que não é o próprio, o adequado a esse fim. Assim, na *"legitimatio per subsenquens matrimonium"* e na separação entre o património do *de cuius* e o património do herdeiro. "Admitindo, com uma autorizadíssima doutrina, que se trata de uma hipoteca para os imóveis e de uma

Negócio jurídico indirecto   149

Nestas últimas ideias, deixa RUBINO entrever a fragilidade lógica de toda a sua doutrina da "construção em sentido técnico". Como já em diversos pontos acentuei, ela repousa num vício de raciocínio manifesto. Se representa uma construção operativa dentro dos limites do *típico,* porquê distingui-la tão afanosamente da subsunção e da qualificação, dos processos intelectivos comuns do julgador? Se opera num plano extralegal, quer dizer, se visa incluir à força dentro de um tipo considerado uma formação que, em *face da lei,* não dispõe da competência típica necessária, estaremos num caminho verdadeiramente abusivo e ilícito de construir. Nesta última hipótese, não há princípios de simplificação típica que valham, se é que estes princípios não envolvem, de per si, uma ideia já abusiva também perante as fronteiras naturais da tipicidade ou da normatividade. Não pode valer igualmente o princípio de conservação contratual, tanto mais que *"stipulatio inutilis"* haverá da mesma forma, do ponto de vista das partes, sempre que o julgador ultrapassa os limites de uma vontade dirigida a não querer positivamente o que ele *ficciona;* e, do ponto de vista da lei, sempre que ele ultrapassa os limites de uma tipicidade dirigida a não receber dentro do seu seio mais do que foi estabelecido e é estritamente necessário [1].

Resumindo e recapitulando, volto a dizer que o problema do negócio indirecto é um problema de subsunção e de qualificação jurídica, com particulares dificuldades para o julgador, em vista de não serem confirmadas no suposto-de-facto certas notas dispensáveis da hipótese ou previsão legislativa. Mas, por isso mesmo, o trabalho duma doutrina cuidadosa e fértil se impõe neste campo dos negócios de escopo

---

particular forma de penhor legal para os móveis, na disciplina do instituto descobrem-se, assinaladamente para os imóveis, desvios tais que, embora mantendo de pé a hipótese, deixam entrever como através desta última se procura atingir o escopo indirecto duma separação de patrimónios, e, em definitivo, dum património autónomo adjudicado a um fim, não adoptado em forma directa porque não querido em todos os seus efeitos jurídicos. (Cfr. págs. 70-71).

[1] RUBINO não pode mesmo deixar de reconhecê-lo, a pág. 90 da *op. cit.*: "Um só limite existe à obra de adaptação: o que é posto pelos elementos essenciais do tipo, muralhas de cintura que não poderão ser superadas nem pelas partes nem pelo intérprete. Onde se tente fazê-lo, obter-se-á um negócio inexistente por falta de causa ou por simulação, ou por ser *contra legem* ou um diverso negócio lícito típico ou atípico".

Mas, se é assim, onde é que está a *especialidade* da sua "construção em sentido técnico"?

indirecto, para antecipar-se ao trabalho, caso por caso, da magistratura e da prática jurídica, formulando e iluminando conceitos que virão a ser de larga utilização quer no comércio quer na vida do foro.

De acordo com a maior parte dos tratadistas actuais, – incluindo neles o próprio ASCARELLI que, no seu artigo do "Foro Italiano"[1] e nos *Appunti di diritto commerciale*[2], fez apostasia das primeiras conclusões sobre o valor jurídico do negócio indirecto, – venho a negar a este negócio capacidade para constituir uma categoria de Direito, mas afirmo com vigor a sua importância como categoria prática ou económica. E estudá-la mesmo assim não é para a ciência jurídica um trabalho despiciendo, pois, se com exactidão as suas linhas mestras forem definidas, o seu relevo concreto for salientado, e a sua posição de dependência em face do negócio jurídico comum, como aproveitamento específico dos tipos legais, for dada na justa medida, evitar-se-ão muitas hesitações ao julgador e muitos arestos contraditórios com a realidade e a justiça devida aos factos, sem falarmos do aligeiramento que se introduz no comércio jurídico, apertado nos moldes rígidos de uma interpretação desactualizada. Saber que estamos em face de um negócio indirecto bastará para excluir da hipótese vertente a ideia de atipicidade, nas várias formas que comporta e nas incertezas que sempre envolve. Não menos será útil para afastar da formação complexa e, à primeira vista, extravagante a suspeita de simulação relativa que sobrepaira todos os casos mais ou menos invulgares na rotina das bancas e dos tribunais.

---

[1] *Sulla dottrina del negozio*, cit., "Foro Italiano", 1936, págs. 778 e segs. e 1389 e segs.

[2] *Appunti di diritto commerciale*, 3.ª ed., Roma, 1936.

IV
Disciplina do negócio indirecto

Sumário: – **1.** O problema em geral. – **2.** O problema em particular.

1. Se o negócio indirecto se traduz, como acabamos de ver, num emprego legítimo e quase diria normal do negócio jurídico nominado, o problema da sua estrutura não envolve qualquer especificidade. Em último termo, o negócio indirecto é juridicamente o que for o negócio-meio posto em acção pela escolha das partes.

Em boa lógica doutrinal, não há negócio indirecto sempre que as partes modelem, em vez de um negócio único típico, uma combinação de negócios ou um contrato misto. É fácil compreender porquê: realmente este emprego indirecto só tem importância concreta e verdadeira autonomia conceitual quando apresenta alguma coisa de *novo* para o Direito, estando essa novidade em fazer decorrer de uma situação jurídica inteiramente prevista na lei, organicamente estabelecida como um esquema típico negocial, efeitos que, na idealização abstracta do negócio esquematizado, lhe não pertencem ou mesmo lhe repugnam. De facto, para o Direito e do ponto de vista formal-jurídico, só pode haver verdadeira novidade ou aparente anomalia num emprego indirecto de negócios típicos. Só tendo em mira *certezas* formais, com transcendência no decurso duma disciplina, é que pode sinceramente interessar saber se o jogo dos interesses económicos concretos se conforma com as necessidades de sistemática relativas às diversas funções empíricas designadas no sistema jurídico. O campo da atipicidade já não oferece imprevistos para o intérprete, pois, aí, por definição, ele se encontra ao sabor e à medida de todas as inovações negociais, desde que os contratos realizados obedeçam às exigências mínimas da contratação e se movimentem na esfera da autonomia privada. Salvo por uma questão de licitude ou ilicitude forçosamente excepcional, que importará saber se uma combinação de negócios possui certo ligame económico em vista de determinado efeito empírico, ou se as partes construíram, com elementos desgarrados de vários tipos legais, uma figura contratual mista destinada a uma finalidade não transparente em qualquer prestação? Desde que não se pretende com a prova da *indirecção* ou obliquidade do fim ulterior e da sua posição subalterna dentro do conjunto, obter qualquer efeito disciplinarmente relevante para a figura complexa; desde que não se pretende, como sucede no emprego indirecto dum negócio típico, provar a *tipicidade* subsistente do contrato realizado e o direito que continua a assistir-lhe dum regime jurídico consagrado em via específica – que importará ao intérprete ocupar-se do seu estudo? A solução em nada virá a atingir o tratamento do negócio tal como deriva de uma análise de superfície...

Assim, contra DE GENNARO [1], RUBINO [2] e mesmo ASCARELLI [3], julgamos que o termo "negócio indirecto" e a categoria de natureza prática que esse termo designa devem limitar-se ao emprego de negócios tipificados para fins ulteriores, pois só desta maneira o estudo da categoria interessará realmente ao Direito, sendo alguma coisa mais do que um banal expediente da natureza esporádica.

A grande importância do negócio indirecto em matéria de disciplina será este *reconduzir* de uma formação empiricamente inominada aos caminhos claros e lúcidos da tipicidade. O regime que vem a aplicar-se-lhe é o do negócio adoptado, e este na sua plena extensão. Os autores são universalmente concordes neste ponto, pois até os que pretendem elevar a categoria dogmática o negócio indirecto, fazem da aplicabilidade do regime típico uma das dimensões da disciplina final. Assim, ASCARELLI já no citado **Contratto misto** escrevia: "Foi precisamente esta disciplina e foi precisamente esta forma que induziram as partes a escolher aquele determinado negócio para alcançarem os fins indirectos que têm em vista. Negar a aplicação de tal disciplina será simultaneamente trair a lógica jurídica e a vontade das partes" [4].

É preciso, todavia, não confundir a aplicação do regime do negócio nominado, nos casos de procedimento indirecto, com as bases

---

[1] *Op. cit.*, págs. 86-91. DE GENNARO fala de um possível "contrato misto indirecto".

[2] Últ. *op. cit.*, págs. 83-84.

[3] "*Il negozio indiretto...*", cit., pág. 39.

[4] Pág. 472.

Negócio jurídico indirecto 153

que justificam o princípio da absorpção. Na absorpção, parte-se da existência simultânea, cronológica e estruturalmente, no mesmo todo complexo, de vários elementos de tipos diferenciados, ou pelo menos mais frequentes em tipos diferenciados. É atendendo à primacialidade *absorvente* de um deles que ao negócio se aplica o regime da prestação principal. Mas os elementos diferenciados, além de se revelarem no todo objectivo com nitidez autónoma, prosseguem *directamente*, cada um por seu turno, uma função concreta e individualizada. Com o negócio indirecto passa-se coisa diversa: o que existe é apenas e objectivamente uma única função jurídica, não se descobre a participação, em via principal ou em via subordinada, de mais do que um tipo legal. O fim ulterior, que só logra diferenciar-se do ponto de vista económico, vem na realidade a ser conseguido por *mediação* do escopo jurídico-prático do próprio negócio que as partes utilizaram [1].

2. Por último, depois desta regra geral para a disciplina do negócio indirecto, importa considerar um pouco o problema em particular.

É já sabido que não pode vislumbrar-se qualquer especialidade para o negócio que estudamos, no aspecto disciplinar, que não seja a já indicada e acentuada de *reconduzir* a formação, aparentemente anómala, aos quadros e ao regime a que continua a ter direito: regime de acto jurídico real (afastando-se a eventual ideia de uma simulação), regime de acto jurídico típico (afastando-se a eventual ideia de uma inominação). Bastará ao juiz reconhecer, pelos meios de hermenêutica jurídica rapidamente esboçados, o carácter de "negócio indirecto" numa relação submetida ao seu critério, e terá desde logo sabido e aplicado a verdadeira disciplina. Age negativamente, digamos assim, o negócio indirecto, sendo uma categoria prática de profundo valor distintivo na qualificação dum suposto como típico ou como atípico.

Mas, de seu, de particular, nenhum regime lhe compete. Com isto, defrontam-se ideias formuladas por alguns autores e já criticadas, nomeadamente as de ASCARELLI, GRECO e RUBINO. ASCARELLI, porém, nada mais referia, como especialidade do negócio indirecto, do que a incidência das chamadas normas materiais e dos princípios da fraude à lei; como DE GENNARO o obrigasse a reconhecer que tal incidência

---

[1] RUBINO põe também em evidência esta distinção, últ. *op. cit.*, págs. 54-55.

nada tinha de próprio, de específico do negócio indirecto enquanto indirecto, renunciou a constituir esta figura em *sede* duma nova e autónoma disciplina. GRECO, defendendo o negócio indirecto como categoria dogmática, limita-se, no entanto, a remetê-lo para a disciplina do negócio adoptado, tocando à parte só no problema da fraude à lei. RUBINO é que, numa posição formalmente contraditória – pois defende a simples categoria económica do negócio indirecto, e, contudo, estabelece para o fim ulterior uma relevância jurídica especial em certas circunstâncias –, procura firmar esta relevância em aspectos também disciplinares, só operativos, embora, nos desenvolvimentos anormais da relação.

Esta ideia de "desenvolvimentos anormais" em que o propósito indirecto desempenhasse um papel excepcional, já foi contraditada em momentos anteriores. Abstraindo dos negócios fiduciários, que afastámos, de acordo com a mais recente doutrina da *"fiducia"*, do âmbito dos negócios típicos com escopo indirecto, não vejo como se possa falar, a par de um negócio-meio plenamente efectuado, de um escopo indirecto que não tem realização. Ou bem que entre os dois existe uma raiz essencial, de tal modo que concluir o negócio com as alterações necessárias, se as houver, equivale a produzir aquele fim económico de maneira imediata, ou bem que não existe, e quedamos fora dos negócios indirectos como estes devem entender-se. Porque o negócio indirecto satisfaz desde logo, com se efectivar o meio jurídico, o intento prático dos sujeitos. Não há desiquilíbrio que equivalha juridicamente a risco e à necessidade técnica de uma *fides*. O que pode suceder é que o próprio escopo económico seja uma *"causa fiduciae"*, e tal acontecerá porventura na hipótese da venda para garantia com cláusula obrigacional *"de retroemendo"*. As partes, actuando um negócio causal, querem obter um escopo *fiduciário,* com todos os riscos inerentes a esta qualidade. Mas tem de distinguir-se: o risco não deriva da especial contextura do negócio indirecto em abstracto, mas da própria natureza do fim económico em concreto.

Afastada esta ideia, temos de reconhecer que o negócio examinado não possui relevância própria no aspecto disciplinar. Pode, é certo, vir a sujeitar-se por força de circunstâncias extraordinárias a uma disciplina que o invalida como a da *"fraus legi"*; mas não é com base numa qualidade negativa acidental dos negócios jurídicos que podemos tentar a caracterização da presente figura.

Entretanto, RUBINO chega a asseverar que o negócio indirecto constitui o instrumento por excelência – *"lo strumento primo"* – da "fraude à lei", embora não se esgote nessa forma ilícita de contratar[1]. GRECO, como já vimos, descobre na espécie mais simples de negócio indirecto uma forma de explicação da ilicitude de contratos típicos regularmente celebrados. Mais longe vai, porém, DOMINEDÒ, segundo vimos também, afirmando que a utilidade *contemporânea* do emprego indirecto dos tipos negociais só podia compreender-se como um processo de iludir a norma coactiva.

A natureza da fraude à lei tem sido até hoje objecto de larga discussão doutrinal. FERRARA[2], considerando o negócio fraudulento como o reverso do negócio fiduciário, envolvia as duas figuras na comum designação de "negócio real indirecto". Tanto num como noutro caso, o autor da *Simulazione* descobria um emprego a título instrumental dos negócios tipicizados, de molde a compreenderem no âmbito duma forma jurídica dada intuitos que propriamente lhe não competiam. Se os intuitos a buscar eram lícitos, o negócio seria fiduciário, revelando--se o emprego indirecto um meio de completar o direito que falta (*"mezzo di completamento del diritto manchevole"*); se eram ilícitos, feridos por uma norma proibitiva do sistema jurídico, o negócio seria fraudulento, um meio de evitar o direito que ordena (*"mezzo di schivamento al diritto cogente"*)[3].

Cuidadosamente, FERRARA procurou separar a "fraude à lei"[4] da simulação. Para critério, assentou na *realidade* do processo defraudatório, em oposição ao *fingimento* do processo simulatório. Além, procura-se fugir às disposições legais, arredar a proibição de uma maneira hábil, capciosa, através de modificações no suposto jurídico, da inclusão de cláusulas em negócios formalmente regulares, ou de combinações *ad hoc* entre contratos de diversa natureza. Aqui, a lei é *realmente* violada, embora se cubram com o manto do acto simulado as premissas endereçadas à violação. Na fraude, não há verdadeiro *contra legem*,

---

[1] *"Il negozio giuridico indiretto"*, cit., pág. 122.

[2] *Op. cit.*, págs. 82-86.

[3] "O negócio fiduciário e o negócio fraudulento têm uma e a mesma "unidade *substancial*". "O primeiro constitui um meio de completar o direito que falta; o segundo um meio de evitar o direito que ordena; um tende a suprir uma lacuna, o outro a abrir uma brecha nas disposições legislativas. (*Op. cit.*, pág. 85).

[4] *Op. cit.*, págs. 66-77.

pois os defraudantes buscam realmente não contrariar a lei de face. Na simulação, arredado o fogo-fátuo do negócio exterior, o acto ilícito resulta patente, em toda a forte nudez das violações decisivas e completas. Num caso, há violação da lei no seu espírito, violação indirecta, obrigando a um especial esforço de hermenêutica; noutro caso, violação da lei na sua letra, violação directa, logo palpável uma vez destruída a frágil tenda do negócio simulado. Parece que a expressão latina de PAULO falando de um *"circunvenire legem"* está de acordo com estas ideias, quanto à fraude à norma[1].

Entre nós, o Prof. BELEZA DOS SANTOS[2] não aceita a presente distinção entre "fraude à lei" e "contra a lei", a não ser na medida em que apenas exprime uma diferença de processo: enquanto exprime que a violação afecta num caso o que os romanos diziam *"sententia legis"* e noutro caso o que eles designavam por *"verba legis"* – o espírito e a letra da norma proibitiva. A "fraude à lei" seria uma forma especializada do "contra a lei", mas não uma forma em si mesma e por si mesma relevante de ilicitude[3].

A doutrina do Prof. BELEZA DOS SANTOS, se concorda com a de FERRARA em ver na *"fraus legi"* uma "violação indirecta" da lei, ou violação segundo o espírito, à maneira clássica, adopta contudo uma posição sobre a fraude essencialmente normativa, que nos conduz a uma solução mais exacta em matéria de negócio indirecto. Com efeito, ele acentua que a "fraude à lei não tem autonomia legítima, nem pode utilizar-se para corrigir dificiências de interpretação e obter uma obediência mais ampla e segura dos princípios legais". E adiante: "… Um acto dessa natureza não é nulo porque foi realizado em fraude à lei, mas sim porque a interpretação da norma legal mostrou que tal acto estava abrangido no seu preceito positivo, numa palavra, porque se tratava dum acto *contra a lei*"[4].

---

[1] Para FERRARA não é possível falar de "simulação em fraude à lei", salvo querendo-se dar ao termo "fraude" um sentido mais amplo de dano em geral, que contém em si o *"contra legem agere"* (*Op. cit.*, pág 70).

[2] *Op. cit.*, I, págs. 10-112.

[3] Na nossa lei também só o presente conceito de fraude pode valer. Lá só se declaram nulos os actos contra a lei, envolvendo nesta fórmula, como é óbvio em face dos artigos 10.º e 16.º do Código Civil, os que ferem a norma tanto na letra como no espírito. (Cfr. B. DOS SANTOS, *op. cit.* e *loc. cit.*).

[4] *Op. cit.*, I, pág. 106.

Esta posição realista, que não vê no procedimento a raiz da ilicitude, mas antes no resultado intencional da violação, está mais de acordo com a lei positiva e com a verdade das coisas em si. Ao contrário do que talvez pensasse FERRARA, a fraude não é um método prático-jurídico, mas uma condenação intencionalmente iludida; é um carácter geral que se adapta a certos meios de aproveitamento prático dos negócios nominados, para os desviar do seu normal caminho de liceidade, com mira em fins anti-jurídicos: e esses caminhos poderão ser quer a interpretação duma norma, quer um negócio típico e suas cláusulas, quer uma combinação de negócios, quer um negócio fiduciário, tudo métodos lícitos por natureza, que a esporádica violação intencional em que desembocam não chega para catalogar como ilícitos ou imorais. Não há, pois, que colocar lado a lado o negócio fiduciário e o negócio fraudulento, como subespécies da mesma categoria; não há que atribuir ao procedimento indirecto uma especial competência, como faz RUBINO, ou a exclusiva competência, como pretende FERRARA, de provocar a fraude à lei. A fraude à lei não constitui uma *específica categoria*[1], mas uma esporádica qualidade. Não há um negócio fraudulento como há um negócio fiduciário ou um negócio indirecto. Estes é que, por um desvio anormal da sua função lícita, podem vir a transformar-se num caso ou noutro em negócios fraudulentos.

Por ser uma esporádica qualidade, que incide descontinuamente sobre figuras as mais variadas e todas elas *lícitas,* é que a *"fraus legi"* não pode entender-se sem a existência de uma norma coactiva. Decorre de uma força especial de condenação que persegue determinados fins práticos, quer se revistam de uma forma *a* quer de uma forma *b*, e, em casos raros, que os persegue somente quando venham unidos a uma

---

[1] FERRARA, apesar de tudo, chega a pressentir esta verdade, se bem que a não exprima com nitidez, pois está amarrado à ideia de fraude como processo: "O mesmo negócio, segundo prossegue um escopo lícito ou um escopo ilícito, assim degenera de fiduciário em fraudulento". "A separação (…) entre estes dois tipos de negócios é puramente artificial; é uma barreira criada pelos juristas que urge romper". (*Op. cit.*, págs. 83-84).

Estas palavras insinuam que, para FERRARA, entre a fraude e a *fiducia* havia uma transmutação contínua; ambas seriam *qualidades* do negócio indirecto consoante o fim fosse ilícito ou lícito, tendo, em suma, a mesma consistência modal. A meu ver, o negócio fiduciário é realmente um meio jurídico; mas a fraude é uma qualidade instável, correndo todos os negócios lícitos para os *utilizar* numa direcção proibida.

forma *b*. No primeiro caso, diz-se que estamos em face de *normas materiais,* como a do nosso Código Civil, artigo 1481.°, onde se proíbe a doação a pessoas inábeis, seja qual for a modalidade negocial assumida pela doação. São deste tipo todas as proibições penais e fiscais, a proibição das doações entre casados, as incapacidades para receber por doação ou testamento, etc. Quanto à segunda espécie de normas, CARRARO [1] vem a reconhecer que deve ser muito rara na prática, pois representa uma "contradição interna do ordenamento jurídico". Mesmo quando exista, porém, aquele autor defende a não subsistência como válida da forma lícita, porque estão em conflito normas de natureza diversa, e a aplicação de uma delas tem de excluir a aplicação da outra. Para CARRARO, as normas que dispõem os esquemas negociais são normalmente supletivas, e, em casos menos frequentes, dispositivas. Porém, o que a lógica do sistema jurídico implica é que não sejam coactivas, e, desta sorte, sempre a regra que proíbe o resultado deve vir a preponderar sobre as determinações expositoras dos tipos negociais. Sempre, pois, o resultado deve submeter-se à invalidação.

O negócio indirecto como todo e qualquer meio jurídico está sujeito às regras proibitivas do sistema, *maxime,* às normas materiais. Claro que, se fizermos, numa posição objectivista mitigada, depender a existência de fraude da existência de um resultado violativo, não bastando o propósito comum a ambas as partes de *"schivamento",* de que falava FERRARA, o negócio indirecto na sua expressão mais simples, quer dizer, sem a mínima alteração à sua forma e ao seu conteúdo, dificilmente cairá sob a alçada da lei proibitiva. O fim indirecto mantém-se no puro plano dos motivos e os motivos regra geral são insindicáveis. Importa se verifique certo resultado materialmente apreciável, através do qual se apreenda o *"animus nocendi"* dirigido contra a lei. Quanto à hipótese de alteração ao meio negocial, não vale o dizer-se com GRECO [2] que ela estará por definição fora do âmbito da fraude à

---

[1] *Op. cit.,* págs. 31-32. Em *"Il negozio in frode alla legge",* o A. estabelece uma nítida distinção entre os negócios indirectos e a fraude à lei. Para ele – e com razão, visto a fraude decorrer da força condenatória que dimana *directamente* da lei sobre negócios regulares formal e tipicamente, não há que falar de "violação indirecta" (págs. 22-30).

[2] "Para as formas do 2.° tipo, nas quais pressupomos que do próprio negócio emerge e é assegurado o intento ulterior que as partes querem conseguir, posto que este intento seja ilícito, não se teria uma fraude à lei mas um *contra legem agere*" (*op. cit.,* págs. 780-782).

Negócio jurídico indirecto

lei por lhe faltar o intuito de "ocultamento" próprio desta forma de ilicitude. Em primeiro lugar, para isto ser verdadeiro, importava mostrar com THÖL contra FERRARA[1] que, ao lado do *"svisamento"*, também o *"mascheramento"* estava de acordo com a natureza da fraude; e, por outro lado, pôr em evidência como é que a simples adjunção de cláusulas a um certo negócio *revelava* desde logo o escopo indirecto ilícito. Ou bem que o escopo é indirecto e não decorrente em linha imediata das próprias alterações clausulais do negócio; ou bem que não é, e a hipótese estará ao de fora do problema que analisamos.

Quanto a mim, FERRARA tem razão indicando o negócio com cláusulas adicionais como um dos meios de actuação da fraude. O negócio indirecto, quando venha a assumir esta estrutura, pode cair dentro da alçada das proibições normativas, só havendo, então, que perguntar se a nulidade do negócio provirá da cláusula adjunta ou do todo negocial construído com ela. A natureza do procedimento indirecto dá uma resposta bem clara; como a nulidade provém da ilicitude do fim ulterior, e o fim ulterior é realizado, não isolada e directamente por algum dos elementos do negócio, mas pelo todo orgânico dele na sua complexidade, o vício tem de afectar o negócio no seu conjunto, devendo este ser declarado completamente nulo[2].

Eis, em breves traços, o panorama da fraude à lei em matéria de negócios indirectos. Sendo a *"fraus legi"* o carácter especial de ilicitude que afecta, por força das normas proibitivas do ordenamento, um negócio formalmente regular e, em regra, também válido, não podem os negócios indirectos estar isentos de uma possibilidade deste género, que será porventura uma forma negativa de provar a sua regularidade substancial.

---

[1] THÖL citado na ob. de FERRARA, pág. 70.
[2] Cfr. CARRARO, *op. cit.*, pág. 118.

BIBLIOGRAFIA

AMBROSINI – *Disposizioni di ultima volontà fiduciarie nel diritto civile moderno*, Roma, 1917.

ANDRADE – *Evolução do Direito Privado Português*, "Bol. FDU Coimbra", 1946.

ANDRADE – *Teoria geral da relação jurídica*. Lições ao curso do 2.º ano jurídico, publicadas por Porfírio Junqueiro, 1945. E ed. publ., 2.ª reimp., Coimbra, 1966.

ARCANGELLI – *Il servizio bancario delle cassette-forti di custodia*, em "Riv. Dir. Comm.", 1905.

ASCARELLI – *Appunti di diritto commerciale*, 3.ª ed., Roma, 1936.

ASCARELLI – *Astrattezza dei titoli di credito*, em "Riv. Dir. Comm.", 1932, I, págs. 388 e segs.

ASCARELLI – *Contratto misto, negozio indiretto, negotium mixtum cum donatione*, em "Riv. Dir. Comm.", 1930, I, págs. 462 e segs.

ASCARELLI – *Contratto plurilaterale e negozio plurilaterale*, "Foro Lomb.", 1932.

ASCARELLI – *Il negozio indiretto e le società commerciali*, em "Studi in onore di Vivante", Roma, 1930, I, págs. 23 e segs.

ASCARELLI – *Note preliminari sulle intese industriali*, em "Riv. It. per le scienze giuridiche", n. s. n. I, n.º 5.

ASCARELLI – *Sindicati azionari*, em "Riv. Dir. Comm.", 1931, II, pág. 256.

ASCARELLI – *Sulla dottrina del negozio indiretto nella giurisprudenza della Cassazione*, em "Foro It.", 1936, págs. 778 e segs. e 1399 e segs.

BELEZA DOS SANTOS – *A simulação nos actos jurídicos*, Coimbra, 1921, I.

BETTI – *Consapevole divergenza della determinazione causale nel negozio giuridico*, em "Bull. dell Instituto di Diritto Romano", n. s., ano XLI, 1934, págs. 220 e segs.

BETTI – *Istituzioni di Diritto romano*, I, P. geral, 2.ª ed., 1942.

BONFANTE – *Il contratto e la causa del contratto*, em "Riv. Dir. Comm.", 1908, I.

BOLLNOW – *Filosofia existencial*, trad. port., Coimbra, 1946.

CARIOTA-FERRARA – *I negozi fiduciari*, Pádua, 1933.

CARNELUTTI – *Titoli di credito*, em "Riv. Dir. Comm.", 1933, I, págs. 257 e segs.

CARRARO – *Il negozio in frode alla legge*, Pádua, 1943.

COVIELLO – *Manuale di diritto civile*, P. Geral, Milão, 1910.

DE GENNARO – *I contratti misti*, Pádua, 1934.

DE GENNARO – *Sull valore dommatico del negozio indiretto*, Milão, 1939.

DE RUGGIERO – *Instituições de Direito Civil*, trad. port. de Ary dos Santos, Lisboa, ou ed. it., Messina, I, 1926.

DOMINEDÒ – *Le anonime apparenti*, em "Studi Senesi", 1906.

DOMINEDÒ – *La costituzione fittizia delle anonime*, em "Studi in onore di Vivante", II, Roma, 1931.

ENNECCERUS – *Tratado de Derecho Civil*, trad. esp., Barcelona, 1935.

FERRARA – *Della simulazione dei negozi giuridici*, 4.ª ed., Roma-Milão-Nápoles.

FERRER CORREIA – *Erro e interpretação na teoria do negócio jurídico*, Coimbra, 1939.

FERRER CORREIA – *Sociedades fictícias e unipessoais*, Coimbra, 1948.

GALVÃO TELES – *Dos contratos em geral*, Coimbra, 1947.

GRASSETTI – *Del negozio fiduciario e della sua ammissibilitá nel nostro sistema giuridico*, em "Riv. Dir. Comm.", 1936, I, págs. 345 e segs.

GRASSETTI – *Deposito a scopo di garanzia e negozio fiduciario*, em "Riv. Dir. Comm.", 1941, págs. 97 e segs.

GRASSETTI – *Rilevanza dell'intento giuridico in caso di divergenza dall'intento empirico*, Milão, 1936.

GRAZIANI – *Negozi indiretti e negozi fiduciari*, em "Riv. Dir. Comm.", 1933, I, págs. 15 e segs.

GRECO – *La società di commodo e il negozio indiretto*, em "Riv. Dir. Comm.", 1932, págs. 766 e segs.

HECK – *A interpretação da lei e a jurisprudência dos interesses*, trad. port., Coimbra, 1947.

IHERING – *L'esprit du droit romain*, trad. fr., Paris, 1886.

LA LUMIA – *Contratti misti e contratti inominati*, em "Riv. Dir. Comm.", 1912, I, págs. 719 e segs.

LA LUMIA – *L'obbligazione cambiaria e il suo rapporto fondamentale*, em "Riv. Dir. Comm.", 1904, I.

MAZZONE – Recensão a Greco, "Diritti e Pratica Commerciale", 1933, I, pág. 44 e segs.

MEREU – *Contratti reciproci*, Cagliari, 1928.

MESSINA – *I negozi fiduciari*, Milão, 1910.

PESTALOZZA – *Simulazione*, "Enciclop. Giur. It.", v. XV.

PONSARD – *Les donations indirectes em droit civil français*, Paris, 1946.

RADBRUCH – *Filosofia do Direito*, trad. port. de C. de Moncada, 2.ª ed., 1945.

REDENTI – *Natura giuridica della cambiale*, em "Riv. Dir. Comm.", 1912, I, págs. 942 e segs.

ROCCO – *La natura giuridica del cosi detto contratto di abbonamento alle cassete-forti di custodia presso le Banche*, em "Circolo Giur.", 1911.

RUBINO – *Il negozio giuridico indiretto*, Milão, 1937.

RUBINO – *La fattispecie e gl'effetti giuridici preliminari*, Milão, 1939.

SANTORO-PASSARELLI – *Interposizione di persona, negozio indiretto e successione della prole adulterina*, em "Foro It.", 1936, I, págs. 176 e segs.

SCIALOJA – *Negozi giuridici*, Roma, curso de 1892-93.

SEGRÈ – *Sul trasferimento di proprietà di merci a scopo di garanzia e suoi effetti nel caso di fallimento in relazione alla riserva del dominio*, em "Ann. di diritto comparato e di studi legislativi del Galgano", vol. II-III, Roma, 1929.

TABORDA FERREIRA – *Do conceito de causa dos actos jurídicos*, Lisboa, 1946.

ÍNDICE

INTRODUÇÃO:

1. O negócio indirecto como fenómeno prático aparentemente anó-
malo na vida jurídica 35
2. Posição da problemática 39
3. Estado da doutrina 40
4. Interesse do estudo.. 44

Cap. I – *Conceito de negócio jurídico indirecto:*

1. Elementos que integram o negócio indirecto: o negócio adoptado
e o fim indirecto... 45
2. A função típica do negócio.. 47
3. Sua importância para o conceito de negócio indirecto 49
4. Doutrina da divergência entre a função típica e o elemento determi-
nante. Crítica... 53
5. Doutrina proposta 60
6. Condições do fim ulterior e espécies de negócio indirecto............ 64

Cap. II – *Valor prático do negócio indirecto:*

1. Negócio aparente e negócio indirecto 71
2. Justificação actual do negócio indirecto: a idoneidade abstracta e a
oportunidade concreta dos tipos legais... 76
3. Valor da liberdade contratual para o negócio indirecto................. 81
4. Negócio indirecto e jurisprudência cautelar................................. 86
5. Conclusões.. 88

Cap. III – *Valor jurídico do negócio indirecto:*

1. Posição do problema.. 91
2. Distinção dos negócios inominados 92
3. Distinção dos negócios mistos.. 101
4. Distinção dos negócios abstractos 112
5. Distinção dos negócios fiduciários... 118
6. Distinção dos negócios simulados.. 129

7. O problema de relevância do fim indirecto de molde a que o negócio em exame seja uma categoria dogmática 135
8. Qualificação final do negócio indirecto 146

Cap. IV – *Disciplina do negócio indirecto:*

1. O problema em geral 151
2. O problema em particular 153

Bibliografia 161

Índice 163

2
CONTRATO ADMINISTRATIVO
E ACTO JURÍDICO PÚBLICO

(CONTRIBUTO PARA UMA TEORIA DO CONTRATO ADMINISTRATIVO)

À memória do **Prof. Doutor Afonso Rodrigues Queiró**

"... sta come torre ferma, che non crolla giammai la cima per soffiar de' venti"

DANTE, *Divina Commedia, Purgatorio,* V, 14-15

CONTRATO ADMINISTRATIVO
E ACTO JURÍDICO PÚBLICO

(CONTRIBUTO PARA UMA TEORIA
DO CONTRATO ADMINISTRATIVO)

INTRODUÇÃO

Sumário: – **1.** Ideia do problema mais geral em que se localiza o presente estudo. – **2.** Posição desse mesmo problema. – **3.** Seu interesse sistemático. – **4.** Principal doutrina. – **5.** Interesse prático. – **6.** Referência genérica ao método a seguir para o estudo do contrato administrativo; limites da presente monografia.

1. Quando, para assegurar o funcionamento dos serviços públicos, a Administração tem de valer-se do contributo dos particulares, recorre, conforme a lei e as circunstâncias, a um de dois processos essenciais: a "ordem" (requisição, expropriação e recrutamento) e a "solicitação".

A "ordem" [1] é um comando da autoridade e impõe-se aos indivíduos como súbditos. É um "exigir", mediante o qual a Administração

---

[1] Não pretende aqui fazer-se uma teoria dos actos unilaterais da Administração, correspondentes, na generalidade dos casos, à *"Verfügung"* da repartição de G. IELLINEK (*Sistema dei diritti pubblici subbiettivi,* trad. it., Milão, 1912, cap. XII). Convém apenas recordar que, ao lado das "ordens" em sentido restrito, nas quais a declaração de vontade administrativa não precisa da vontade privada para ser eficaz, há outros actos da Administração que, necessitando para qualquer efeito da intervenção particular, não deixam, por isso, de ser unilaterais. Assim, as chamadas "autorizações" (v g., a concessão de uma licença de uso e porte de arma), que só têm lugar a *requerimento* dos interessados. A obrigação (vinculada ou discricionária) da Administração deriva, neste caso, exclusivamente da lei e o requerimento particular tem mero efeito de pressuposto (excitação, estímulo), sendo o acto perfeito e válido não

170 Orlando de Carvalho

actualiza deveres jurídicos dos cidadãos potencialmente inseridos na norma, obrigações implícitas no *status*. Não se cria, por ela, nenhum direito para o ente público, nenhum dever para o ente privado; transforma-se em actual o que era apenas virtual ou potencial. Fácil é ver que este processo não tem equivalente no direito comum dos particulares. O poder irresistível de exigir, sem obrigação previamente constituída, serviços ou bens alheios, não se concebe como simples acção privada [1]; e, em caso algum, sem a intervenção propícia dos tribunais [2]. A "ordem" é, pois, um acto unilateral e de conteúdo francamente público.

---

obstante qualquer vício da petição. Ser válido, porém, sem pendência da vontade privada, não exclui que dela necessite para ser eficaz. Tal concurso será mesmo necessário sempre que a "autorização" (concessão, declaração, etc.) obrigue ao pagamento de uma taxa. Mas deve notar-se que ainda este pagamento é alheio a uma vontade efectiva do particular em querer ou não vincular-se a ele: está dependente apenas do simples "acto de pedir", constituindo o que se chama uma *"obligatio ex re"* (Cfr. RANELLETTI, *Le guarentigie della giustizia nella pubblica amministrazione*, 4.ª ed., Milão, 1934, pág. 144).

Por vezes, faz-se necessário o *consentimento* do particular para a emanação do acto administrativo, mas esta condição não visa atribuir qualquer direito individual: visa apenas tutelar um interesse objectivo ligado à função que o particular desempenha. Assim, a necessidade do consentimento de certos funcionários para serem transferidos (inamovibilidade) só tem em mira proteger a independência do cargo. Também aqui a vontade do particular não concorre substancialmente para a perfeição jurídica do acto emanado. Há mesmo quem identifique, quanto a efeitos práticos, as obrigações emergentes (para a Administração ou para o particular) destes actos administrativos às obrigações estritamente *ex lege*. A própria manifestação da vontade administrativa, embora devendo considerar-se um "negócio", limitar-se-ia "a tornar actual e concreta uma obrigação... potencialmente inserida na norma". (GALLO, I *rapporti contrattuali nel Diritto amministrativo*, Pádua, 1936, págs. 22-23). – Cfr., em geral, para as duas hipóteses, G. IELLINEK, *ob. cit.*, págs. 239-240; SANTI-ROMANO, *Corso di Diritto Amministrativo*, Pádua, 1939, págs. 242-243; RANELLETTI, *ob. cit.*, págs. 143, 144 e 146; etc. Já é duvidosa a afirmativa para certas figuras como a atribuição de cidadania, em que o consentimento (pedido ou aceitação) do particular se torna necessário para a emanação do acto administrativo, os efeitos decorrem *ex lege* (atribuição de um *status*), mas vem a criar-se um novo direito para o ente estadual. IELLINEK considera-as como contratos de Direito público, mas, hoje em dia, a opinião é diversa, mesmo entre os defensores do contratualismo em geral.

[1] As obrigações civis emergem de contratos ou de delitos: Código Civil, artigos 641.º e 3261.º

[2] Código Civil, artigos 2535.º e seguintes.

A "solicitação", pelo contrário, reveste a forma de "proposta" ou de "oferta". Não podendo ou não querendo utilizar direitos conferidos por lei anterior e, por conseguinte, o seu poder de exigir sem discussão, o ente público recorre aos particulares solicitando vantagens a troco de vantagens, num plano de economia individual, de oferta e de procura. Não instigado por qualquer dever eminente, o particular aceitará ou rejeitará conforme entender. Há, portanto, em jogo duas vontades livres e autónomas que, consentindo em ligar-se, vão dar origem a direitos e deveres não existentes, aumentando a capacidade jurídica dos sujeitos com um novo "posse" (*"ein rechtliches Können"*, como diria G. IELLINEK [1]).

Deste modo, a "solicitação" administrativa vem naturalmente a enquadrar-se no âmbito do Direito Privado – o "Direito da Liberdade", da linguagem empírica, em oposição ao "Direito da Autoridade" [2] – o Direito Público.

E não há dúvida de que a Administração, mesmo visando o funcionamento dos seus serviços (como de resto sempre que gere o seu

---

[1] *Ob. cit.,* pág. 270, combinado com os capítulos IV e V.

[2] Esta expressão traduz uma ideia vulgarizada, e só para significar isto mesmo se reproduz neste local. É, de resto, condenável enquanto recorda a velha teoria da separação dos poderes e do privilégio regaliano da Administração. A Revolução Francesa dividiu os poderes confundidos nas mãos do Príncipe e deu à função administrativa plena autonomia em face da judicial, que, segundo a lei de 16 de fructidor do ano III, não podia conhecer "os actos de Administração de qualquer espécie que eles fossem". 'Ter-se-ia procedido com tal rigorismo, graças à experiência dos últimos anos do "antigo regime", que haviam conhecido a luta da monarquia com os parlamentos e corporações. Por isso se, instaurou uma ordem administrativa na qual "entre o Estado todo poderoso e o simples indivíduo, nada devia interpor-se, nem sequer a autoridade judiciária". O Direito Administrativo francês, e, na sua esteira, os Direitos administrativos latinos, foram, portanto, baseados "na desigualdade de poderes entre os indivíduos e o Estado", a qual se traduz na chamada "prerrogativa da Administração" (HAURIOU, *Précis de Droit Administratif*, Paris, 11.ª ed., 1927, págs. 9 e segs.), com a dupla face de poder de execução prévia e poder de utilização de processos exorbitantes do Direito comum: ordens e requisições de bens e serviços. Como diz JAQUELIN, (*Les principes dominants du contentieux administratif*, Laval, 1899, págs. 28 e segs.), o Direito Administrativo é "direito sancionador" e "direito determinador": o primeiro ângulo reflecte a teoria da separação dos poderes; o segundo a prerrogativa da Administração, como resíduo do privilégio regaliano – Cfr., em geral, SUDRE, *La compétence du Conseil d'Etat en matière de contrats*, Paris, 1928, págs. 1-7.

domínio privado [1] ou não prossegue um fim de interesse público relevante), despe muitas vezes a "toga de soberano" e *"se met en civil"* [2], para ficar ao nível puro e simples dos particulares. Será regida, então, pelo Direito Comum [3], ao abrigo do artigo 38.° (combinado com os arts. 32." e segs.) do Código Civil, o qual lhe reconhece a natureza de "pessoa moral". A Administração pode, assim, contratar com os indivíduos no mesmo pé de igualdade de qualquer pessoa juridicamente capaz; e, nesse preciso âmbito, ser passível de uma pretensão jurídica privada a exercitar nos tribunais ordinários.

Todavia, não utilizar, por vezes, a Administração processos imperativos ou "ordens" quando se trata do funcionamento de serviços públicos (e a gestão de bens privados só nos interessa, agora, como limite) não conduz – parece – necessariamente à utilização de processos civis em sentido amplo. Quer dizer: a "solicitação" do ente público parece não se esgotar com o regime de Direito Privado. Podem, com efeito, ocorrer circunstâncias em que se torne desejável obter voluntariamente a prestação do particular, mas subordinando-se a oferta e a aceitação (o *"spondesne spondeo"* de toda a estipulação em geral) a um regime mais forte, mais dúctil e mais eficiente do que o regime normal de Direito Civil. Isto é, pode ser necessário compatibilizar

---

[1] A actividade da Administração é actividade privada e actividade pública. No primeiro caso, a Administração só pode recorrer, como é óbvio, aos meios pertinentes a qualquer indivíduo (Direito privado). No segundo caso é-lhe lícito, por via de regra (cfr. JÈZE, in *Rev. Droit Public et de la Sc. Pol.*, 1945, pág. 251) o emprego de processos públicos e de processos privados, embora não tenham que discutir-se neste momento a medida e o critério desta alternativa. Nela reside, como é fácil de ver, uma distinção, dentro da actividade pública l. s., da gestão pública s. s. e da "gestão de interesses públicos por via privada".

[2] STAINOFF, *Le fonctionnaire*, Paris, 1933, pág 58.

[3] Esta expressão, para o Direito Civil ou Privado, anda ligada à ideia do Direito Administrativo como Direito excepcional ou especial, que encontramos repetida em alguns autores, como, v. g., HAURIOU, *Précis de Droit Administratif,* 1919, pág. 72. Tende a ser cada vez menos correcta, pois, como escreve MARCELO CAETANO (*Tratado elementar de Direito Administrativo,* I, Coimbra, 1944, Prefácio, pág. 7), o Direito Administrativo "é hoje verdadeiro Direito Comum das relações entre o Estado e os particulares". De resto, os autores franceses, que empregam com abundância a expressão referida, não podem esquecer o seu valor relativo num país onde, desde 1872, há um Contencioso Administrativo por natureza. Só a usamos também, com estas palavras, para evitar repetições de linguagem.

a estipulação com o Direito Público – realizar contratos de Direito Publico [1].

Certas figuras da prática administrativa integram-se geralmente neste campo: as concessões de serviço público, os fornecimentos, as obras públicas, o emprego público, etc. A Administração utiliza com frequência esta forma complexa que aparenta conciliar dois extremos. Sem pôr de lado – antes invocando-os expressamente – os privilégios administrativos que lhe competem: poder de ordenar, poder de fiscalizar, poder de executar, solicita aos particulares uma prestação determinada de bens ou de serviços e obriga-se, em contrapartida, a entregar um correspectivo, que vem ou não acompanhado da soma de poderes públicos necessários ao cumprimento óptimo da prestação estipulada. Assim, na concessão de serviços públicos, o poder de cobrar taxas, de regulamentar o serviço, de exercer a polícia, etc. O recurso à economia individual é temperado por uma publicização manifesta da relação entre as vontades. Contra o que sucede na "solicitação" de tipo privado, o ente administrativo não se *nivela* com o particular, não *"se met en civil"*, sendo antes o particular que condiciona o prosseguimento dos seus fins individuais a uma superior solidarização com os interesses públicos do ente administrativo. Parafraseando STAINOFF na frase já repetida: é o particular que *"se met en publique"*.

Saber em que medida nestas relações tão impregnadas de "poder público", como diria SUDRE [2], os termos da estipulação resistem a tal poder, ou em que medida este subsiste em confronto da estipulação

---

[1] O Direito Público é, neste caso, evidentemente o Direito Administrativo. Decerto que a palavra "contrato" figura no Direito Constitucional, ou melhor, na Filosofia Política de raízes escolásticas (o *"pactum unionis"* de F. SUAREZ) e modernamente liga-se a HOBBES (*Leviathan*) e a ROUSSEAU (*Du Contrat Social*); mas, aí, é empregue em sentido pouco menos que translato, valendo, quando muito, como hipótese eurístico-racional. Com sentido positivo, a palavra existe também no Direito Internacional Público, podendo este Direito considerar-se uma das sedes da figura, juntamente com o Direito Privado (cfr. BODDA, *Ente pubblico, soggetto privato e atto contrattuale,* in *Studi in onore di Francesco Coletti,* Pavia, 1937, pag. 17). – Não queremos, com a expressão "contrato de Direito Público", visar directamente a estrita categoria assim chamada dos publicistas alemães (o *"staatsrechtlicher Vertrag"* ou *"offentlichrechtlicher Vertrag"*), mas a figura em sentido genérico, sem compromissos doutrinais de qualquer ordem. Assim a empregaremos doravante, salvo quando expressamente se disser o contrário.

[2] *Ob. cit.,* pág. 6.

174 · Orlando de Carvalho

– eis, de maneira muito geral, o quadro de problemas em que se desenvolve o estudo que agora iniciamos.

2. A lei (ou a jurisprudência quando vale como lei[1]) sujeita, quase por toda a parte, estas relações[2] da vida jurídica ao Direito Administrativo. Temos, portanto, que há legalmente relações de aparência bilateral submetidas a um regime de Direito Público. Designam-se, em regra, por contratos administrativos[3], tomada a expressão no seu conteúdo publicístico mais genérico, de relações bilaterais não regidas pelo Direito Privado.

Todavia, nem essa inclusão na disciplina pública nem essa designação, mesmo oficial, de "contratos" são de molde a tranquilizar a doutrina. Com efeito, sempre há que pôr, quanto à primeira, o problema de saber se o critério legal corresponde a uma realidade jurídica, se as relações designadas são públicas só por disposição da lei ou também pela natureza das coisas[4]. Quanto à segunda, sabido que a lei não é ciência

---

[1] Como é sabido, o Direito Administrativo francês é, ainda hoje, constituído, na maioria das suas normas, pelas decisões da jurisprudência contenciosa.

[2] Quer visar-se a relação presumida, isto é, o tipo de relação eventualmente qualificável de contrato público; não, porém, cada uma das figuras práticas que dissemos serem geralmente enquadradas nesse número inconcreto de relações. Sendo variável, como veremos, a posição da doutrina e da lei em face de algumas delas, erraria com toda a certeza quem as dissesse, no seu conjunto, catalogáveis como contratos de Direito público.

[3] É designação oficial entre nós, consagrada, por exemplo no Código Administrativo, na Lei Orgânica do Império Colonial Português e no Reg. do Supremo Conselho de Administração Pública. Corre, com amplitude maior ou menor, pela doutrina, pela legislação e pela jurisprudência dos países de Administração executiva. A sua origem é francesa. Hoje em dia, a expressão "contrato administrativo" envolve toda e qualquer relação bilateral de Direito Administrativo, ou seja, todo e qualquer contrato em que a Administração participa *jure publico*, e não *jure privato*. Terá o mesmo valor da expressão "contrato de Direito Público", tomada em sentido genérico, a que há pouco nos referimos. Uma e outra se equivalem ao longo deste trabalho, salvo quando expressamente se disser o contrário.

[4] A qualificação legal de uma relação jurídica pode obedecer a critérios de excepção ou a critérios naturais, quer dizer, coerentes com o sistema de normas em que se integra. No primeiro caso, diz-se que é feita "por determinação da lei", sendo restrita à hipótese prevista. No segundo, diz-se que é feita "por natureza" e permite a elaboração de uma "teoria geral" aplicável também a relações inominadas. Em França, por exemplo, vigorou o "contrato administrativo por determinação da lei", enquanto

Contrato administrativo

e, portanto, não usa terminologia *"ne varietur"*, sempre há-de o intérprete inquirir da veracidade – e o mesmo é dizer, da coerência dogmática – da designação empregada. Haverá, assim, um problema do contrato administrativo como acto jurídico *público* e um problema do contrato administrativo como *contrato* de Direito Público.

São questões, de resto, que não vivem separadas, mas se equivalem e completam, convergindo para o mesmo resultado. Ambas são problemas de existência, enquanto investigam se, no Direito interno, um *genus* de contrato público existe, não obstante o contrato *jure privato* e o acto administrativo unilateral; e ambas são problemas de critério, pois necessitam igualmente, para afirmar e provar essa existência, de pôr as notas distintivas da figura em confronto dos actos afins e semelhantes [1].

No conjunto o que se pretende saber é apenas isto: uma relação de forma externa bilateral, em que intervêm um particular e a Administração como ente público, é de Direito Privado ou de Direito Administrativo? Na última hipótese, será verdadeiro contrato ou será ainda uma "ordem"?

3. Na aparente singeleza do enunciado, levantam-se aqui graves problemas do Direito Administrativo e da Teoria Geral do Direito. Por um lado, conhecer quais os limites da actividade pública da Administração em confronto da actividade de Direito Privado, é tocar, não apenas nas dúvidas já grandes das noções de "serviço" e de "fim público",

---

se julgou que a reserva contenciosa feita para alguns contratos *"passés"* pela Administração era excepcional (assim LAFERRIÈRE, in *Traité de Jurisdiction administrative*, 2.ª ed., Paris, 1896, para os *"marchés de travaux publiques"*, avocados pela lei de 28 pluviôse do ano VIII à competência administrativa, para os *"marchés de fournitures et transports"*, idem pelo Dec. de 2-6-1806, e para a dívida pública, idem pelas Leis de 26-9-1793 e 17-7-1890). Em 6-2-1903, pelo *arrêt* TERRIER, começou a admitir-se o "contrato administrativo por natureza", e a obra de JÈZE, *Les principes généraux de Droit Administratif*, IV, V, VI, 1934-1936, é já uma intensiva sistematização dos principais contratos administrativos tomados no seu conjunto. Em 1946, G. PÉQUIGNOT, *Théorie générale du Contrat Administratif*, Paris, 1946, acentuou as preocupações por uma "teoria geral", tentando elaborar um conceito e uma doutrina suficientemente amplos para envolverem também os contratos administrativos *inominados*.

[1] *Afins* serão os actos administrativos unilaterais; *semelhantes* serão os contratos de Direito Privado.

176   Orlando de Carvalho

mas ainda no infatigável problema do *"publica privatis scernere"* [1].
Por outro, indagar se o contrato existe como tal em Direito Administrativo e, por conseguinte, se o acto administrativo permite envolver também negócios bilaterais, vem a supor, além de quanto se discute sobre o conceito de contrato (problema de Teoria Geral de Direito), o conhecimento de matérias capitais do Direito Público moderno: essência do Poder Público, conceito de acto de império, natureza do acto administrativo, valor da vontade privada em Direito Público, etc.

4. Não admira, pois, que sobre o tema incidisse a atenção de grande parte da doutrina, sobretudo publicística. Como diz BODDA, a questão existe "desde os primórdios da elaboração dogmática do Direito Administrativo"; nenhum escritor de relativo mérito nesta disciplina a desconheceu, criando-se desta sorte uma literatura muito rica e, por isso, muito difícil de expor [2].

Fundamentalmente foi encarada sob dois aspectos: de um pendor doutrinal, com raízes na Alemanha, onde a figura do "contrato de Direito Público" teve a sua palingenésia, no dizer de FORTI [3], aí se originando a notável corrente conceitualista que hoje domina nos escritores italianos; e de um pendor jurisprudencial, em França, no sentido de reservar para o contencioso administrativo os principais contratos "passados" pela Administração e justificar perante os tribunais ordinários essa cada vez mais ampla e discutível reserva.

Na primeira corrente [4], a figura nasceu entre publicistas (LABAND) e foi, desde sempre, marcadamente pública. Um grande rigor dogmá-

---

[1] Cfr. SANTI-ROMANO, *La teoria dei diritti pubblici subbiettivi*, in *Primo tratatto completo di Diritto Amministrativo italiano a cura di V. E. Orlando*, I, pág. 220.

[2] *Ob. cit.*, pág. 26.

[3] *Natura giuridica delle concessioni amministrative*, aparecido in *Giurisprudenza Italiana*, 1900, e republicado nos *Studi di Diritto Pubblico* do autor, I, Roma, 1937; *vide* esta publicação, pág. 401.

[4] *Vide:* Alemanha – LABAND, *Le Droit public de l'Empire allemand*, trad. fr., Paris, 1900, I, § 48, pág. 261 e II, § 44, págs. 104 e seguintes; G. IELLINEK, *ob. cit.*, págs. 229-244; e ainda, cits. por FORTI (*ob. cit.*, pág. 401, n. 134), STENGEL, *Lehrbuch*, págs. 40, 43 e 186, *Wörterbuch*, II, págs. 700 e seguintes, e LÖNING, *Lehrbuch*, Leipzig, 1884, págs. 240 e 245 e seguintes. Itália – U. FORTI, *ob. cit.; Diritto Amministrativo*, Nápoles, II, 1934; PACINOTTI, *Saggio di studi sui negozi giuridici di diritto pubblico*, in *Arch. Giur. Filippo Serafini*, Modena, 1903, págs. 248-254; CARBONI, *Lo stato giuridico degli impiegati al servizio di amministrazioni dirette dallo Stato in*

tico excluía do conceito todas as hipóteses de índole ou "forma" privatística (obras públicas, transportes, fornecimentos), sendo, em geral, nos escritores alemães e italianos, para as relações de indelével feição administrativa que a sua aplicação sobretudo se fez: para as concessões de serviços públicos, para a relação de emprego público, quiçá para a atribuição de cidadania ou naturalização. Daí que o principal aspecto a ser focado fosse a contratualidade, ou melhor, a bilateralidade do acto. O problema punha-se substancialmente para a existência do contrato; buscava-se, em suma, o critério que o permitisse distinguir do acto administrativo unilateral.

Na segunda corrente [1], dada a natureza pretoriana do Direito Administrativo francês, a sua gestação laboriosa e lenta segundo os *arrêts*

Italia, Roma, 1911, págs. 126-166; BARASSI, *Il contratto di lavoro nel diritto pubblico*, in *Riv. Dir. Civ.*, 1913, págs. 101 e seguintes; ORLANDO, *Principi di Diritto Amministrativo*, Florença, 1915, págs. 94 e seguintes; PRESUTTI, *Istituzioni di Diritto Amministrativo Italiano*, Roma, 1917, I, pág. 316, n. 1; CARNELUTTI, *Contratto e diritto pubblico*, in *Riv. Dir. Pubb.*, 1929, I, págs. 659-666; LA TORRE, *Il contratto di Diritto Pubblico e la competenza del Consiglio di Stato*, in *Riv. Dir. Pubb.*, 1925, I, págs. 370-376; *Nozioni di Diritto Amministrativo*, Roma, 1933, págs. 204-209; MIELLE, *Le manifestazioni di volontà del privato nel Diritto Amministrativo*, Roma, 1931; RAGGI, *Diritto Amministrativo*, Pádua, 1935, IV, págs. 210-213; DE VALLES, *Elementi di Diritto Amministrativo*, Florença, 1937, págs. 241-245; GALLO, *ob. cit.*; BODDA, *ob. cit.*; etc. Além destes autores, admitem o contrato para casos especiais alguns unilateralistas. Assim: ROMANO, *Corso di Diritto Amministrativo*, Pádua, 1933, pág. 245 (concessão de serviços públicos) e BORSI, *La giustizia amministrativa*, Pádua, 1934, págs. 29-33 (emprego público e concessão de serviços públicos). Este último autor quase pode enquadrar-se, hoje em dia, no âmbito do contratualismo.

[1] *Vide:* França – DUGUIT, *Traité de Droit Constitutionel*, Paris, 1911, I, págs. 233 e seguintes; HAURIOU, *ob. cit.;* SUDRE, *ob. cit.;* BICHOFFE, *Fonction publique et contrat*, Paris, 1927; JÈZE, *obs. cits.;* BRIMO, *Le fonctionnaire contractuel*, in *Rev. Droit Pub.*, 1944, págs. 124-132; BONNARD, *Précis de Droit Public 7.ª* ed., Paris, 1946, págs. 220--221 e 243-247; WALINE, *Manuel Élémentaire de Droit Administratif*, Paris, 1946, págs. 475 e seguintes; PÉQUIGNOT, *ob. cit.;* ROLLAND, *Précis de Droit Administratif*, Paris, 1947, págs. 54-55, etc. Defendendo também o negócio bilateral administrativo, em moldes semelhantes aos franceses, há a citar, em Espanha, FERNANDEZ DE VELASCO, *Relaciones jurídicas bilaterales de origen no contractual*, in *Rev. Gen. de Leg. y Jurisp.*, 1924, I; *Los contractos administrativos*, Madrid, 1927; *El acto administrativo*, Madrid, 1929, págs. 128-137; no Brasil, TITO PRATES DA FONSECA, *Direito Administrativo*, Rio de Janeiro-São Paulo, 1939, págs. 403-426; no México, GABINO FRAGA, *Derecho Administrativo*, México, 1944, págs. 719-739; e entre nós, MELO MACHADO, *Teoria jurídica do contrato administrativo*, Coimbra, 1937; e MARCELO CAETANO, *ob. cit.*, págs. 293-352.

do Conselho de Estado e dos Conselhos de Perfeitura – o Direito Administrativo, no pensar comum dos seus autores mais notáveis, terá sido, em França, apenas uma teorização interpretativa das normas jurisprudenciais e legais – , o "contrato administrativo" tinha de ser naturalmente o contrato da Administração submetido à competência contenciosa e, portanto, os fornecimentos, os transportes, as obras públicas, a dívida pública, em primeiro lugar, e, só depois, a concessão de serviços públicos. O método empregado começou precisamente por ser o contrário do seguido na Alemanha: duvidava-se da publicidade, mas não se punha em dúvida a contratualidade. O problema foi aqui, sobretudo, o da existência da relação pública, isto é, o do critério distintivo destes actos perante os que a Administração realiza *jure privato*.

As duas correntes manifestam, pois, uma aparente contradição de princípios e de métodos: o "contrato de Direito Público" é um acto público indiscutível de natureza possivelmente contratual; o "contrato administrativo" é um indiscutível contrato de natureza possivelmente pública. A primeira corrente teve em mira, desde logo, casos de flagrante autoridade e de muito tímida liberdade; a outra visou, sobretudo, hipóteses de liberdade com um vago elemento, muito contestável, de soberania. Mas quando as duas contemplam as mesmas hipóteses, há-de notar-se que o resultado é idêntico. Veja-se como o conceito de concessão dos franceses se aproxima do "contrato de Direito Público" dos alemães e italianos[1]; por outro lado, quando estes adregam de incluir no Direito Público[2] os fornecimentos, os transportes e as obras públicas, também o conceito de contrato que pressupõem se aproxima notavelmente do "contrato administrativo" dos franceses. Em resumo: quer-nos parecer que a divergência é tão só relativa aos casos práticos circunstancialmente contemplados, ou, como mais precisão, deriva da vária amplitude que se consagra ao Direito Administrativo nos diferentes sistemas e ordenamentos; não deriva, contudo, de uma distinta

---

[1] Com efeito, a lição de BONNARD, JÈZE, WALINE, etc., para as concessões de serviço público, distinguindo entre o momento do contrato e o momento do acto-condição, aproxima-se muito da concepção de LABAND, IELLINEK e FORTI, por exemplo, quando separam no *Tatbestand* do "contrato de Direito Público" a parte verdadeiramente contratual e o acto administrativo conjunto.

[2] *Vide* LA TORRE e DE VALLES. Regra geral, tais contratos são considerados nesta corrente como só parcialmente regulados pelo Direito Administrativo e, portanto, fora da categoria do "contrato de Direito público".

avaliação dos elementos reputados essenciais ao negócio bilateral administrativo, isto é, do elemento contratual ou voluntário e do elemento de fim público ou causal. Tanto este como aquele são parte integrante quer do "contrato administrativo" quer do "contrato de Direito Público"; o resto é só questão de maior ou menor tendência, devida ao imperioso constrangimento da prática, para ampliar, por vezes *à outrance*, um desses elementos indispensáveis ao conceito.

Como é natural, a falange dos unilateralistas concentra-se à roda da doutrina alemã e da doutrina italiana[1]. Entre os franceses e congéneres, a oposição ao acto bilateral administrativo é muito mais rara, provindo sobretudo daqueles que pretendem chamar à órbita do Direito Privado os casos mais flagrantes de "liberdade", porque neles descobrem, à semelhança da mais vetusta doutrina, meros contratos civis com particularidades de ordem formal ou processual[2]. A grande

---

[1] *Vide:* Alemanha – REHM, *Die rechtliche Natur der Gewerbekonzessionen,* II, págs. 627 e seguintes (cit. em GALLO, *ob. cit.,* pág. 34, n.º 1); MEYER, *Le droit administratif allemand,* ed. fr., do autor, 1903-1906; MEYER, *Lehrbuch des deutschen Verwaltungsrechts,* 1910, págs. 87 e seguintes (cit. em GALLO, *ob. cit.,* loc. cit.); FLEINER, *Instituciones de Derecho Administrativo,* trad. esp., Barcelona, 1933, págs. 155 e 167 e seguintes. Itália – CAMMEO, *La volontà individuale e i rapporti di Diritto pubblico* (*contratti di Diritto pubblico*), in *Giurisp. Ital.,* 1900, p. IV, c. 1-16; ZANOBINI, *L'esercizio privato delle funzioni e dei servizi pubblici,* in *Primo trattatto completo...,* II, págs. 627 e seguintes; RANELLETTI, *ob. cit.,* págs. 149-155; VITTA, *Il potere disciplinare sugli impiegati pubblici,* 1913, pags. 64-70; *Diritto Amministrativo,* Turim, 1933, I, págs. 93 e seguintes; ROMANO, *ob. cit.,* págs. 242-245; PAPINI, *Il rapporto d'impiego pubblico,* Pádua, 1940, págs. 31-48.

[2] Consideram, nesta corrente, perfeitamente identificados o contrato administrativo e o contrato civil, aquele apenas com particularidades jurisdicionais ou formais, BARTHÉLEMY, *Droit administratif;* ABELLA, *Contractos provinciales y municipales,* 4.ª ed., 1913 pág. 14; POSADA, *Tratado de Derecho Administrativo,* Madrid, 1897-98, II, págs. 263 e seguintes; GOMEZ GONZALEZ, *Contractos administrativos,* in *Enciclopedia jur. esp.,* de Seix; ALCALÁ ZAMORA, *La concesión como contracto y como derecho real,* págs. 3-5 (*cits. em* F. DE VELASCO, *Los contractos...,* cit., págs. 9-17); GASCON Y MARIN, *Tratado de Derecho Administrativo,* 1948, 16.ª ed., I, págs. 245-248; etc.

A posição de LAFERRIÈRE em *Traité de la jurisdiction administrative,* 2.ª ed., I, págs. 588 e seguintes, não é uniforme. Divide os contratos da Administração desta maneira: 1.º) contratos relativos ao domínio privado – actos de gestão, submetidos à competência judiciária normal; 2.º) contratos relativos aos serviços públicos – actos de gestão também, só excepcionalmente retirados ao controle judicial de Direito comum; aqui se incluem os fornecimentos, os transportes, as obras públicas, etc.; 3.º) contratos

maioria, porém, aceita como um dado a categoria do "contrato administrativo", a qual, nascida há pouco mais de um século como expressão pura e simples de uma "reserva" contenciosa, foi, pouco a pouco, evoluindo, até hoje assumir a dignidade de um conceito "por natureza". Deve dizer-se, contudo, em abono da verdade, que não só a vitória dos bilateralistas sobre os unilateralistas está longe de ser inteiramente um facto, em que pese a CARNELUTTI[1] e a outros trabalhadores da primeira coorte, como, a despeito da consagração legislativa e dos trabalhos de alguns juristas mais recentes[2], o "contrato administrativo por natureza" não logrou ainda superar todas as dificuldades que o torturam nas próprias linhas-mestras da sua formulação.

Reunir num grande esforço técnico-construtivo tudo quanto foi dito acerca do problema, depurar, em confronto das exigências da lógica e necessidades da prática, os "particularismos" e preconceitos que

---

em que a Administração aparece como poder público e a vontade do particular é elemento acessório do negócio – actos de império, sujeitos ao contencioso especial; aqui vêm a caber tanto o emprego público, como a concessão de serviços públicos, como o recrutamento militar, etc. (Cfr., em geral, PÉQUIGNOT, *ob. cit.*, pág. 31, n.° 32). DUGUIT, vendo embora perfeita identidade de situações entre os contratos civis e os contratos administrativos, não deixa de os distinguir em ordem ao fim, o que, na realidade, corresponde a diversificá-los; por isso o não incluímos nesta margem da doutrina francesa, mas na primeira.

A relação de emprego público é considerada, a partir dos realistas (Escola de Bordeus), como um verdadeiro acto-condição sem qualquer elemento contratual; isto, para a nomeação, em geral, é claro, não para o caso específico do "provimento por contrato". Exceptua-se BICHOFFE, *ob. cit.*

Entre nós, desde FÈZAS VITAL, em *A situação jurídica dos funcionários*, Coimbra, 1915, também se adopta a teoria do acto unilateral, quanto à nomeação. *Vide,* por todos, M. CAETANO, *Manual de Direito Administrativo,* 2.ª ed., Coimbra, 1947, pág. 229. Como unilateralista também se afirma, num lúcido trabalho – *Le fonctionnaire*, Paris, 1933 – o Professor búlgaro STAINOFF, depois de criticar quer o contratualismo (na forma civil e na forma pública) quer a doutrina do acto-união, e bem assim a teoria do acto administrativo bilateral de WALTER IELLINEK (*Zweiseitiges Verwaltungsakt zur jähr Bestehens des preuss. Oberverwaltungsgerichts*, Berlin, 1925, pág. 84; *Verwaltungsrecht,* 3.ª ed., 1932, pág. 243), que nos parece de resto, assemelhar-se à defendida por CARNELUTTI, na *ob. cit.*

[1] *Ob. cit.,* pág. 659. Falando da dificuldade por parte da doutrina em admitir o contrato de Direito Público, escreve: "... há possivelmente nesta matéria discordância entre a ciência jurídica e o senso comum".

[2] V. g., PÉQUIGNOT, *ob. cit.*

viciam as principais formulações da doutrina, atingir, em suma, um conceito técnico-jurídico de "contrato administrativo" sobre que pudesse elaborar-se uma teoria geral sólida e útil – eis o que seria, a nosso ver, de grande conveniência para o Direito e para a Ciência Administrativa. Tal não é possível, contudo, neste momento e neste trabalho, que, portanto, se limita a ser, de entre as muitas de menor alcance, uma nova "achega" à velha questão da possibilidade e do conceito. Conclusões definitivas, em matéria tão grave, obrigam naturalmente a remexer todas as hipóteses, ventilar todas as teses, reelaborar novas premissas para, finalmente, a partir delas, e após amadurecida reflexão, se atingir – se possível – o *summum genus* procurado. Há, desta sorte, um trabalho analítico inicial, e, como toda a análise, destrutivo e inglório; só depois é que vem o trabalho de síntese, de reelaboração, de criação. A presente monografia será mais fruto da primeira tarefa que da segunda; mas dar-se-ia, ainda assim, por cumprida, se chegasse a ser uma discussão clara e precisa das soluções apresentadas até hoje, com – para não ser totalmente destrutiva – uma reposição aceitável do problema em premissas lógicas e concludentes.

5. Vista a questão nestes termos, isto é, reduzida aos seus limites conceituais, pode perguntar-se qual o interesse prático que reveste. Por certo que não vamos fazer aqui uma teoria do contrato administrativo com tudo o que respeita à formação, à declaração, à interpretação, à execução e à rescisão do vínculo, quer dizer, naqueles aspectos que usam chamar-se de "utilidade prática". Mas com ser apenas "teórica", a questão não será só "académica" [1], pois se revela indiscutivelmente necessária para resolver eventuais problemas de ordem concreta. Basta dizer que a sua solução prejudicará quanto venha, depois, a ser dito sobre causa, interpretação da vontade, momento da perfeição do acto jurídico, elementos acidentais, etc. – que ela informa praticamente toda a teoria positiva da relação bilateral em Direito Público. Por outro lado, embora a nossa lei enumere taxativamente os contratos administrativos "para efeitos contenciosos" (art. 815.º, § 2.º, do Código Administra-

---

[1] Cfr. pensavam, v. g., VITTA e RAGGI. Este último autor considera a questão do unilateralismo ou bilateralismo como de "sabor académico" (*ob. cit.*, pág. 212), pois as soluções práticas serão idênticas para ambos os casos. BODDA, *ob. cit.*, págs. 27-28, mostra a utilidade da investigação conceitual, mesmo nas hipóteses de regulamentação pormenorizada por parte da lei dos actos qualificáveis como contratos de Direito público.

tivo), e, assim, em matéria de competência jurisdicional, seja reduzido o alcance da fixação, entre nós, de um *genus* de contrato administrativo (ou, como dizem os franceses, de um "contrato administrativo por natureza"), sempre resta o bastante para nos decidirmos a fazê-lo. À doutrina cabe sempre o papel de iluminar o intérprete, apresentando-lhe os casos que, por sua coerência dogmática, autorizem e solicitem interpretação extensiva da lei e aqueles, pelo contrário, que, em vista da sua acidentalidade na contemplação legal, requeiram manifestamente interpretação restritiva.

6. O método a seguir decorre do objecto do problema. Assim, antes de mais, importaria tratar do contrato administrativo como acto jurídico público, localizando-o no esquema típico da acção administrativa. Em seguida, far-se-ia apelo à teoria geral do Direito para se fixar a noção mais aceitável, hoje em dia, de contrato. Por último, esboçaríamos as reacções mútuas do elemento interesse público e do elemento contratual, a fim de chegarmos a uma solução negativa ou positiva do conceito procurado. Haveria, pois, uma tese (acto administrativo), uma antítese (contrato), em vista de uma síntese (contrato administrativo).

A verdade, porém, é que as circunstâncias concretas que acompanharam a feitura desta obra coagiram-nos a limitar o seu âmbito muito para cá do que uma tal discussão e reposição de problemas demandaria realmente. Tivemos de circunscrever-nos ao primeiro dos aspectos indicados (à *tese*, como foi dito com certo abuso das categorias da lógica dialéctica), deixando para outro momento, se houver tempo e lugar, as duas últimas faces em que se desdobra o problema do contrato administrativo.

Vão, pois, estudar-se as razões que conferem à forma especialíssima de solicitação de que falámos há pouco (ou seja, àquela que visa situar, não o ente público *"en civil"*, mas o particular, o solicitado, como que *"en publique"*), natureza de verdadeiro acto de Direito Público, gerador de uma relação administrativa em sentido próprio. Não se trata de distinguir entre Direito Público e Direito Privado, nem tão pouco entre relações públicas e relações privadas em geral; pretende só conhecer--se o critério limitativo da actividade pública e da actividade privada da Administração, surpreendendo – digamos com exagero expressivo – a marca anti-contratual do presumível contrato de Direito Público, por confronto com os negócios que a Administração realiza *jure privato*.

CAPÍTULO I

Actividade jurídica pública e actividade jurídica privada da Administração

Sumário: – **1.** Natureza genérica da actividade da Administração no actual tipo de legalidade. O problema da distinção entre actividade *jure publico* e actividade *jure privato*. – **2.** Critérios subjectivos de distinção. Crítica. – **3.** Critérios objectivos e critérios formais. Crítica. Remissão.

1. Só como actividade inteiramente regulada (o que não exclui, por certo, a existência das faculdades discricionárias), a força actuante do Estado Administrador se pode conceber num regime evoluído de Estado de Direito[1]. Mesmo na época liberal do *"Rechtsstaat"*, quando a acção administrativa era vista por todos como naturalmente livre[2], ela não deixava, claro está, de ser regulada, embora no sentido apenas de ser legal[3]. Mas, ainda então, o Estado de Direito não se havia cumprido até ao limite do seu génio. Desde, porém, que isto sucede – como parece suceder, com algumas reservas, no actual tipo de legalidade –

---

[1] *Vide,* neste sentido, Prof. Afonso Queiró, *O poder discricionário da Administração,* Coimbra, 1944, *passim.* Aí se faz uma análise esgotante da problemática do poder discricionário, vindo a concluir-se que ele constitui, hoje em dia, não uma ausência de lei, mas ainda e sempre a expressão de um querer da lei.

[2] Assim, Laband, *ob. cit.* Cfr. também vários outros autores, cits. pelo Prof. Queiró, *ob. cit.,* págs. 88 e seguintes.

[3] "É... fora de dúvida que a direcção dos negócios governamentais não deve conduzir à violação das leis do Império..." – Laband, *ob. cit.,* I, pág. 348. "A despeito do seu poder soberano, que o torna capaz de afeiçoar ele próprio o Direito, o Estado está *subordinado* na sua actividade administrativa ao Direito que estabeleceu, a esfera onde reina a vontade das autoridades encarregadas da Administração tem limites jurídicos que a separam da esfera dos indivíduos, das comunas e dos outros órgãos do Estado" – *Idem, ibidem,* II, pág. 519.

é perfeitamente correcto dizer-se que a Administração só existe enquanto existe norma, enquanto concretiza, ao satisfazer necessidades com bens, a volição-preliminar do legislador[1]. O Direito Administrativo já não é somente a cintura legal de certa esfera de acção[2]; percorre todo o corpo gigantesco do Estado actuante por meio dos capilares de um Direito organizatório ao mesmo tempo maleável e firme. A Administração deixou de ser sentimento puro, pura força, pura *voluntas*[3]: é consciência, é dinâmica inteligente, é *ratio*[4].

Sendo assim, não pode haver ângulo da actividade administrativa sobre o qual não incida o rigor da disciplina da lei. Salvas as operações materiais[5], todo o acto que ela encerra é acto jurídico, hipotizado numa regra qualquer, ou em via genérica ou em via específica, como a outro propósito terá dito GRASSETTI[6]. Usando a terminologia de IELLINEK[7],

---

[1] Cfr. Prof. QUEIRÓ, *ob. cit.,* sobretudo pág. 248.

[2] "Direito administrativo material", no sentido em que o define LABAND (cfr. n. 3). O "Direito organizatório" não teve, durante a vigência da concepção liberal, carácter de verdadeiro limite jurídico – "as regras que ficam nos limites da própria Administração... não são disposições jurídicas", escreve LABAND, também a pág. 519 do vol. II.

[3] É, até certo ponto, ainda uma ideia de LABAND: "A Administração Pública é a acção do Estado, o "fazer ou omitir" do Estado enquanto pessoa capaz de acção. Da mesma forma que a palavra *"Handlung"* (acção) recorda a força física do homem que se manifesta pela mão (*"Hand"*), por oposição à sua actividade intelectual, assim há uma estreita conexão objectiva e filosófica entre *"Verwaltung"* (Administração) e *"Gewalt"* (poder). O *"Walten"* do Estado (valer, administrar) é a realização da sua força, do seu vigor físico, a Administração compreende tudo o que o Estado *faz..."* (*ob. cit.,* vol. II, pág. 513).

[4] "A Legislação e a Administração não se distinguem como vontade consciente: a Administração deve agir no sentido em que o pretende o legislador" (Prof. QUEIRÓ, *ob. cit.,* pág. 248). "Para o Estado que age na prossecução dos seus fins (Estado administrador), a lei é uma vontade interna, é a sua própria vontade" (ZANOBINI, *L'attività amministrativa e la legge*, in *Riv. Dir. Pubb.*, 1942, I, págs. 382 e seguintes; cit. pelo Prof. QUEIRÓ, *ob. cit.,* pág. 249).

[5] Os chamados "actos internos" são, evidentemente, jurídicos na medida em que *vinculam* dentro da órbita da Administração e são previstos pela lei: traduzem a expressão de uma vontade de harmonia com a regra de direito.

[6] *Rilevanza dell'intento giuridico in caso di divergenza dall'intento empirico*, Milão, 1936. Para os negócios de Direito Privado fala-se de reconhecimento em "via genérica" quanto aos inominados, recebidos por uma regra geral, e de reconhecimento "em via específica" quanto aos típicos ou nominados, descritos individualmente na lei.

[7] IELLINEK, *ob. cit.,* caps. IV e V. Toda a capacidade da pessoa colectiva parece ser, na realidade, dentro de uma concepção objectivista, produto de uma norma que

Contrato administrativo

pode escrever-se que o acto da Administração jamais é produto de uma faculdade permissiva, de um *"licere"*, de um *"Dürfen"*; mas sempre e só de uma faculdade concedente, de um *"posse"*, de um *"Können"*. A actividade administrativa fora da lei não é apenas ilícita; é *impossível*.

À primeira vista, pode chegar a parecer que, além de jurídica, enquanto existente pelo Direito, a actividade da Administração é toda ela da mesma índole, toda ela pública. Da mesma índole, com certeza, pois, como pessoa normativa que é, a Administração obedece, fundamentalmente, e em cada caso, ao seu princípio de especialidade [1]; actividade administrativa, *lato sensu*, é sempre actividade especializada. Quanto a ser pública, se as palavras alguma coisa dizem, a Administração estadual tem de o ser sempre também, sob pena de *"contradictio in adjecto"*; o mesmo princípio da especialidade lho deve impor como regra geral ou pressuposto de toda a sua conduta. Em contrapartida, sabemos que a Administração realiza actos *jure privato*, que, por hipótese, se submetem ao regime normal do Direito Civil. Logo esse "público", em sentido amplo, não pode corresponder *de plano* a regime de Direito Público, pois, não obstante ser actividade jurídica por natureza e pública por especialidade, a vida da Administração concerne tanto ao Direito Público como ao Direito Privado.

Urge, assim, perguntar: que sentido tem essa submissão a ramos de direito aparentemente contraditórios? Qual o limite da actividade *jure publico* e da actividade *jure privato* da Administração? Traduz ele uma diferença de vontades, de interesses ou de meios jurídicos? É claro que tudo isto se prende, como dissemos na introdução, com o velho e infatigável pleito do *"publica privatis scernere"*, que deixou de ser um problema de normas (toda a norma é, como provou THON, emanação – *"Ausfluss"* – da vontade geral [2]) para ser, singelamente

---

concede, de um *"posse"* simplesmente jurídico, já que o *"posse"* naturalístico, em que se baseia o *"Dürfen"* ou *"licere"*, é atributo dos seres naturais, e, portanto, dos indivíduos.

[1] Cfr. MICHOUD, *Théorie de la personnalité morale,* Paris, 1909, II, págs. 142 e seguintes, sobretudo 153-154.

[2] *Norma giuridica e diritto soggettivo (Rechtsnorm und subjectives Recht),* trad. it., Pádua, 1939. Esta obra de AUGUSTO THON publicada em 1870, encerra no cap. III uma análise que é hoje clássica da distinção entre Direito público e Direito privado. Passam-se aí em revista os principais critérios de distinção: 1) critério de formação ou conteúdo das normas; 2) critério dos destinatários das normas; 3) critério dos

um problema de relações. Não nos interessa, porém, senão aflorá-lo, e na estrita medida em que importa distinguir as relações públicas e privadas da Administração.

2. De três pontos de vista pode fazer-se a distinção: do ponto de vista das vontades (critério subjectivo), dos interesses (critério objectivo), dos meios (critério formal); isto é, pode implicar uma separação de naturezas, de esferas ou de processos.

Durante algum tempo, supôs-se que havia diferença de naturezas ou de modos de ser (condições – *"Zustände"*) na própria vontade suporte da relação jurídica. A mais velha doutrina, ligada à teoria do privilégio regaliano, operava, dentro da unidade executiva estadual, a distinção de duas pessoas conviventes numa espécie de união hipostática: a Pessoa Política e a Pessoa Moral. À primeira, como vestígio do *"princeps a legibus solutus"*, viria a caber a plenitude da autoridade, com os respectivos privilégios de execução prévia, presunção de legalidade, jurisdição especial, normalmente "retida", etc. À segunda, como simples pessoa "civil", caberiam fundamentalmente os mesmos direitos conferidos por lei aos outros particulares: a mesma pretensão privada, a mesma "sanção (ou consequência) extrínseca" – *"äussere Sanction"* [1] – da jurisdição ordinária, etc. Sobre esta doutrina assentou em França a chamada teoria dos "actos de autoridade" e dos "actos de

---

interesses tutelados; 4) critério do ilícito mediato ou imediato – adoptando, por sua vez, o A. o critério das consequências jurídicas (*"Rechtsfolge"*) derivadas da pretensão (*"Anspruch"*), entendida esta como faculdade de intervir, de provocar, por uma intervenção (*"ein Einschreiten"*), essas consequências. Elimina, porém, como não essenciais a ideia do escopo da pretensão (pena ou ressarcimento) e a circunstância de ser ou não obrigatório o exercício desta. Há, contudo, a salientar que a pretensão para THON só nasce com a transgressão; a essência da *"Anspruch"* é apenas a possibilidade de mover os órgãos estaduais para, suposta a transgressão, se obter a consequência jurídica; é mais um *"licere"* (faculdade) do que um *"posse"*. Este ponto de vista é contrariado por grande parte da doutrina, nomeadamente por GLUTH, *Archiv. f. off. R.*, III, pág. 570, e por G. IELLINEK, *ob. cit.,* pág. 60. Para estes autores como para UNGER, WINDSCHEID, BRINZ, WACH, DERNBURG, REGELSBERGER e ENDEMANN (cits. todos por IELLINEK, *ob. cit.,* loc. cit.), a pretensão é "actual e concreta", nasce com o direito subjectivo, é um verdadeiro *"posse"*. No mesmo sentido, *vide* a nota do tradutor à obra de THON – n. i), pág. 147.

[1] THON, *ob. cit.*, pág. 138. A expressão "sanção extrínseca" é interpretada como "consequência extrínseca" pelo tradutor a n. e), pág. 145.

gestão", que vemos defendida sobretudo em LAFERRIÈRE [1]. Lá se repartem os actos da Administração por duas formas capitais de "vida": a que se traduz em nomear, requisitar e conceder; a que se traduz em solicitar, negociar e contratar. No primeiro caso, a Administração "reserva--se" o controle dos seus próprios actos, por intermédio do contencioso; no segundo, obriga-se à jurisdição ordinaria, aos tribunais comuns.

É evidente que esta doutrina de base subjectivista não corresponde à realidade moderna do Estado de Direito. Não há duas vontades dentro da Administração, não pode haver duas naturezas. A vontade da Administração é só uma, quer ela requisite, quer ela contrate. Cada órgão seu é apto, em regra, a proceder, conforme as necessidades, a operações de Direito Público e a operações de Direito Privado. Uma Câmara Municipal, com a mesma constituição e o mesmo poder deliberativo, pode nomear *jure publico* um médico de partido e contratar *jure privato* um trabalhador camarário. Nada impede que a lei fixe até as mesmas formalidades para ambos os casos, conquanto geralmente o não faça, coisa que de nenhum modo releva, entretanto, para fundamentar com êxito a existência paralela, dentro da Administração Pública, de duas condições ou naturezas distintas.

A teoria de LAFERRIÈRE, independentemente dos seus resíduos regalianos ou do carácter metajurídico do seu conceito de "império" – tão duramente criticado pela Escola Realista e por MICHOUD, que consideraram o conceito de soberania como de origem metafísica [2] e recearam que a distinção entre Pessoa Política e Pessoa Moral visasse colocar o ente público *"hors du Droit"* [3] – poderia ter tido o mérito de haver consagrado em termos precisos duas possíveis esferas nítidas de actividade administrativa. Porém, nem essa glória lhe pertence, pois a Administração não cessa de confirmar a indestrutível unidade do querer estadual e, ao mesmo tempo, a maleabilidade, a *"souplesse"*, da noção de serviço público que ameaça abranger toda a órbita dos interesses

---

[1] *Ob. cit.*, I, pág. 484. *Vide* também AUCOC, *Conférences sur le Droit Administratif,* 3.ª ed., 1885, I, n.° 292; DUCROCQ, *Cours de Droit Administratif,* 7.ª ed., 1897, I, n.° 64 (cits. por PÉQUIGNOT, *ob. cit.,* pág. 28).

[2] Crítica da Escola realista, especialmente de JÈZE, no testemunho de PÉQUIGNOT, *ob. cit.,* pág. 29.

[3] Crítica de MICHOUD, *ob. cit.,* 2.ª ed., I, pág. 277 (cit. também por PÉQUIGNOT, *ob. cit.,* loc. cit.).

colectivos, e se torna cada vez mais difícil de distinguir da empresa privada (sobretudo das novas formas de intervenção, como a *"société nationale"*) do Estado simplesmente gestor [1]. Entre as duas margens

---

[1] A *intervenção estadual* pode fazer-se por três modos: 1) Através das *polícias*, quando se trata de "vigiar a iniciativa privada", na medida em que ela provê a uma necessidade geral. Assim, por exemplo, o Estado reconhece que a iniciativa particular é suficiente para garantir a panificação nacional; todavia, urge vigiar esta iniciativa de modo a evitar qualquer fraude ao consumidor, etc. É uma actividade de polícia ou de regulamentação. 2) Através do *encorajamento de empresas privadas de utilidade pública*. A iniciativa privada é bastante para desempenhar cabalmente a missão de utilidade geral, mas sob condição de ser encorajada pelo Estado. Assim, o equipamento hidro-eléctrico dos cursos de água pode ser feito pelos particulares; mas o Estado necessita de os auxiliar, permitindo, v. g., a expropriação dos terrenos propícios ao estabelecimento de condutas, etc. A empresa continua, entretanto, a ser privada. 3) Através dos *serviços públicos*. O Estado toma a seu cargo satisfazer directamente as necessidades colectivas, ou porque a empresa não é suficientemente rendosa para tentar a iniciativa particular ou porque a intervenção desta iniciativa apresentaria graves inconvenientes para a ordem pública. O serviço público pode revestir várias modalidades: régie directa, régie interessada, concessão (na quase unanimidade dos casos com associação financeira) e sociedade nacional. A régie interessada e a concessão com garantia financeira conduzem a verdadeiras sociedades leoninas, em que o concedente toma a seu cargo todas as perdas e reparte com o concessionário todos os lucros. Por isso tendem a ser substituídas por "sociedades nacionais" em que o Estado, ao menos parcialmente, recupera a direcção da empresa. Foi o que sucedeu, em França, com o Decreto-lei de 31-8-1936 para os transportes ferroviários.

Urge distinguir o serviço público da *"société nationale"*. Abrangem-se nesta última palavra realidades muito distintas: quer um serviço público que vê o seu modo de gestão transformado pela substituição de uma régie a uma concessão, quer uma empresa privada que cede passo a um serviço público, ou a uma gestão dominial, ou a uma empresa de economia mista. A gestão do Estado não é necessária. Não preside à empresa nacionalizada uma ideia positiva, como seja a de tomar a autoridade pública à sua conta a gestão e as áleas financeiras da empresa; é antes caracterizada por um traço negativo: eliminar a direcção capitalista.

Quanto à noção de "serviço público", ela desempenha papel capital no Direito Administrativo. "Até quando a Administração age pelo processo de polícia – escreve WALINE – , há um serviço público encarregado de assegurar a execução pelos administrados das prescrições policiais; até quando os particulares usam directamente do domínio público, houve um serviço que lhes permitiu e continua a permitir isso mesmo". (*Ob. cit.*, pág. 274). Todavia, o "serviço público" está longe de ser uma ideia muito precisa. Fala-se dele a propósito de empresas comerciais e industriais, que desde 1921 se sujeitam em França ao regime de Direito Privado, quanto a certas relações internas e externas. Tal extensão do termo "público" a serviços não integralmente administrativos acentua-se com a política das nacionalizações, de sorte a pôr-se o pro-

Contrato administrativo 189

– nem, talvez, autênticas num regime de administração liberal – de uma actividade de império exclusiva e de uma actividade de gestão exclusiva também, é hoje notória, e era-o já no tempo de LAFERRIÈRE[1], a existência de uma fecunda actividade social que em si reduz à unidade e à síntese aqueles dois pólos da acção administrativa. Desconhecendo isto mesmo, a doutrina de LAFERRIÈRE correu, portanto, um risco grave: o de ser contrária à própria índole do Direito Administrativo francês, dominado – como, tempos após, revelaria o famoso *arrêt* BLANCO – pelo "fetichismo" do serviço público[2]. Um mérito teve, entretanto, se lhe dermos, na sequência de PÉQUIGNOT[3], a interpretação que parece mais justa: haver mostrado que a solução do problema estava, de algum modo, no processo, ou, pelo que respeita à nossa matéria, que "o processo administrativo... é o segredo do contrato administrativo"[4]. Veremos, mais adiante, o que isto pode significar.

3. Uma vez que a distinção entre actividade pública e privada da Administração não corresponde a uma diferença subjectiva, concernente à natureza da vontade, fica o recurso a um critério objectivo ou a um critério formal. Contra o recurso em primeira linha a um cri-

---

blema de saber se "a noção de serviço público não tenderá a perder a sua unidade tradicional e a tornar-se numa noção genérica que encobre realidades específicas diferentes". (Cfr., no geral, WALINE, *ob. cit.,* págs. 4-5, 271-274 e 277-278).

[1] Com efeito, várias leis francesas (cfr. n. 2, pág. 7 deste trabalho) desde cedo atribuíram competência ao Conselho de Estado sobre os principais contratos passados pela Administração. É de notar, porém, que esta atribuição "por disposição da lei" foi motivo para só muito tarde se aperceberem os Tribunais e a doutrina dos vícios de fundo da teoria de LAFERRIÈRE. Escudados nos textos, que ampliavam quase *"à leur gré"*, os tribunais administrativos exerciam controle sobre a maioria dos contratos relativos ao funcionamento dos serviços, não sentindo, portanto, a necessidade de buscar um critério que lhes facultasse uma competência "por natureza". (Cfr. SUDRE, *ob. cit.,* pags. 23-24).

[2] Cfr. PÉQUIGNOT, *ob. cit.,* pág. 69.

[3] As críticas de Escola Realista e de MICHOUD acentuam o "metafisicismo" de LAFERRIÈRE, isto é, a sua pretensão de desmembrar em duas *pessoas,* opostas e distintas, a actividade administrativa do Estado. Ora talvez LAFERRIÈRE tenha querido simplesmente vincar que a Administração usa de dois processos distintos de prática jurídica: o de autoridade e o de gestão. Neste sentido o interpretam SUDRE ("É na análise da actividade da Administração que repousa o erro..." escreve este A. a pág. 18 da *ob. cit.*) e PÉQUIGNOT (*ob. cit.,* pág. 29).

[4] PÉQUIGNOT, *ob. cit.,* pág. 29.

tério formal, opomos, desde já, a seguinte objecção: nenhum critério de *forma* – compreendendo, nesta palavra, tudo o que seja "pretensão", como "faculdade de intervir" (THON) ou como "poder jurídico," (IELLINEK), tudo o que seja regime publicístico, como "direito de *imperium*" (ROMANO) ou como cláusula exorbitante do Direito privado (doutrina francesa) – fundamenta, de per si, um verdadeiro critério de distinção[1]. Com efeito, ou a forma é utilizada a puro arbítrio da Administração ou obedece a um porquê; mas, neste caso, evidentemente que a razão do processo é que será o elemento distintivo, não o processo em si mesmo. Só partindo de uma total irrelevância da qualificação dos interesses para a escolha do meio, se pode chegar a um exclusivo critério formal ou processual. Mas, ainda então, a premissa necessitará de provar-se, e, portanto, sempre a rejeição *in limine* de um critério substantivo será logicamente de condenar.

Uma das mais conhecidas doutrinas objectivistas é a que separa, com SOHM[2] na Alemanha e GIORGI[3] na Itália, os direitos do Estado dos direitos do Fisco, na medida em que atribui a este último as relações de conteúdo patrimonial e àquele as relações de conteúdo não patrimonial em que intervém a Administração. Enquanto pressupõe duas vontades (ou dois modos de ser – *"Zustände"*) perfeitamente separáveis dentro da pessoa do Estado, esta doutrina merece as mesmas críticas que fizemos à primeira. Mas, ainda quando pretenda apenas basear uma diferença de relações e não de sujeitos, tal distinção será inaceitável. Ao lado do "Direito de império (*"Gewaltrecht"*), não poderá distinguir-se com exactidão um "direito patrimonial" (*"Vermögensrecht"*), como abundantemente provou IELLINEK[4] e, já antes dele, THON[5]. Há

---

[1] Adiante, falaremos destes critérios formais, explicando a inclusão de cada um deles sob esta comum designação, se é que não resulta mais ou menos clara do que afirmamos aqui. Também nesse posterior momento se dirá do valor das doutrinas indicadas para a distinção das relações *jure publico* e *jure privato*.

[2] *Institutionen*, 4.ª ed., págs. 14-15, e 11.ª ed., págs. 23 e seguintes (Cit. em G. IELLINEK, *ob. cit.*, pág. 66, n. 2).

[3] *Dottrina delle persone giuridiche*, III, pág. 432 (Cit. em GALLO, *ob. cit.*, pág. 7).

[4] *Ob. cit.*, págs. 65 e seguintes.

[5] *Ob. cit.*, págs. 142-143. HAELSCHNER (*Gerischtsaal*, XX, 1869) dizia que "Direito civil é... o que disciplina a relação entre pessoa e coisa, como objecto patrimonial, e a relação recíproca entre pessoas acerca do património". WACH, WAHLBERG, BRINZ e SCHLOSSMANN também seguiam esta doutrina (Cfr. THON, *ob. cit.*, loc. cit., n. 83).

direitos privados (v. g., direitos de família: o direito do filho à emancipação, do marido à entrega da mulher, dos pais à entrega dos filhos, etc.) que não têm qualquer conteúdo económico imediato. Por outro lado, o direito de cobrar impostos e as relações que ele fundamenta – toda a órbita, em suma, que hoje se assinala ao Direito Fiscal – revestem, quer se incluam quer não no Direito Administrativo[1], um carácter público mais que evidente, não sendo mesmo pensáveis sem a intervenção efectiva e constante do poder de constrangimento estadual. Como diz HAENEL[2], censurando o velho binómio "Estado – Fisco" e a velha identidade "relação privada = relação patrimonial", o Estado, nas relações fiscais como em todas as outras, não deixa nunca de ser Estado.

O critério objectivo mais em voga – e que pode chamar-se tradicional – é o critério da *"utilitas"*[3], que nos vem de ULPIANO[4]: há relações públicas quando a actividade administrativa prossegue um fim de interesse geral, relações privadas quando prossegue meramente um fim de interesse particular. Tão fácil e conhecida é a objecção a este critério, no quase primitivismo da sua estrita formulação, que nem vale a pena reproduzi-la neste local. Se qualquer interesse particular (e os *"Specialgüter und Specialinteressen"* de que fala THON[5] – os "bens e interesses especiais", como a integridade física, a liberdade, a honra,

---

[1] Há quem pretenda, hoje em dia, separar as relações tributárias do Direito Administrativo (são, na generalidade, consideradas objecto dessa disciplina, estudando-se nos respectivos tratados), para com eles formar uma nova ciência pública: o Direito Fiscal. Assim, TROBATAS, *Essai sur le droit fiscal*, in *Rev. de Sc. et Lég. Financière*, 1928, pág. 201, e *Précis de Science e Législation Financière*, 2.ª ed., n.os 348 e seguintes; Prof. ARMINDO MONTEIRO, *Do conceito do direito financeiro*, in *O Direito*, ano 58.º, págs. 99 e 165, ano 59.º, pág. 151, e ano 60.º, pág. 51 (Cfr. Prof. MARCELO CAETANO, *Manual* cit., pág. 414, n. 1).

[2] *Staatsrecht*, § 25, III, 1. (Cit. por FORTI, *Natura giuridica...* cit., pág. 402, n. 135).

[3] Seguido por BRUNS (na *Enciclopédia* de HOLTZENDORFF) e NEUNER (em *Privatrechtsverhältnisse*), cits. ambos por THON, *ob. cit.*, págs. 114-115. FORTI nomeia também (*Natura giuridica* cit. pág. 418) POLIGNANI (*Sinopsi delle pandette*), SAREDO (*Tratatto delle leggi*) e GIANTURCO (*Sistema*).

[4] *"Publicum ius est, quod ad statum rei Romanae spectat, privatum quod ad singulorum utilitatem: sunt enim quaedam publicae utilia, quaedam privatim"*. 1.1, § 2 *De iustitia et iure*, I, 1 – § I eod. I, 1).

[5] *Ob. cit.*, pág. 116, n. 7.

etc., muito mais do que os restantes) respira sempre um interesse de ordem geral ou colectiva, como não há-de isso acontecer com os possíveis "egoísmos" do "ente de todos" por antonomásia? De facto, ninguém duvidará de que a procura de lucros por parte da Administração, através, por exemplo, da participação capitalista numa sociedade anónima, é tão dirigida ao interesse da colectividade – destinando-se como se destinam esse lucros a fomentar, gerir e constituir serviços públicos – como a prossecução dos fins de segurança colectiva e salvaguarda do território, que justificam, respectivamente, os serviços de polícia e de defesa nacional. Por isso, como diz WACH[1], o critério da *"utilitas"* é "dúbio, relativo e ondulante", sobretudo se tomarmos em linha de conta a própria variabilidade ou incaptabilidade do que seja, até só para dado momento, um "interesse geral"[2]. Já hoje, por exemplo, não poderá condenar-se, à semelhança de HAURIOU[3], a erecção em serviço público, "como na época da decadência romana", dos "jogos de circo" da modernidade: teatro, cinema, desportos, etc. O Estado, através da Administração activa, passou a ser empresário de serviços públicos cada vez mais extensos e variados, desde a escola primária aos transportes, desde os Correios e Telégrafos ao Instituto de Investigação Atómica.

Apesar de tantos defeitos, o critério do interesse público ou privado, abstraindo do seu conteúdo possível (patrimonial – não patrimonial, de utilidade geral – de utilidade particular), encerra indiscutivel-

---

[1] *Handbuch des d. Zivilprozessrechts,* in BINDING, *Man.*, IX, 2, I, Leipzig, 1885, pág. 93, n. 39, *in fine* (cit. em FORTI, *Natura giuridica...* cit., pág. 418, n. 208).

[2] Cfr. PÉQUIGNOT, *ob. cit.*, págs. 76 e seguintes. É uma noção essencial (BONNARD e WALINE) à definição de serviço público, introduzindo nela um "elemento material e normativo", pois mostra que a Administração não pode elevar à categoria de serviço público toda e qualquer empresa *ad libitum*. Dada, porém, a extrema variabilidade, na doutrina e na jurisprudência, deste elemento "interesse geral", JÈZE propugna que se eliminem as dificuldades reduzindo a determinação do interesse à pura e simples intenção dos poderes públicos (critério subjectivo). Esta orientação é condenável. Como terá escrito DUGUIT, corresponde a substituir-se o Direito pelo arbítrio do Estado. O Poder Público não pode usar arbitrariamente do processo administrativo; este só *deve* ter lugar em caso de utilidade geral. G. PÉQUIGNOT apega-se tanto mais a este modo de ver quanto todo o Direito Administrativo e Público francês se estriba nas noções de interesse e de poder público; lamenta, porém, que na literatura jurídica não tenha aparecido até hoje nenhuma análise profunda de noção tão importante e tão imprecisa.

[3] Nota ao *arrêt* ASTRUC, C. de E. de 7-4-1919 (Cfr. Waline, *ob. cit.,* pág. 271).

mente uma raiz de verdade: o uso deste ou daquele meio jurídico depende dos interesses protegidos, quer dizer, os interesses revelam-se no meio jurídico utilizado. Em que medida, porém? Aqui urge uma ulterior investigação que ponha a claro as relações do elemento teleológico com o elemento morfológico, digamos assim. As correcções feitas, por via de regra, ao critério da *"utilitas"* – interesse predominantemente geral, interesse predominantemente particular; afectação directa e imediata à satisfação de necessidades públicas, afectação directa e imediata à satisfação de necessidades privadas – não mais fazem que dilatar a descoberta do critério, não mais são do que tímidas aproximações. Pressente-se, contudo, que a chave do problema está, não tanto na qualidade do interesse – que se revela sempre respeitante ao conjunto dos indivíduos –, como na sua intensidade, na sua eminência. Esclarecer qual a medida dessa "eminência" é o que tentaremos nos números que vão seguir-se.

CAPÍTULO II

A actividade jurídica pública da Administração e o relevo morfológico do interesse público

§ 1.º

O interesse público, como princípio de satisfação óptima das necessidades, determina toda a actividade da Administração, mas assume relevo morfológico na actividade jurídica pública

> **Sumário:** – **1.** Análise interna do acto jurídico: causa, fim, interesse e necessidade; projecção do interesse na causa e, através desta, na morfologia do próprio acto. – **2.** Peculiaridade da projecção do interesse nos actos unilaterais e bilaterais. – **3.** A satisfação das necessidades nos actos da Administração: o princípio de satisfação óptima como determinante de todos esses actos; relevo morfológico que ele assume, porém, na actividade jurídica pública.

1. Todo o acto jurídico se produz em vista de finalidades humanas (satisfação de necessidades); todo o acto jurídico é em si mesmo modelado com uma certa estrutura, com certo *nomen* ou "tipo" (abstraindo de o suporte real se enquadrar numa verdadeira hipótese normativa – *"fattispecie* abstracta"*, ou apenas numa hipótese interpretativa – *"fattispecie* concreta", segundo a terminologia de RUBINO) [1], tipo esse que o individualiza e contradistingue perante os actos diferentes e dele faz um todo complexivo, um todo "orgânico" (SCHREIBER), revelador de uma função económico-jurídica determinada [2]. Há assim em

---

[1] *La fittispecie e gl'effetti giuridici preliminari,* Milão, 1939, pág. 3.

[2] É indiferente, para o nosso problema, como já notou GALLO *(ob. cit.,* págs. 73 e segs.), que se tenha de causa uma concepção objectivista – de razão económico--jurídica do negócio (COVIELLO, *Manuale di Diritto Civile,* P. Geral, 4.ª ed., Milão, 1929, págs. 410 e segs.), de escopo económico-social garantido e reconhecido pelo

196 — Orlando de Carvalho

cada forma específica de actividade, um *para além* do acto, o qual justifica o emprego deste ou daquele meio jurídico para o seu autor ou

---

Direito (DE RUGGIERO, *Instituições de Direito Civil*, trad. port., Lisboa, I, § 29), de vontade da lei perante a vontade privada (BONFANTE, *Il contratto e la causa del contratto*, em *Riv. Dir. Comm.*, 1908, I, pág. 115), e, de um modo geral, conforme SCIALOJA *(Negócios jurídicos*, trad. esp. da 4.ª ed. ital., Sevilha, 1942), FERRARA *(Teoria del negozio illecito nel diritto civile italiano*, 2.ª ed., Milão, 1914), etc. – ou uma concepção subjectivista, de que são exemplo, sobretudo, os autores franceses: quer na sua forma mais lídima – doutrina clássica do "fim directo e imediato" (DEMOLOMBE), a qual precisa o pensamento de MERLIN e ZACHARIAE, sendo adoptada mais ou menos por DOMAT e restantes comentadores napoleónicos; quer nas formulações que nos deram CAPITANT (*De la cause des obligations*, Paris, 1923) e JOSSERAND (*Les mobiles dans les actes juridiques de droit privé*, Paris, 1928); quer, finalmente, na sua expressão aproximada do objectivismo com a ideia de causa como "pura necessidade compensatória incluída numa transferência de valor" de LOUIS-LUCAS (*Volonté et cause*, Paris, 1918, pág. 123 e segs.) ou como princípio de equivalência, em MAURY (*Le rôle de la notion d'équivalence en droit civil français*, Tolosa, 1920). O subjectivismo é seguido em Itália por BATTISTONI (*La causa nei negozi giuridici*, Pádua 1922) e por MALVAGNA (*Il problema della causa nei contratti*, em *Riv. Dir. Civile*, 1934, págs. 118 e segs. e 213 e segs.) ambos citados em GALLO, *ob. cit.*, pág. 74. No parecer de RUBINO (*Il negozio giuridico indiretto*, Milão, 1937, págs. 103-109) as duas correntes são facetas de uma e a mesma coisa; e GALLO observa (*ob. cit.*, pág. 74) que em ambas elas o conceito de causa é de modo nítido separado dos motivos, das "variáveis representações psíquicas internas", que, regra geral, são irrelevantes para o Direito. Falam, a este propósito, os alemães de *"Beweggrunde"* para designar a possível série de motivos do *"iter"* psicológico, e de *"Bestimmungsgrund"* para designar o motivo último, o motivo-determinante, a que se refere a causa ou que é referido directamente à causa (cfr. FORTI, *I motivi e la causa negli atti amministrativi*, aparecido em *Foro It.*, 1932, III, e republicado em *Studi...*, cit., págs. 479 e segs.; *vide* esta publicação, págs. 486-487).

Segundo GALLO (*ob. cit.*, pág. 76) será também indiferente, em Direito Administrativo – pois sempre aqui o interesse público se identifica com a causa –, a precisão de CARNELUTTI (*Teoria generale del reato*, 1933, pág. 113, de acordo com a notável conferência sobre *La causa nei contratti*, pronunciada no Círculo Jurídico de Nápoles em 7-2-1932 e reproduzida nas suas linhas mestras no jornal *La toga* da mesma cidade, no 5.º número daquele ano), que veio equiparar o conceito da causa ao de interesse, excluindo o escopo (ao passo que a doutrina corrente o identifica com este), por haver, alega, negócios sem causa e não serem possíveis negócios sem escopo. Para uma ampla crítica da doutrina de CARNELUTTI, *vide* FORTI, *I motivi*, cit., *passim*.

Entre nós, seguem a teoria da causa-função ou causa objectiva JOSÉ TAVARES, *Princípios fundamentais de Direito Civil*, Coimbra 1922, I, págs. 460 e seguintes, e, mais recentemente, I. GALVÃO TELES, *Dos contratos em geral*, Coimbra, 1947.

Sobre o problema da causa, é de útil consulta DE GENNARO, *I contratti misti*, Pádua, 1934, págs. 19 e seguintes e, no que respeita à doutrina civilística francesa

Contrato administrativo 197

autores, e uma função objectiva inerente ao próprio meio concretamente utilizado. O primeiro varia conforme a necessidade a satisfazer,

---

e suas relações com a técnica administrativa, a obra de GEORGES VEDEL, *Essai sur la notion de cause en droit administratif français,* Paris, 1934, págs. 245 e seguintes. Entre nós escreveu uma monografia TABORDA FERREIRA, *Do conceito de causa dos actos jurídicos,* Lisboa, 1947. Sobre o problema do intento jurídico e do intento empírico, pode ler-se a breve súmula de GRASSETTI (*ob. cit.,* pags. 4-6, em nota).

Em Direito Administrativo as opiniões variam ainda mais do que em Direito Privado acerca do conceito de causa. Fundamentalmente há os que aceitam a noção civilística, quer objectiva quer subjectiva, reputando-a um "conceito de Teoria Geral" (própria de uma *"allgemeine Rechtslehre"*) e os que consideram inexistente uma causa em Direito Administrativo ou a consideram existente mas sob diverso perfil do que assume na técnica jurídica privada.

No primeiro grupo, cabem (embora alguns de modo mais formal do gue substancial, como adiante se verá), PACINOTTI, *ob. cit.,* págs. 208-209); PRESUTTI (*ob. cit.,* pág. 156); DE VALLES (*ob. cit.,* pág. 193; cfr. *La validità degli atti amministrativi,* Roma, 1910, págs. 145 e segs.); FORTI (*I motivi,* cit., págs. 469-470); ROMANO (*ob. cit.,* pág. 268); PUGLIATTI (*Nuovi aspetti del problema della causa nei negozi giuridici,* in *Dante Aleghieri,* de G. VENEZIAN, 1934, págs. 16 e seguintes – cit. por BODDA, *Opinioni sulla causa dell'atto amministrativo,* in *Studi in onore di S. Romano,* II, Pádua, 1940, pág. 72); RANELLETTI (*ob. cit.,* pág. 69); GALLO (*ob. cit.,* págs. 78-79); ZANOBINI (*Corso di Diritto Amministrativo,* I, Milão, 1939, págs. 308 e seguintes); etc., todos eles mais ou menos objectivistas ou conciliando este perfil com o perfil subjectivo, como FORTI, GALLO, e, mais concretamente, DE VALLES, que refere a causa sobretudo ao "motivo último", à "vontade", embora não deixando de vincar que é o "motivo... de que resulta a função económico-social do acto" (*La validità,* cit., págs. 146-147; *Elementi,* cit., pág. 193).

No segundo grupo, dos negadores da causa como "conceito de teoria geral" em Direito Administrativo, pode incluir-se ALESSI (*Sul concetto di causa nel negozio giuridico,* em *Tema emiliana,* 1933, n.os 11 e 12, e outras publicações citadas em BODDA, *Opinioni,* cit., pág. 68). Para ALESSI, a causa é uma noção ligada estritamente ao Direito Privado e aos negócios patrimoniais. Em Direito Administrativo, a relação entre o acto e o interesse público assume um perfil publicístico, de *limite* ao poder de agir da Administração, de "legitimidade substancial". Será, então, uma condição de validade, não de existência do acto. Ver a crítica de BODDA, *ob. cit.,* págs. 69-70. Também D'ALESSIO nega o conceito geral de causa na nossa disciplina, afirmando (*Istituzioni di Diritto Amministrativo Italiano,* Turim, 1934, II, pág. 191) que "a causa do acto administrativo não coincide com a do negócio privado", mas apenas com a "finalidade ulterior indirecta e remota" do "interesse público que a Administração se propõe alcançar". Na mesma esteira segue BODDA (*Opinioni,* cit.), denunciando os que traem preconceitos civilísticos no estudo da causa. Segundo este A., a causa nada tem a ver em Direito Administrativo com o escopo final de carácter jurídico e cujo intento é constituir, modificar ou extinguir uma dada relação de Direito Administra-

pois nela encontra o seu conteúdo material; é algo de posterior ou de anterior (na medida em que projectado no espírito do agente lhe serve de estímulo) ao acto jurídico; logo, não é da sua própria essência, não é

---

tivo, mas identifica-se com o "escopo de interesse público", enquanto elemento teleológico e volitivo da acção, escopo esse que se distingue dos "motivos-pressupostos" que constituem o mesmo interesse público (v. g., a existência de uma vaga no funcionalismo, a necessidade de a preencher, os títulos que *A* ou *B* apresentam, etc.) apenas para o efeito de se apreciar a legitimidade. Entre os franceses, também vê a causa exclusivamente no fim de interesse público BELIN (*Recherches sur la notion de utilité publique en droit administratif français,* Paris, 1933) no testemunho de GEORGES VEDEL (*ob. cit.,* págs. 239 e segs.), culminando nesse A. a orientação finalista do Direito Administrativo francês da segunda metade do séc. XIX, isto é, "o fim administrativo" de LAFERRIÈRE, a "lei geral não escrita" de HAURIOU e todo o esforço para esclarecer o "motivo determinante" enquanto elemento final com DUGUIT e sequazes (cfr. VEDEL, *ob. cit.,* pág. 241).

Segundo VEDEL, a causa, em técnica administrativa francesa, deve ser considerada como a síntese dos elementos objectivos (das situações de facto e de direito) postos pela lei para legitimamente ter lugar a acção do administrador; é uma "causa eficiente", não uma "causa final", papel este que será desempenhado pelo "fim" como elemento subjectivo do agente. "A causa do direito privado – escreve a págs. 493 – é o aspecto subjectivo do acto: corresponde às exigências da justiça comutativa e aos direitos da vontade autónoma. A causa do direito admmistrativo são as situações objectivas que determinaram actos categorizados, segundo as exigências da justiça distributiva e da regra do interesse geral". Nesta formulação dá-se à "causa" como elemento objectivo uma função categorizadora, na sequência de HAURIOU. De algum modo se aproxima de tal pensamento RESTA (*La revoca degli atti amministrativi,* 1935, págs. 87 e segs.), pois, considerando a causa como "o elemento do acto administrativo em que o interesse público se torna concreto", diz que ela representa "a condição específica do público interesse em vista da qual a norma reconhece juridicidade ao intento do sujeito", quer dizer, algo de proveniente da norma jurídica enquanto os motivos provêm da vontade (Cfr. BODDA, *Opinioni,* cit., pág. 76). Ver a crítica deste A. no próprio que o cita e no loc. cit.

Posição muito especial ocupa MORTATTI (*La volontà e la causa nell'atto amministrativo e nelle leggi,* 1935, págs. 90, 96, 98 e segs – cit. e criticado por BODDA, *Opinioni,* cit., págs. 70-72). A noção de causa é para ele unitária, embora com particularidades em Direito Público e em Direito Privado; constitui sempre um limite da autonomia, de carácter publicístico, consistindo em Direito Administrativo na avaliação feita pela autoridade com poder discricionário da efectiva correspondência do próprio acto ao escopo último que lhe deve corresponder. Tal avaliação não implica regras jurídicas, mas apenas regras de boa administração, regras dedutíveis da boa técnica administrativa. Deste modo, não seria aplicável aos actos vinculados pela lei, mas só aos discricionários.

finalidade essencial, em todo e qualquer momento, do acto. A segunda radica no complexo objectivo deste último, é a síntese, correcta e válida para qualquer conteúdo prestacional, das virtualidades económico-jurídicas que ele tem de produzir para ser idêntico a si mesmo, *para ser o acto que é*. De modo sucinto, pode escrever-se que, dos dois elementos, aquele representa a "causa final", este a "causa instrumental".

Nessa "causa final" é que surgem as ideias de interesse e de necessidade. O fim, em si mesmo, é a projecção geométrica, digamos, do movimento linear do acto, do seu devir, da sua dinâmica – é o elemento teleológico formal. O *ponto* de chegada. A necessidade é uma apetência subjectiva com certo conteúdo mensurável: é o elemento teleológico material. O interesse é o produto do confronto da necessidade com o bem jurídico (em sentido amplo, de coisa ou de serviço), traduzindo-se em se julgar esse bem idóneo para satisfazer aquela necessidade. Pode tomar-se em consideração o interesse puramente subjectivo ou o interesse médio, comum à generalidade dos indivíduos, um interesse objectivado. De qualquer forma, o interesse é o condutor da acção, o catalisador, digamos assim, do meio a utilizar, que – já se sabe – em mais não consiste do que na afectação de um bem a uma necessidade dentro do âmbito da relevância jurídica – do "lícito" ou do "possível". O interesse é, desta sorte, um princípio activo e estimulante no desencadear da acção voluntária com relevo para o Direito: é o elemento teleológico funcional [1]. Podemos repetir

---

[1] Nas relações do interesse com a necessidade e com o bem jurídico seguimos mais ou menos a lição do Prof. A. QUEIRÓ, *ob. cit.*, págs. 240-241. Lá se diz, na esteira de SCHREIER e CARNELUTTI, que o interesse é "a utilidade específica de um bem para uma pessoa" ou "a relação objectiva entre um ente que experimenta uma necessidade (homem) e outro que é capaz de satisfazê-la (bem")". É esta ideia objectiva de *interesse,* perante a outra ideia defendida pela doutrina – ideia subjectiva (reportamo-nos à n. 3 da pág. 242 da *ob. cit.*) apenas uma "nuance" que reproduz aproximadamente a mesma realidade. G. IELLINEK, apontado como subjectivista no *Sistema* cit., pág. 47, não deixa de escrever: "para que um bem dê lugar a interesse, não basta a apreciação individual, mas ocorre que o bem seja considerado como tal pela *apreciação média que resulta do próprio ordenamento jurídico*". Por outro lado, é indiscutível que, sendo uma relação do bem com o homem (necessidade), o interesse age como estímulo subjectivo – mesmo que só deva tomar-se em conta o *estímulo médio –*, provocando no espírito do agente a ideia da acção, o tal "estado de ânimo" de que fala U. FORTI (*I motivi...*, cit., pág. 483), e que vence a "indiferença" do sujeito, obrigando-o a "tender" para a utilização desse bem jurídico.

com CARNELUTTI [1] numa frase impressiva, para salientarmos a oposição do elemento formal ao elemento material (tomando, é evidente, pela palavra "interesse" o elemento material e pela palavra *"scopo"* o elemento formal): "L'interesse è l'immagine, mentre lo scopo non è che lo specchio".

Na linguagem jurídica, aparecem muitas vezes confundidos o interesse e a necessidade, como na frase de CARNELUTTI que acabamos de citar. E compreende-se: o interesse depende directamente da necessidade, pois é bem claro que a maior ou menor intensidade desta tornará mais ou menos exigente o nível do interesse, isto é, exigirá do bem jurídico uma aptidão também qualificada. Conquanto se traduza numa certa aptidão do bem jurídico e, portanto, num atributo *prima facie* exclusivo do bem, o interesse só tem sentido perante a necessidade; pois nenhum bem tem interesse sem uma hipótese de necessidade, ao passo que desta última é possível deduzir-se um interesse à sua imagem e semelhança, mesmo que, em última análise, nenhum bem exista propício a satisfazê-la, isto é, a ser portador desse dedutível interesse.

Ora, quando se fala do carácter público ou privado do interesse (e, acaso, tomando a forma pelo conteúdo, do carácter público ou privado do fim), vem a referir-se, mediatamente, uma característica da necessidade a satisfazer, a qual, por sua vez, sugere certo grau de interesse e modela certa espécie de fim. Se admitirmos uma hierarquia de necessidades, teremos uma hierarquia de interesses e uma hierarquia de fins. E quanto aos meios jurídicos? Que relação haverá entre o acto a realizar e a necessidade a satisfazer? É evidente que, se a necessidade é que determina o grau do interesse e este se traduz na capacidade do bem jurídico (que mais não é do que a prestação, tomada em sentido amplo) para satisfazer a mesma necessidade, esta ficará (através do interesse) a ter decisiva influência na prestação e, por meio da prestação, no todo complexivo do instrumento utilizado. Quer dizer: a necessidade influi decisivamente na causa jurídica do acto, imprimindo-lhe uma nova fisionomia.

Isto parece-nos claro. O interesse em si mesmo (como também a necessidade e o fim) não constitui a causa do acto. É uma das faces – a mais activa e estimulante – do elemento teleológico que provoca

---

[1] Conferência cit. (cfr. DE GENNARO, *ob. cit.,* pág. 27).

Contrato administrativo

a escolha de certo meio jurídico: logo, não faz parte desse meio jurídico, nem sequer no que ele tem de função obrigatória e directa, pois esta própria função é algo de instrumental[1] perante o fim mais profundo do acto. O meio só é escolhido porque, através da causa, se revela ligado a uma função permanente que, na hipótese concreta, é, de entre todas, a mais apta, a de mais *interesse,* para satisfação da necessidade. O interesse não é, pois, a causa do acto; mas, como influi de modo directo na prestação, e esta, sendo o elemento com virtualidade típica por excelência, anda em íntimas relações com a própria função objectiva do negócio, o interesse vem a influir também intimamente na causa jurídica do mesmo.

Tal relevo do interesse transparece, no Direito Privado, quando nos Códigos se pede (explícita ou implicitamente) uma causa existente e lícita para negociar. Este controle sobre as formações da autonomia privada significa que a lei só protege interesses reais e qualificados[2] e que a pedra de toque da sua existência reside na causa (ou, o que é o mesmo, no objecto em sentido lato): se a causa existe e é lícita, logo se presume existente um interesse lícito também. Claro que, se o autor ou autores do acto modelam o seu *Tatbestand* conforme

---

[1] É preciso não esquecer esta função instrumental da causa. O negócio jurídico é um instrumento, um meio, que o Direito objectivo põe à disposição dos particulares (Prof. FERRER CORREIA, *Erro e interpretação na teoria do negócio jurídico,* Coimbra, 1939, pág. 5). A causa representa, dentro desse meio, apenas a sua função imediata, necessária, que *estimula* directamente o sujeito a utilizar aquele negócio, pois essa função se revela o caminho jurídico-prático mais idóneo para a consecução de outros fins, que o mesmo sujeito se propõe. A causa é o *"cur se obbligavit"*, não o *"cur contraxit".* Chamar-lhe "motivo determinante", só por abreviatura se concebe, digamos assim, pois de qualquer forma ela é apenas *o fim do acto,* embora, se o Direito vale como satisfação de necessidades humanas, esse fim do acto venha a relevar porque exprime também um *fim do agente.*

[2] Cfr. FORTI, *I motivi...* cit., pág. 485. Em toda a acção humana, mesmo irrelevante, existe interesse, pois este, no dizer de IHERING (*Zweck im Recht,* 5.ª ed., Leipzig, 1916, I, pág. 89), é "o imprescindível pressuposto de toda a actividade" (cfr. FORTI, *loc. cit.*). Simplesmente, à lei não basta, para dar juridicidade às relações privadas, a existência de um qualquer interesse: exige um *interesse jurídico,* isto é, qualificado. Esse controle sobre os interesses privados é que explica a exigência de uma *causa* para negociar. Não é, todavia, a falta de interesse (como terá prentendido CARNELUTTI) que leva à *falta de causa,* relevante perante a lei; é a falta de *interesse qualificado,* pois, repete-se, o interesse, em si mesmo, nunca pode faltar numa acção humana dirigida a fins.

um *tipo* legal, esta presunção é *"juris et de jure"*, salva a possibilidade de simulação; se exorbitam dos tipos definidos na lei, haverá negócio inominado e a presunção tem de admitir prova em contrário: é *"juris tantum"*.

2. Ante estas premissas fundamentais da acção jurídica, cabe fazer uma observação importante relativa às divergências que separam os actos unilaterais dos actos bilaterais na técnica jurídica-privada. Com efeito, uma coisa será desde logo evidente: é que a prestação (como bem jurídico), nos primeiros, há-de ter exclusivamente o interesse que a necessidade do agente dela exigir – é uma prestação à medida de um *único* interesse. A necessidade (tomando nesta palavra, não a apetência do sujeito em estado puro, mas a apetência limitada pelo "possível" individual nas circunstâncias de momento), pode, dentro dessa medida, satisfazer-se integralmente no bem jurídico. Há um único *dominus* na relação. Nos actos bilaterais, o interesse de cada sujeito não funciona sozinho. A prestação (ou vista no seu complexo, em relação a ambas as partes, ou na individualidade relativa a cada uma delas) não pode satisfazer de modo integral, isto é, incondicionado, a necessidade que estimula o sujeito a contrair. Há na relação jurídica dois *domini*, cujas necessidades, sendo opostas, em princípio, vêm depois a transigir, a encontrar uma base de composição, a qual possibilita o acto comum. O objecto deste último não traduzirá, portanto, um único *interesse,* não será função de uma necessidade *real*; traduzirá uma média de interesses, será função de uma necessidade "composita", instrumental. Ao passo que, nos actos unilaterais, a necessidade que é estímulo do sujeito é também a *medida* da prestação, digamos assim, nos actos bilaterais cada necessidade real dos contraentes é estímulo a contrair, mas a medida da prestação não é já cada necessidade real: é uma síntese de ambas as necessidades.

Além pode dizer-se: "eu quero este meio que é à medida do meu interesse"; aqui, porém, diz-se: "eu quero este meio que é à medida dos *nossos* interesses". A satisfação óptima da necessidade real é de presumir – porque é sempre possível – no primeiro caso; no segundo, é só de presumir uma satisfação suficiente ou módica das necessidades reais, embora não esteja elidida, para qualquer ou mesmo ambas as partes, a hipótese de nessa formal suficiência se conter uma efectiva optimidade, assim como o contrário se pode passar com a presumível satisfação óptima dos actos da primeira espécie.

3. Ao Direito, contudo, nem sempre importa a medida de satisfação das necessidades. Geralmente, desde que se tenha querido deveras o acto posto em movimento, desde que se tenha querido a causa do acto na sua efectiva consistência prático-jurídica, o Direito presume *juris et de jure* que as necessidades foram satisfeitas. Não releva uma dissonância que não seja *causal* (isto é, que não se manifeste na adesão da vontade à causa do meio jurídico), que seja apenas teleológica e não de algum modo morfológica. Tanto assim que no chamado negócio indirecto, que se traduz na utilização de um meio negocial para uma função que, em abstracto, não só lhe não compete mas é, em si mesma, idónea para constituir o objectivo (a causa) de um negócio diferente, – desde que se trate de verdadeiro negócio indirecto, e, portanto, de um meio jurídico *típico* efectivamente *querido* pelas partes na totalidade da sua causa –, o Direito ficará indiferente ao uso marginal que dele se queira fazer. Ao Direito não interessa, por via de regra, senão a vontade da causa, pois dá por verificado, uma vez que tal vontade existe, que certa necessidade humana se pretende satisfazer e que esse meio (quer directamente, quer "indirectamente" – o que será também uma forma, em última análise, de satisfação directa) se revela, enquanto foi, na verdade, querido, como não de todo incapaz de o conseguir, como não de todo inútil.

O controle sobre a causa será, de facto, um controle ainda dos interesses; mas de interesses a que não se pede – a que não pede a lei – uma medida de satisfação óptima, mas apenas de "simples satisfação" das necessidades humanas a prosseguir. É isto o que sucede, em regra, com a actividade dos particulares. Por isso alguém vê na causa "a vontade da lei perante a vontade privada" [1], quer dizer, uma função sobre-

---

[1] É o pensamento de BONFANTE acerca da causa. BONFANTE, baseando-se na concepção romana, concebe a causa como algo que precede a vontade, que é o "motivo legal" da sanção da lei aos produtos da iniciativa privada. Nas suas próprias palavras a causa seria no Direito romano, "não o motivo pelo qual a parte actua mas o motivo, se se quiser, pelo qual a lei reconhece a sanção jurídica, isto é, a essência objectiva da relação entre as partes, o negócio" (*ob. cit.*, pág. 123); e esta ideia permaneceu: a causa "é e continua a ser aquilo que era no Direito romano: o negócio, a relação objectiva; ela exprime ainda e sempre a vontade da lei por antítese à vontade das partes". O mesmo Autor reconhece, porém, que o uso da palavra causa ("a mais filo-

tudo *limitativa,* destinada a evitar a total inutilidade dos processos jurídicos, a preservar, digamos, num mínimo a economia das acções.

Quando o Direito desempenha, pelo contrário, uma função propulsora, quando a lei é, não a cintura de uma actividade por natureza livre, mas a "vontade interna" de uma forma de agir, será, decerto, além da medida das necessidades, a própria medida dos interesses. É o que sucede, num regime de Estado de Direito em sentido formal, com a actividade administrativa. A lei é a "volição-preliminar": a Administração só tem as necessidades que a legislação *vê* e *quer,* e, perante elas, nem pode ficar indiferente nem "simplesmente" satisfazê-las como a acção privada, que não recebe da ordem jurídica um se, um quando e um como agir. A Administração não é apenas *serva* da lei: só *existe* pela lei. É a projecção no campo das realidades concretas do Estado da actividade-pensante da ordem jurídica: é a volição-acção ao serviço da volição-razão. Por isso não só deve actuar como só *actua* quando, sempre e pela forma que a lei ordena. Todo o resto é inexistente como actividade da Administração.

Daqui deriva – do princípio de que essa actividade tem de ser plenamente legal – o princípio idêntico de que tem de ser plenamente útil ou satisfatória, tomando-se como critério de utilidade ou de satisfação a vontade da própria ordem jurídica: com efeito, só assim coincide com o sentido máximo da lei, só assim é absolutamente legal. O princípio de "satisfação óptima" das necessidades é, pois, corolário da estrutura normativa da Administração estadual (incluindo nela a Administração dos entes auxiliares). Esta é perfeitamente mensurável, porque a *ratio* da acção é a medida da acção: é a lei. Nas pessoas de estrutura física (que actuam também com um *posse* naturalístico e não somente com um *posse* jurídico) e em todas as restantes (pessoas jurídicas privadas) que para o Direito só representam uma actividade que se limita, isto é, de tipo *constitucional* privado e não administrativo – as quais, para abusar da terminologia de IELLINEK, vivem de uma *licitude formal* –, nessas, a satisfação das necessidades é dificilmente mensurável, quase não mensurável. Por isso, o Direito prefere para elas o princípio da

---

sófica das palavras") não é muito recomendável no Direito moderno para exprimir esta ideia: seria melhor substituí-la por *"negócio"* ou *"ajuste"* ("negozio" ou"affare"), pois pode induzir – e tem induzido – a graves confusões doutrinárias que enturvam o meridiano conceito clássico com voluntarismos e subjectivismos perniciosos.

Contrato administrativo 205

"simples satisfação", da satisfação residual, digamos assim. Nesta diferença de relevo da medida na satisfação das necessidades se situa a diferença dos interesses, que mais não são, como definimos, do que medidas da aptidão de um bem para satisfazer apetências humanas: se situa a distinção entre interesse simplesmente qualificado (visando, perante o Direito, a simples satisfação das necessidades) – interesse privado, e interesse plenamente qualificado (visando perante o Direito, a satisfação óptima das necessidades) – interesse público.

Sendo esta "satisfação óptima" um princípio mensurado pela craveira da ordem jurídica, dependente, pois, de um juízo de valor legal, tanto se exerce na actividade puramente vinculada da Administração como na chamada actividade discricionária. No primeiro caso, o "juízo da lei" é patente; não há que pôr em dúvida – não tem sentido pôr em dúvida – enquanto haja sido praticado em estrita obediência legal, a não optimidade da acção administrativa. A actividade que se pratica de modo estritamente vinculado é óptima *juris et de jure*. Mas enquanto a actividade administrativa é fruto de um poder de apreciação (o que pode suceder na própria actividade "vinculada", pelo menos quanto à oportunidade do acto)[1], como esse poder de apreciação só vale no sentido da lei, isto é, no sentido da satisfação óptima das necessidades – o Administrador tem de pautar a sua actividade só por esse princípio, pois só em obediência a ele a actividade que desenvolve será *administrativa,* será da Administração Pública[2]. A *optimidade* funciona ainda aqui como limite da actividade *relevante*, como critério

---

[1] Prof. M. CAETANO, *Manual de Direito Administrativo,* 1.ª ed., 1937, pág. 612 – cit. pelo Prof. A. QUEIRÓ, *ob. cit.,* pág. 226.

[2] Claro que o Administrador não tem de *provar,* desde logo, que agiu em vista da "satisfação óptima", que não *desviou* o seu poder. A alegação pertence aos particulares lesados nos seus interesses, visto a "presunção de legalidade" informar toda a acção administrativa quer vinculada quer discricionária. Essa presunção, por seu turno, assenta, como veremos, na noção de interesse público como "princípio de satisfação óptima".

O desvio intencional, por parte do agente administrativo, do "fim da lei" ao atribuir poderes discricionários, é o vício do "desvio de poder (cfr. Prof. QUEIRÓ, *ob. cit.,* sobretudo págs. 286-294). Diz-se intencional, porque, se o poder é discricionário, o critério do agente – não o "bom critério", mas apenas o "seu" critério – é para a lei o único juiz idóneo da acção. Só quando o agente se desvia do seu próprio critério de "satisfação óptima", escolhendo o meio *a*, conquanto o não repute o melhor, ou o meio *b*, que, embora repute o melhor, entretanto não escolhe por esse motivo mas por outro, é que haverá *desvio de poder* (cfr. em geral, aquele Autor, *ob. cit.*).

de imputação ao ente administrativo, visto preservar a máxima identidade com a lei (identidade no seu espírito) e a lei ser a "vontade interna" da própria Administração. Como a lei pretende, atribuindo poderes vinculados ou discricionários, sempre e só a satisfação *mais legal* das necessidades, a satisfação *óptima* do ponto de vista dela mesma – lei, e como esta vontade da lei é juridicamente a *única* vontade da Administração, o princípio do interesse público como princípio de "satisfação óptima" funciona como critério liminar de imputação à vontade Administrativa, de actividade administrativa relevante, quer *jure publico*, quer *jure privato*. Daqui se conclui que a Administração nunca pode prosseguir interesses privados; a sua regra de conduta é unicamente o interesse público.

Este, porém, como princípio *formal* de satisfação óptima das necessidades, pode, ao fazer a escolha da *actividade* administrativa em concreto, vir a decidir-se por meios jurídicos privados. É uma aparente renúncia a si mesmo – mas só aparente. A súmula das circunstâncias pode modelar a necessidade de tal maneira que a "satisfação óptima" procurada esteja precisamente nessa "simples satisfação", nessa discreta conveniência dos meios negociais de Direito comum. Com efeito, já dissemos que não está elidida, nestes últimos meios, ainda quando haja dois *domini* na relação, uma eventual optimidade dentro da formal suficiência. Ora, a acção administrativa pode precisamente aproveitar esse facto; mas ainda quando remete por essa via urge não esquecer que a Administração obedece a uma norma real de interesse público. Só que deixa de ter relevo, daí por diante, uma desconformidade subsequente do meio com o fim, pois não tem mesmo sentido falar-se em desconformidade quando esta foi prevista, ponderada e querida em último termo, não só como meio *módico* (à semelhança do que sucede com a escolha dos particulares), mas como meio *óptimo,* como o melhor – dentro das condições legais e circunstanciais – dos meios possíveis. É evidente que essa optimidade tanto pode ser critério vinculado da lei – a lei permitir apenas o uso dos meios privados, como critério de escolha do Administrador – em obediência ao "espírito" já falado da atribuição de poderes discricionários.

O interesse público pode, assim, optar por uma valiosa omissão, limitando-se a intervir como elemento teleológico – como estímulo à escolha dos meios – e a relevar perante a causa (e, portanto, em face do Direito) pela maneira modesta de um interesse não plenamente qualificado: na singela medida em que garante uma adesão da vontade à função imediata (causa objectiva) do negócio escolhido. Mas pode também acontecer – e, à primeira vista, será mesmo o mais natural, dada a relatividade dos meios privados para permitir uma "satisfação optima" (cf. n.º 2 deste capítulo) – que a optimidade da satisfação só se dê através de uma plena e constante adequação do bem jurídico à necessidade, que o interesse público se não limite à escolha do bem, mas, em cada momento, o defina, o corrija, o adapte à medida da realização plena dos fins. Neste caso, o interesse público tem um segundo papel: é, além do princípio de escolha, verdadeiro *modelador* do bem jurídico. Daí lhe advém um necessário relevo dentro da prestação, no sentido de constantemente a *modelar* – e, por essa via, dentro da causa, que, por sua vez, não pode deixar de assumir, em confronto da causa dos negócios restantes, uma nova fisionomia, derivada da importância que reveste o público interesse: será uma *causa pública*. O interesse tem, pois, manifesta transcendência morfológica ou causal; e, dessa maneira, apondo a sua marca nos meios jurídicos, vai permitir separar os actos que o exprimem na causa dos actos que não logram exprimi-lo, aqueles que o traem de forma plena e decisiva (que são, formalmente, portadores de público interesse) dos que o não podem explicitar (que são formalmente, portadores de simples interesse, muito embora, substancialmente, possam ser portadores – actividade *jure privato* – de um interesse público). Será, portanto, com base no relevo causal do interesse público, na sua explicitação através da causa dos actos postos em movimento, que vem a estabelecer-se a divisória entre uma actividade *jure publico* e uma actividade *jure privato* da Administração.

Em resumo: afirmar que o meio jurídico satisfaz de maneira óptima a necessidade prosseguida, que obedece, substancialmente, a um fim de interesse público, não permite, só por si, distinguir os meios do Direito Público dos meios de Direito Privado, pois a actividade *jure privato* da Administração também comparte desse intuito inicial de "satisfação óptima" das necessidades colectivas. O que permite estabelecer essa divisória é a intervenção com relevo causal do público interesse, a sua intervenção, não apenas como critério de escolha do bem, mas como modelador activo e permanente desse bem jurídico. O princípio de toda a actividade administrativa em sentido lato é o interesse público como simples elemento teleológico funcional; o princípio de toda a actividade administrativa em sentido estrito é o interesse público como elemento morfológico ou causal. A "satisfação óptima" é, pois, o limite da actividade da Administração; mas só a "satisfação óptima" por "meios óptimos", digamos assim, é limite da actividade administrativa em sentido próprio: da actividade *jure publico*. Os *interesses* plenamente qualificados distinguem, só por eles, uma esfera de acção; mas apenas *os meios*, simples ou plenamente qualificados, permitem distinguir as formas jurídicas dessa mesma acção.

§ 2.º

O relevo morfológico do interesse público como critério da actividade "jure publico" da Administração ou administrativa "stricto sensu"

> **Sumário:** – **4.** Termos concretos da doutrina proposta em face da fenomenologia da acção administrativa. – **5.** Doutrinas divergentes: sua crítica.

4. Esta ideia de interesse público como princípio de satisfação óptima das necessidades, actuando, regularmente, na esfera da actividade administrativa, como critério de escolha e de modelação (positiva ou negativa) dos meios jurídicos, requer certos esclarecimentos mais delongados para se fazer o balanço do que ela tem de seu próprio, divergindo do comum de outros autores que versaram a mesma matéria.

Repete-se que o interesse público não é, em si mesmo, a causa do acto jurídico. A causa representa, em nossa opinião, um conceito de teoria geral, identificando-se com a função específica do acto enquanto tipo pensado, função essa – volta a dizer-se – que, perante os fins do agente, é como que a "síntese" das virtualidades económico-jurídicas que, desde logo, indiciam a idoneidade do meio para satisfazer a necessidade do sujeito. Não deverá confundir-se, portanto, com o elemento teleológico da acção – seja ele interesse público ou interesse privado – pois constitui de algum modo um *posterius* na cronologia psicológica do respectivo autor, que só procura o meio depois de possuir o intento, como não deve reputar-se efeito ou consequência, em sentido próprio, do acto jurídico [1], pois é tanto efeito dele como a expressão fisionómica – ou

---

[1] É o que BODDA parece pensar quanto ao correspondente, no acto administrativo, à causa do negócio *jure privato* (*Opinioni,* cit., págs. 65-66 e crítica a ZANOBINI, págs. 74-75).

Contrato administrativo 209

melhor, a alma expressa na fisionomia – é efeito de corpo. Se o acto não *se conhece* a não ser pela causa – pela função objectiva e imediata que desempenha na vida social e económica –, se o negócio não é negócio (BONFANTE)[1] fora da causa, certamente que esta não pode considerar-se um derivado dele, mas o seu mais próprio, o seu mais específico momento real.

Por outro lado, o interesse público, sendo o elemento teleológico funcional, não deve confundir-se com a necessidade enquanto elemento teleológico material. A necessidade é que está presa às circunstâncias particulares da vida contempladas pelo Direito, àquelas situações de facto que são chamadas por lei a ser o *"motivum impelens"* da acção do Administrador e dentro das quais tem de mover-se a sua competência pessoal ou subjectiva. Constituem esses pressupostos algo de prévio em face do interesse público, e, portanto, algo de pré-histórico vistas as coisas do plano do acto. Não individualizam uma *forma* de acção, mas um *momento* de acção: não categorizam, contra o que pensa VEDEL[2], o acto jurídico, mas capacitam o agente para intervir do modo que repute mais idóneo: indicado pela lei – poder vinculado, ou por ele escolhido segundo o espírito da lei – poder discricionário. Respeitam directamente ao autor, não respeitam ao acto. São, como a própria necessidade que neles se exprime ou deles se infere, razão de competência objectiva do Administrador[3], um *posse* que o habilita a proceder em concreto (a *agir*), tanto como o *esse*[4] da competência subjectiva o habilita a proceder em abstracto (a *poder agir*).

Desta sorte, constituindo a "matéria" do fim, a parte enraizada na vida, a necessidade constitui o momento variável, específico, da acção. O interesse, enquanto visa satisfazê-la, será também algo de variável, mas algo de variável não como próprio, sim como reflectido, como projectado da necessidade mesma. O interesse só por si é um elemento funcional, um *princípio*, enquanto estímulo de acção, e um *critério*, enquanto medida do bem jurídico. Representa antes de tudo uma regra (de

---

[1] Cfr. *supra*, n. 1, pág. 203 deste trabalho, e, já antes, n. 2, pág. 196.

[2] *Ob. cit.*, sobretudo págs. 367-368.

[3] Cfr. Prof. A. QUEIRÓ, *ob. cit.,* sobretudo pág. 280, *in fine*.

[4] Cfr. nota *h)* do tradutor de THON, *ob. cit.*, págs. 146-147. A qualidade de funcionário é um *status* em sentido amplo, um *"ufficio"* (dizem os italianos), que em si define mais um *"esse"* do que um *"licere"* e constitui um preliminar da acção jurídica que o funcionário exerce em concreto.

intervenção e de acção) – uma "constante", diriam os matemáticos –, algo de permanente nuito embora adaptável, de definido muito embora inconcreto.

Isto vale para qualquer interesse objectivado, quando se toma por critério de satisfação uma média de indivíduos, um portador (*"Träger"*) médio de necessidades; ou subjectivado, quando se parte de um princípio de identidade de "juízos" humanos, baseado na semelhança dos "egoísmos" (*"homo economicus"*), como faz a economia clássica, ou, de um modo genérico, dos "civismos" (*"homo civilis"*), como poderá fazer, presumivelmente, a ciência do Direito Privado. Mas, *a fortiori*, há-de valer para o chamado "interesse público" como princípio jurídico objectivo (enquanto "espírito" objectivo da lei, mesmo que só seja prescrutável – poder discricionário – pela recta intenção do agente) de satisfação óptima das necessidades administrativas [1]. O interesse público é verdadeiramente uma constante, que vigora para a actividade da Administração quer pública quer privada e imprime, como tal, uma pigmentação específica à fisionomia dos meios jurídicos onde intervém.

Ser uma *constante* é, sem dúvida alguma, não ser critério de formação de categorias ou de tipicidade. Não constitui elemento *típico,* não individualiza um tipo de acções jurídicas aquilo que existe e caracteriza todo um *genus* [2]. O típico é o individual, embora o individual "ideal", não o individual real. Em Direito Público como em Direito Privado tem de ser imanente – mais do que inseparável – ao acto jurídico; e esse imanência só pode achar-se na causa, que, para repetirmos com BONFANTE, é o "negócio" mesmo, o *"affare"*, a relação dada como

---

[1] Cfr. Prof. A. QUEIRÓ, *ob. cit.*, sobretudo págs. 286-294.

[2] Cfr. PUGLIATTI, *ob. cit.* (cit. em BODDA, págs. 72 e 73). É de notar que para este Autor o interesse público constitui, não um específico interesse concreto de cada acto administrativo, mas uma tendência geral inserta em todos os actos *jure publico,* um "pressuposto essencial interno", que "é, em certo sentido, todo o acto administrativo em potência, mas *não um elemento dele como seria a causa"*, que é *"unidade de medida para a delimitação da categoria do acto administrativo perante os actos dos particulares,* mas não elemento dos actos da primeira categoria" (o frisado é nosso). Há certa identidade, como se vê, com a doutrina que defendemos, embora, para nós, o interesse público funcione também em concreto, contra o que a resenha de BODDA deixa supor de PUGLIATTI, e, portanto, só seja aceitável o "pressuposto essencial interno" interpretado como um princípio de satisfação óptima de necessidades, informando, através do bem jurídico, a propria causa do acto.

"essência" ou imagem (vista pela norma ou pelo intérprete – *"fattis-pecie* normativa*" ou "interpretativa", dirá Rubino), e, desta sorte, se singulariza em face dos outros tipos também como "essências" puras, como esquemas de acção, ou antes, como acções-esquemas. Nos próprios actos inominados, que são passíveis, quando muito, de uma "estereotipação", nunca de verdadeira tipicidade, mesmo aí a causa negocial, desde que o intérprete a pensa, se sugere como algo de prévio, de dado, como um modelo racional *descoberto* naquele específico momento. A causa é sempre a fisionomia ideal da acção; mas, para haver causa em um suposto real, não basta que os sujeitos a utilizem como simples "aparência" (*"immaginarium negotium"*) ou como um puro nominalismo" (*"dicis causa"*)[1]: importa que seja realmente *utilizada*, que seja *cumprida,* causando, na verdade, a prossecução dos fins invocados pelo agente. Importa nela se ostente e *realize* um interesse que, nos negócios privados, releva como um *pelo menos,* pois basta, à credibilidade dos meios jurídicos, o simples interesse na utilização concreta do negócio (a vontade da causa, portanto), ao passo que nos actos públicos há-de constituir uma mais-valia, algo que só releva enquanto satisfação óptima, enquanto pede à prestação o máximo que a necessidade administrativa requer (dentro do critério da lei ou do agente "segundo" a lei) e, por esta via, desenvolve um esforço sobre a causa para a obrigar a conter uma prestação assim qualificada. Mas, ainda nessa altura, o interesse público será um tensão da causa, nunca a própria causa em si mesma, o escopo objectivo.

Claro que a análise de tão subtis conceitos, ou melhor, de tão subtis "momentos" da acção jurídica, que se oferece modelada como um todo, há-de resultar quando muito aproximativa. Não deixa, porém, de ser manifesto o "cambiante" que separa o interesse, ainda quando informa ou constrange a causa, ainda quando, nesse esforço, a trabalha, a lima, a faz coisa sua ("causa pública"), da própria causa como ente passivo em face desta operosidade do interesse. Certo que ela própria constitui também um elemento activo – o complexo activo por excelência dentro do meio. Mas exercita-se como força interna, ao passo que o interesse actua de fora. O papel da causa é sobretudo um *conformar* do meio jurídico; o papel do interesse traduz-se substancialmente num

---

[1] Expressões utilizadas pela prática jurídica romana para os chamados "negócios aparentes". Cfr. Ihering, *L'esprit du Droit Romain*, trad. francesa, Paris, 1886.

informar, que transcorre e flui como um princípio de vida, animando, colorindo e, por isso mesmo, alterando as raízes da própria causa do acto: sendo, de algum modo, também conformativo, mas de uma conformação que é génio mais do que engenho, influxo de vida mais do que ser vivente. Deste modo, a sua intervenção é sempre teleológica por natureza, e não logra substituir-se a uma autêntica função causal.

Um exemplo pode clarificar esta doutrina. A expropriação por utilidade pública [1] tem um fim imediato, tem uma causa objectiva, evocável pela simples evocação do meio jurídico: a aquisição de um imobiliário particular por mera vontade do ente administrativo. Nisto se encerra a linha ideal do acto, o que é *de todo* indispensável para se pensar numa expropriação. Claro que, tratando-se, neste caso, de um acto jurídico público que é, ao mesmo tempo, um acto nominado ou típico em sentido estrito, o seu nome sugere, desde logo, a *ratio* da lei que o tipifica, e, portanto, há uma "presunção" imediata de público interesse. Mas não se tome a nuvem por Juno. Essa "presunção" imediata (não estamos a referir-nos à presunção de legalidade, mas à ideia que imediatamente se sugere de "meio jurídico público" falando-se de "expropriação", de "autorização", de "concessão", de "ordem", de todo e qualquer acto administrativo *stricto sensu* tipificado), não pode querer significar que haja público interesse ainda quando o meio seja actuado só formalmente, sem ser satisfeita de maneira óptima a necessidade administrativa. Uma coisa é o *interesse público* que preside à regra tipificadora daquela forma de actividade e que só conta para se haver ou não como legítima essa mesma tipificação, e outra coisa é o interesse público que o Administrador tem o dever de servir quando utiliza um processo tipificado, invocando necessidades administrativas concretas. O primeiro vale em relação à *norma,* e será apenas medida do critério do seu autor (que pode ser a própria Administração); o segundo vale relativamente ao acto como "emprego concreto", e será medida do critério do agente administrativo. É evidente que só do último se trata, quando queremos distinguir a *actividade* administrativa *jure publico* e *jure privato.*

---

[1] Exemplo de Forti, *I motivi*, cit., pág. 491. Bodda, (*Opinioni*, cit., págs. 73-74) critica o raciocínio do Autor neste exemplo, e não admira porque, em face dele, Forti raciocinou como estamos raciocinando, pouco mais ou menos.

A falta desta distinção é a única coisa que permite explicar a duplicação do interesse público feita em ordem aos actos administrativos, como actos concretos, quando se diz que o público interesse se inscreve, por um lado, na causa, e, por outro lado, nos motivos, sendo precisamente neste último caso (o dos motivos) que ele se identifica com a recta intenção do agente de satisfazer de maneira óptima a necessidade protegida. Se o intento de satisfação óptima está nos motivos, que interesse público resta na causa? O interesse público é isto e só isto: satisfação óptima da necessidade, e, portanto, desde que a necessidade não foi optimamente satisfeita (e para o não ser, basta, na actividade discricionária, não ter sido determinante da escolha do meio), o processo utilizado, mesmo que se trate de uma forma típica de acção administrativa, não constitui um emprego legítimo, não constitui um emprego (um acto *real*) de público interesse. A "causa pública" não foi querida como verdadeiramente causal da satisfação da necessidade; haverá um acto aparente, *"dicis causa"*, como dizem os romanos. Faltou a vontade da sua utilização como meio *satisfatório*, pois, não existindo interesse público na intenção do agente quando procedeu à sua escolha, ficou desde logo prejudicado qualquer relevo morfológico do público interesse, ou seja, a modelação *óptima* da prestação no sentido e só no sentido de servir a necessidade. Por isso, o controle do desvio de poder não necessita de ser considerado simples controle de motivos, porque, afinal, vem a ser um verdadeiro controle da adesão à causa pública enquanto causa de interesse público, um verdadeiro controle da adesão da vontade a uma causa administrativa em sentido próprio.

Mas reconhecer isto mesmo não implica que toda a fisiologia da causa se deva imputar ao interesse e se não devam distinguir os dois momentos – o morfológico e o teleológico – em Direito Administrativo. Com efeito, a funcionalidade do elemento teleológico precede e excede a órbita de cada acto em particular e de cada tipo de acto em espécie, afectando todos os actos *jure publico* e até, de certo modo, os actos *jure privato*. Excedendo-a, deixa margem a uma tipologia individual, como a raça perante o tipo, não logrando papel definidor de entidades singulares, não repartindo categorias. E se esta função categorizadora, que é atributo característico da causa, lhe não vem a pertencer, é porque, na verdade, ele não desempenha funções de causa. Por outro lado, nada obriga a que os efeitos específicos de cada tipo de acto não devam ser imputados à própria função objectiva e individual do mesmo[1]. Embora toda a eficácia desta última seja, realmente, em função do interesse público, não parece científico que se deixe de considerar com autonomia a produção desses efeitos. Na verdade, o interesse público visa muito menos justificar consequências do que escolher e determinar os meios de satisfação das necessidades; escolhidos esses meios, os efeitos decorrem naturalmente, e toda a intervenção posterior do interesse, que se verifica nos actos *publico jure*, tem como directo destinatário a prestação ou o bem jurídico, só indirectamente se reflectindo na órbita das consequências, e, ainda então, por se haver reflectido primeiro na causa. É que o interesse público é um princípio jurídico de acção, não de limitação; e, por isso, ao Direito Administrativo cabe, mais do que a qualquer outro, o nome de "Direito dirigido a bens", de *"ein Güterrecht"*.

5. Será útil, neste momento, confrontar o que foi dito até agora com algumas das mais notáveis formulações que conhecemos da doutrina. São elas três, principalmente[2]: a teoria de BODDA[3], que identifica causa e interesse público; a teoria de FORTI, PRESUTTI, ROMANO[4], etc., que distinguem, no interesse público, uma parte com relevo causal e outra situada entre os motivos; e, finalmente, a teoria do motivo-pressuposto de DE VALLES e PACINOTTI[5], que fazem apelo à célebre "pressuposição" de WINDSCHEID[6] para manterem intacta a noção de causa civil e darem, não obstante, relevo jurídico ao fim de público interesse.

---

[1] Contra GALLO (*ob. cit.*, sobretudo págs. 115-119), que, embora aceitando a definição civilística de causa, acaba por dela fazer um puro *nomen*, absorvido integralmente – e até quanto à disciplina dos contratos administrativos – pelo fim de interesse público.

[2] Sobre VEDEL, já fizemos observações a págs. 34-35.

Concordamos com este Autor quando, acerca da "directiva de interesse publico", escreve: "constitui um princípio de acção definido positivamente e não negativamente como em direito privado" (*ob. cit.*, pág. 443). Negamos, porém, que se trate como pretende, de um princípio de "boa Administração", de "moralidade administrativa", que faz lembrar, como ele diz, "a ideia directriz da teoria da Instituição de HAURIOU" (pág. 445). Segundo o mesmo Autor (págs. 442 e segs.), o relevo do fim de interesse público, no acto administrativo, só seria apreciável e verdadeiro enquanto o interesse não fosse "objectivado", transformado em "causa", em condição legal de acção. Depois disto o interesse público deixaria de relevar, o controle com base no fim deixaria de ser necessário, passando a controlar-se a actividade da Administração através do elemento da causa (no sentido que ele lhe dá: de "causa eficiente", de pressuposto do acto). Ora bem, isto não é certo. A "causa" de VEDEL, é apenas, como já foi dito, a síntese das condições que temporificam a necessidade para o agente poder actuar em concreto: integra a sua *competência objectiva,* o seu *posse.* Mas, depois disso, o agente não deve agir *ad libitum.* A necessidade – que aquelas condições pré-ordenam – tem de ser servida por público interesse. Se a actividade é tão *vinculada* que nenhum critério pessoal do Administrador seja chamado a intervir (o que raramente sucede pois haverá, pelo menos, o *an* ou o *quando*), o interesse público – como princípio de satisfação óptima da necessidade, do ponto de vista legal – intervém ainda, presume-se *juris et de jure:* a actividade vinculada é legal e, por isso, óptima do ponto de vista da lei. Se, pelo contrário, resta uma esfera mais ou menos ampla de discricionaridade, o interesse público é a única razão objectivamente, legalmente, admissível como capaz de poder *determinar* (de ser fim) do Administrador. E, como tal, é princípio *objectivo* – *regra* para todos os Administradores; *subjectivo* – necessariamente *querido* para a actividade procedente ser legal; *vinculante* – pois o seu carácter é, na verdade, jurídico e não apenas moral. E, todavia, intervindo a este ponto, o interesse público não pode prejudicar a existência de pressupostos. Estes últimos, a necessidade e a competência subjectiva são sempre determinados pela norma (cfr. Prof. A. QUEIRÓ, *ob. cit.,* págs. 269-270), tanto na actividade vinculada como na actividade discricionária.

ALESSI (*ob. cit.*) nega, como vimos, a admissibilidade em Direito Administrativo do conceito de causa. O interesse público passaria a relevar como " legitimidade substancial", como uma condição-limite da acção do Administrador. São pertinentes, a nosso ver, as críticas de BODDA (*Opinioni* cit., págs. 68-70). O interesse público tem de ser *querido* pelo agente, tem de ser *determinante* (o único determinante legítimo) da sua actividade. Logo, não pode relevar como algo de limitativo; tem de ser um escopo *activo,* tem de ser o fim, a *ratio,* de todo o movimento voluntário do Administrador para valer como vontade da Administração.

Para MORTATTI (*ob. cit.*) o interesse público depende, à semelhança do que pensa VEDEL, de um conjunto de regras dedutíveis de boa técnica administrativa. Também julgamos merecidas as críticas de BODDA (*Opinioni* cit., pags. 70-72). Remetemos à sua conta, igualmente, o que foi dito para a doutrina "moralista" do interesse público de VEDEL.

3 Vide *Opinioni* cit., sobretudo págs. 64-68; cfr., do mesmo Autor, *La causa giuridica della manifestazione di volontà nel diritto amministrativo,* Turim, 1933, e *Ente pubblico,* etc. De acordo com BODDA, substancialmente, D'ALESSIO, *ob. cit.,* e VITTA, *Diritto Amministrativo,* I, pág. 84. Também, BELIN, *ob. cit.,* no testemunho de VEDEL, *ob. cit.,* loc. cit.

4 *Vide* FORTI, *I motivi* cit., conforme já *Natura* cit., pág. 374; PRESUTTI, *ob. cit.,* loc. cit.; ROMANO, *ob. cit.,* loc. cit. No mesmo sentido RANELLETTI, *Capacità e volontà nelle autorizzazioni e concessioni amministrative,* em *Riv. it. per le Sc. Giuridiche,* XVII, 1, 2, n. 51 (Cfr. PACINOTTI, *ob. cit.,* pág. 213).

5 *Vide* PACINOTTI, *ob. cit.,* loc. cit., DE VALLES *ob. cit.,* loc. cit.

6 *Diritto delle Pandette,* vol. I, livro II, nota e pág. 1025 (trad. it. de FADDA e BENSA, Turim, 1925); *Die Voraussetzung,* Berlim, 1880.

Os dois últimos grupos de autores foram anteriormente indicados, em nota[1], como partidários da causa definida pelos privatistas; logicamente, deveriam ser levados, todos eles, a posição não muito diversa daquela que perfilhamos e, pelo contrário, bastante distinta dos resultados a que chegou BODDA ou D'ALESSIO. Todavia, isto não acontece, e cremos não errar dizendo que, em último termo, as divergências se explicam por falta de precisão nos conceitos de interesse, de necessidade, de pressuposto, e, mais gravemente ainda, ao definir-se o conteúdo de causa jurídica na sua aplicação ao acto administrativo. O mesmo se diga da própria teoria de PIETRO BODDA, a qual precisamente nos parece a expressão mais flagrante dos possíveis erros descortinados nas outras duas posições.

Começa por ser duvidoso – dissemos – o conteúdo a atribuir à função económico-jurídica do acto em Direito Administrativo, o que, de certo modo, não admira se nos lembrarmos de que, neste campo do Direito, a medida da satisfação das necessidades (o interesse) tem juridicamente um valor que excede a "simples vontade da causa" do Direito Privado. Por um princípio de simetria das construções, tende-se, em regra, a explicar esse relevo por uma causa mais final do que instrumental, que, a breve trecho, porém, já não consegue distinguir-se do próprio interesse como fim público determinante. Expressão dessa tendência levada aos extremos é a doutrina de BODDA, onde a palavra causa é utilizada como simples nomenclatura, pois não pretende afectar qualquer semelhança com a noção de Direito Privado ou simplesmente esconder que se refere de modo exclusivo ao elemento teleológico[2].

BODDA distingue no acto administrativo os seguintes momentos: 1.º) – pressupostos constitutivos do interesse público; 2.º) – escopo de interesse público; 3.º) – efeito jurídico destinado a constituir, modificar ou resolver uma relação de Direito Administrativo. Os pressupostos actuam como motivos ou móbeis, ligados por natureza ao segundo momento, que mais não é, afinal, do que o próprio interesse – constituído nos pressupostos – que vem a projectar-se como fim no espírito do sujeito para o determinar. O escopo de público interesse tem função categorial, determinadora, e, portanto, de verdadeira "causa" em Direito Administrativo. Por isso, aquilo que corresponderia, na verdade, a uma

---

[1] Nota às págs. 187 e seguintes deste trabalho.
[2] Cfr. *ob. cit.*, pág. 66.

causa civil – o nexo que organiza (ou exprime) a relação administrativa – é considerado como simples "efeito jurídico" [1].

Do emprego da palavra "causa" nas circunstâncias referidas há apenas a dizer que se trata de um "abuso de linguagem". A função característica de tipificação que BODDA atribui ao fim de público interesse é, como notou PUGLIATTI [2], e mau grado as evasivas daquele autor, apenas uma aparência de função porque, na verdade, não existe. Ou se dê uma noção transcendente, como faz PUGLIATTI, ou funcional como fazemos nós, ou manifestamente contida nos pressupostos como faz PIETRO BODDA (a tal ponto, com efeito, que, nas suas próprias palavras, os pressupostos e o fim "são dois aspectos ou momentos da mesma nota essencial do acto administrativo" [3]), nunca o público interesse é elemento capaz de singularizar tipo por tipo as várias especies de actos de Direito Público: pois em todos eles será uma nota (ou "clima") indispensável (PUGLIATTI), ou uma função com sempre as mesmas características (doutrina que adoptamos), ou, então, algo de variável e de concreto – um individual real e não ideal – que é, portanto, inconciliável com a tipicidade como esquema de acção (BODDA). Nos dois primeiros casos, não pode ser *tipo* porque se trata de uma "tendência" ou de uma "constante"; no último, porque se confunde com as notas determinantes de cada *suposto de facto,* de cada forma de actividade em espécie. Sobre a concepção do nosso Autor há ainda a dizer que ela é produto de uma falta de precisão: na verdade os pressupostos não "constituem" o interesse público; apenas "temporificam", fazem "histórica", a necessidade abstractamente prevista na lei. Nada mais.

As dúvidas sobre a causa e sobre o conceito de interesse público são sensíveis também na teoria, mais ou menos comum, de FORTI, ROMANO e PRESUTTI, entre vários. Parece útil e verdadeiro a esta doutrina admitir-se que "o escopo *típico...,* objectivo,... que identifica a *função* de cada espécie de acto administrativo..., corresponde naturalmente a um certo imediato *interesse* da Administração pública" [4]; mas julga-se também necessário frisar que uma relevância normal dos motivos deve ser admitida "na mesma linha da causa", destinada a in-

---

[1] *Ob. cit.,* págs. 65-66.
[2] Cit. em BODDA, *ob. cit.,* págs. 72-73.
[3] Cfr. *ob. cit.,* pág. 68.
[4] FORTI, págs. 490-491.

quirir se o acto administrativo realizado, além do interesse público imediato que vem a prosseguir só com ser posto em movimento, não foi desviado em concreto da necessidade pública invocada pelo Administrador [1]. Há, nestas ideias, como já dissemos há pouco, um erro fundamental: a confusão do interesse público que moveu a lei a criar certo tipo de acto administrativo com o interesse público que move o agente no caso concreto da acção administrativa. Ora, se o último, e não o primeiro, é que deve importar, quando se ajuíza da acção, como pode falar-se de interesse público do meio utilizado, se o agente não se moveu por esse desígnio ao lançar mão dele? O que fica de interesse público na causa jurídica, se o agente não teve interesse público ao aderir a essa mesma causa? E até que sentido pode ter, senão *formal,* senão "quase abusivo" (tanto como falar de "causa" de um negócio privado ferido de causa nula), falar de "causa pública" (causa de interesse público) de um meio que foi utilizado contra a lei, e, *portanto,* contra o público interesse? A utilidade do meio justifica-se, ao ser posto em movimento, só e apenas só pelo desígnio de satisfação óptima da necessidade que nessa altura se invoca. Nem será lícito afirmar, desde que não seja querido em vista desse fim, que o acto jurídico, pelo facto de a norma o haver previsto em espécie como meio de interesse público, prossegue sempre uma margem *imediata* de tal interesse: assim, por exemplo, que uma ordem de polícia, emanada no uso de poderes discricionários, vem a realizar um interesse público, pelo simples facto de ser ditada, muito embora se venha a provar que o agente de autoridade se determinou por motivos ilegais. Que público interesse pode subsistir num acto *contra legem* (e, neste caso, será *contra legem* o próprio acto *praeter legem,* isto é, que se produz *sem* atenção ao fim objectivo de satisfação óptima)? Que "interesse público" pode realizar aquele meio jurídico, que não seja uma *"contradictio in adjecto",* em última análise?

Mas tudo isto vem, parece-nos, de falta de precisão ao definir-se o conteúdo do escopo objectivo ou da função económico-jurídica dentro do acto administrativo. O escopo objectivo, a função económico--jurídica, é a *utilitas* do meio como meio que é, e nada mais, talqualmente em Direito Privado. É uma nota característica do meio, sujeita,

---

[1] Forti, págs. 491-492.

Contrato administrativo

portanto, quer em Direito Público quer em Direito Privado, a ser utilizada coma mera "aparência", *"dicis causa"*, isto é, sem *interesse*, ou, melhor, sem interesse juridicamente relevante: que em Direito Privado se *mede* pela "vontade da causa", como é sabido, e em Direito Público pela "vontade da causa pública", no sentido de satisfação óptima da necessidade. Claro que, numa como noutra hipótese, se foi utilizado *"dicis causa"*, o modelo negocial não releva, será *inexistente* perante o Direito. Esta dependência do público interesse em que se encontra a "causa pública" não é, portanto, substancialmente distinta daquela em que se encontra a "causa privada" em face dos interesses dos particulares. Por isso, não se justifica que no acto administrativo a causa deva ser algo de "teleológico"[1], suposto mesmo que o podia ser, o que já vimos não se passar, todavia, na realidade.

Mais coerente com a noção civilística de causa é a doutrina de PACINOTTI e DE VALLES. Para estes Autores, a causa administrativa não tem conteúdo diverso da causa civil[2]. Por sua vez, o interesse público releva como "motivo-pressuposto", como "pressuposição" (*"die*

---

[1] Em nota à pág. 492, FORTI confessa que De VALLES lhe fizera a advertência de que, no trabalho publicado na *Giurisprudenza Italiana* (1900, IV, págs. 369 e seguintes, sobretudo n. 8), a subordinação ao interesse público simultaneamente da causa e dos motivos supunha menos clareza na concepção de causa dada pela doutrina civilística. O Autor reconhece não se ter exprimido claramente nesse trabalho, pelo que deixa agora dito que já então aderia à doutrina comum sobre aquele *"essentiale"* do negócio. À margem, e depois do que temos comentado, permitimo-nos duvidar de que a doutrina (ou a expressão) em *I motivi* seja absolutamente clara dessa adesão.

[2] PACINOTTI: "a relação intercedente entre as duas prestações ou entre a prestação de uma parte e o lucro da outra é a *"causa obligationis"*. "Nos negócios jurídicos típicos aquilo que constitui o *tipo* costuma chamar-se a *causa...*" (*ob. cit.*, pág. 209). Criticando as confusões que já então se revelavam em FORTI (*Natura giuridica*) e RANELLETTI (*Capacità e volontà),* observa: "Não vejo razão pela qual em direito público as coisas devam ser apreciadas juridicamente de maneira diversa daquela por que o são em direito privado ou pela qual idênticos *"nomina juris"* devam ter diverso significado e diversa acepção jurídica" (págs, 213-214). "A vantagem de interesse público, que é a finalidade última para que tende a Administração pública, é o motivo do acto" (pág. 215). "De facto, a *causa,* segundo o que afirmamos, de uma concessão de serviços públicos é a actuação deste serviço, não o bem público que daí deriva: e ocorre distinguir as duas coisas em tema jurídico de tanta subtileza" (n. à pág. 215). DE VALLES: a causa "é o intento imediato da determinação da vontade, o qual se apresenta como motivo último, determinante, de que resulta a função económico-social do acto..." (*Elementi* cit. pág. 193; cfr. *La validità* cit.,

Voraussetzung" – WINDSCHEID), situando-se entre os "motivos juridi-camente irrelevantes e a causa do negócio". Os motivos-pressupostos, para esta doutrina, "são elementos tão compenetrados na essência do acto que a sua falta ou vício faria enfermar a estrutura substancial do mesmo ou retiraria todo o fundamento lógico e jurídico à determinação de vontade"[1]. Relevam tanto em Direito Privado como em Direito Administrativo; mas neste último caso assumem importância maior, pois como tais se devem catalogar todas as situações de facto a que a lei vincula uma actividade administrativa, e bem assim os antece-dentes lógicos e jurídicos de que depende a determinação da autori-dade pública para ser existente e válida[2].

---

págs. 146-147). "Não se pode dizer, portanto, que a causa do acto seja genericamente o interesse público: este é o motivo-pressuposto da vontade administrativa, mas não o último intento; o último intento, em correspondência com a noção de causa no Direito privado, é o fim imediato que a Administração se propõe com a sua vontade; o qual não pode entender-se independentemente da pressuposição dos elementos que lhe são imanentes, mas conserva sempre a função de atribuir ao acto a sua figura jurídica" (últ. *ob. cit.*, págs. 152-153).

[1] *Elementi* cit., pág. 194.

[2] Há pressupostos objectivos e subjectivos. Os primeiros requerem uma investi-gação (*"accertamento"*) imediata (ou simples), técnica ou jurídica. São dados factuais que a norma apresenta como condicionamento da actividade administrativa, que, nesta hipótese, se diz *vinculada*. Os segundos são "factores... que não requerem uma inves-tigação mas uma *avaliação* (*"apprezzamento"*); não se pode dizer que existem ou não existem, mas que dado sujeito os considera ou não existentes; por outros termos, exis-tem em função da valoração do sujeito", da estimativa pessoal do agente. No Direito Privado, esse *"apprezzamento"* compete exclusivamente ao sujeito, não sendo por via de regra controlável. No Direito Público, o agente ou a autoridade só pode fazê-lo den-tro de certos limites, que são precisamente os impostos pelo interesse público, que, umas vezes, "deriva da distinção do ente ou da competência do serviço", outras vezes, "é estabelecido pela lei de modo bastante preciso". Quando à Administração é deferido, dentro dos limites do interesse público, o poder para *"apprezzare"* os pressupostos (pressupostos subjectivos), a actividade diz-se discricionária (*Elementi*, págs. 192-204).

Na doutrina que defendemos, os pressupostos de DE VALLES serão ora autên-ticos pressupostos (condições prévias), sempre indicados na forma de conceitos pre-cisos ou de conceitos "vagos", pelo legislador, ora autêntica determinante de interesse público (princípio de satisfação óptima) a "definir" pelo agente de acordo com o seu *recto* critério. Mas, neste caso, como se observa, o interesse público não é *limite* do *"apprezzamento"*; é a *ratio* – a única legítima – da determinação e, portanto, da avaliação do agente, que procede à *guisa* de intérprete (Cfr. Prof. A. QUEIRÓ, *ob. cit.*, pág. 292).

A teoria do motivo-pressuposto sofre principalmente das incertezas que rodeiam a figura da "pressuposição" como forma moderna da antiga doutrina da cláusula *"rebus sic stantibus"* [1]. Nem o contributo de

---

[1] A cláusula *"rebus sic stantibus"* – *"contractus qui habent tractum successivum et dependentiam de futuro rebus sic stantibus intelliguntur"* – é um princípio de equidade desconhecido das fontes romanas mas já presente em moralistas como Cícero e Séneca, vindo a ter interferência no Direito sobretudo com BALDO e BÁRTOLO, que o formularam em termos precisos. Refere-se aos contratos a longo termo ou de prestações sucessivas e visa restabelecer a economia do contrato que circunstâncias imprevistas hajam gravemente comprometido, determinando lucros excessivos para uma das partes e prejuízos correspondentes para a outra. A escola culta da Alemanha, nos séculos XVII e XVIII, deu notável incremento a esta doutrina, procurando introduzi-la também em Direito Internacional Público. LEYSER, nas suas *Meditationes ad pandectas* (1717), define-a sobretudo como regra geral de interpretação, pois, segundo ele, *"omne pactum, omnis promissio "rebus sic stantibus" intelligenda est..."*. Como faz notar LENEL, a cláusula, entendida nestes limites, envolve uma ficção e uma indesejável rotura no princípio da fidelidade contratual: "O que ao contratar não pensa para nada numa possível alteração das circunstâncias não tem por que limitar as suas obrigações *rebus sic stantibus,* e é arbitrário afirmar-se que todo o contrato se deva "entender" concluído com esta cláusula". (LENEL, *La clausula "rebus sic stantibus"* em *Rev. Der. Privado,* Madrid, 1923, pág. 202). Não admira, pois, que, embora admitida em termos gerais no Código Bávaro e, de certo modo, no Código Prussiano, tenha sido totalmente desconhecida nos Códigos de origem napoleónica e só muito vagamente lembrada no Código Civil Alemão.

WINDSCHEID (*obs. cits.*) renova com a sua *"Voraussetzung"* o velho princípio da cláusula. A pressuposição, como diz OERTMANN (*Introducción al Derecho Civil,* trad. esp., Ed. LABOR, pág. 304), é "um termo intermédio entre o simples *motivo* e o motivo elevado à categoria de verdadeira condição"; ou, como se diz na Itália, uma *"condizione non sviluppata"* (cfr. GALLO, *ob. cit.,* pág. 91). Efectivamente, "pressuposição é para WINDSCHEID toda a expectativa ou crença sem a qual quem emite uma declaração não a teria emitido" (LENEL, *ob. cit.,* pág. 197). Quem parte de uma "pressuposição" quer condicionar os efeitos do negócio tanto como aquele que condiciona na verdade, mas não chega a fazê-lo expressamente; se o facto pressuposto resulta falso, a "verdadeira vontade" do declarante deixa de equivaler à vontade declarada, pelo que poderá desde logo opor-se, à *actio* resultante da declaração, uma *"exceptio doli",* podendo, por seu lado, o declarante pedir a restituição do que haja pago com base numa *"condictio sine causa".* A "pressuposição" pode basear-se em facto presente ou futuro, mas, nos actos *inter vivos,* importa que chegue ao conhecimento do beneficiário da declaração (Cfr., em geral, LENEL, *ob. cit.,* págs. 197-198).

Em artigo no *Archiv. f. d. zivilistische Praxis,* vols. 74 e 79, LENEL combateu energicamente esta doutrina, que tinha encontrado acolhimento no primeiro projecto do Código Alemão, e, que, desde a crítica de LENEL, deixou de ter qualquer interferência na teoria e na prática (Cfr. LENEL, *La cláusula...* cit., pág. 198). OERTMANN,

OERTMANN, com a sua teoria da "base negocial" (*"die Geschäftsgrund-lage"*), conseguiu melhorar definitivamente a debilidade congénita desta *"condizione non sviluppata"*, de que nos fala MARIO GALLO, pare-cendo difícil, ao menos por enquanto, compatibilizar a eminência do interesse público – na forma decisiva que lhe atribui DE VALLES – com uma base jurídica tão incerta e precária. Por outro lado, o escopo de salvarmos a identidade da causa consigo mesma (com a noção que lhe deu a teoria geral da relação jurídica) não nos parece que leve necessa-riamente a remeter para o campo dos motivos, ou na forma de motivos-

---

porém, retomou o fio perdido na sua obra *Die Geschäftsgrundlage. Ein neuer Rechts-begriff,* Leipzig, 1921, que, no juízo de LENEL, apresenta tais analogias com a dou-trina de WINDSCHEID que "se presta no essencial a idênticas objecções". Porém, OERTMANN não deixou de notar as dificuldades da "pressuposição" windscheideana, como "pressuposição unilateral"; simplesmente, julga que, se ela for bilateral e "ele-vada, expressa ou tacitamente, a elemento integrante do contrato" (*Introducción* cit., pág. 304), se "de maneira evidente, as partes querem apoiar os efeitos do negócio exclusivamente sobre a base de um facto determinado, não elevando este a condição simplesmente por o suporem já dado ou considerarem indubitável o seu cumprimento futuro" (304-305), não será "demasiado atrevimento considerar a pressuposição, tomada *nesse sentido,* como *base do negócio* e elemento essencial, por conseguinte, para a existência do mesmo..." (305). O desaparecimento da base dará ao interessado um direito de resolução ou denúncia do contrato. Esta doutrina foi adoptada pelo S. T. Alemão, chegando a utilizar-se no estrangeiro, como por exemplo, nos célebres "Coronation Cases", em Inglaterra, onde se adoptou um conceito de *"fondation of the contract"* (CARTER, *Elements of the law of contract,* cap. IX) que não é outra coisa senão a *"Geschäftsgrundlage"* do nosso Autor.

KRUCKMANN, em artigo sobre a cláusula (*Archiv. f. d. ziv. Praxis,* vol. 116, págs. 157 e segs.), reduz o problema a um "equilíbrio de interesses" que, segundo LENEL (*La cláusula* cit., pags. 203 e segs.), "pode oferecer a chave para a devida solução" deste pleito. Nota-se, por outro lado, recentemente, um notável avanço do princípio da "revisão judicial", mesmo nos países latinos e americanos, o qual muito auxilia a admissibilidade de uma revisão ou rescisão por excessiva onerosidade superveniente e pode introduzir, de uma forma mais ou menos moderada, a chamada "teoria da imprevisão", aceite, em França, para o Direito Administrativo (contratos administra-tivos), também no âmbito das obrigações privadas. Entre vários, leia-se, para o actual Direito Civil Italiano, que admite a rescisão por excessiva onerosidade superveniente, CARLO BRACCIANTI, *Effetti della eccessiva onerosità sopravvenienti nei contratti,* Milão, 1939; para o Direito espanhol, F. CANDIL, *La clausula r. s. s.,* Madrid, 1946; para o Direito americano, sobretudo MEDEIROS DA FONSECA, *El contrato dirigido y la teoria de la imprevisión,* em *Rev. de Est. Jur. Pol. y Sociales,* Dez. 1947, Sucre, Bolívia; e, para o conjunto das opiniões, os *Travaux de la Semaine Internationale de Droit* realizada em Paris.

-pressupostos ou de motivos previstamente sindicáveis. O interesse, como princípio de satisfação óptima da necessidade – que só existe postas as condições de facto e de direito para a sua verificação temporal –, intervém na causa por um caminho normalíssimo: o caminho do bem jurídico, que ele modela a seu talante como sempre faz, mesmo em Direito Privado. Simplesmente, nos negócios privados, tal modelação não resulta *jurídica,* assumindo apenas expressividade económica; nos actos públicos, é necessária – e necessária no seu grau máximo – sob pena de se concluir pela não identidade do interesse público consigo próprio (como princípio de satisfação óptima) e da causa do acto como "causa pública" (causa que encerra uma prestação à medida do público interesse). Este relevo indirecto e mediato do escopo de interesse público tem a vantagem de respeitar a instrumentalidade – o carácter de elemento negocial ou morfológico – da causa, e ao mesmo tempo afirmar o verdadeiro controle (mas um controle activo, dirigido a *bens)* que deve exercitar nos actos administrativos *jure publico* um interesse plenamente qualificado.

§ 3.º

A explicitação do interesse público na causa

Sumário: – **6.** Crítica dos critérios formais de distinção entre actividade *jure publico* e actividade *jure privato* da Administração. Seu valor meramente indiciativo ou semiótico. A explicitação do interesse público na causa como critério fundamental.

6. Fixado o critério distintivo da actividade *jure publico* e da actividade *jure privato* da Administração mediante o relevo assumido pelo elemento teleológico funcional na própria causa do acto, embora através da prestação, que o interesse público directamente determina e controla, cabe resolver este problema imediato e muito importante: como se reconhece o interesse público explicitado? Qual o critério auxiliar que permite distinguir esta sua forma específica de relevo, por modo que saibamos ser um acto de Direito Público, não de Direito Privado, o que foi posto em movimento?

Se a actividade da Administração vem a repartir-se por actos públicos e privados conforme o princípio de interesse público informa ou não informa a causa dos mesmos – ou antes, modela ou não modela, depois de a ter escolhido, a prestação que satisfaz a necessidade –, o interesse público *inscrito* há-de procurar-se nessa causa, e, dentro dela, directamente na prestação. Tudo está em sabermos se a prestação é um bem jurídico nunca abandonado pela ideia de interesse público, um bem que jamais cessou de reflectir as determinantes específicas do critério que presidiu à sua escolha. É este o corolário que se extrai da concepção que defendemos e do papel que atribuímos ao interesse na distinção da actividade administrativa em sentido amplo e em sentido estrito.

Que só o princípio do interesse público, neste específico papel de "modelador" do "bem jurídico", consegue explicar e explica o regime "típico" de Direito Público – quer dizer, o regime que a lei condensa em certas formas de actividade administrativa havidas por "meios jurídicos públicos" indiscutíveis: "ordens", "autorizações", etc. –, é coisa que ficará manifesta com uma rápida análise. O "benefício da execução prévia", com efeito, é consequência directa do princípio de *urgência* do interesse público: a satisfação óptima tem de ser rápida, não podendo depender de uma sentença anterior dos tribunais, por via de regra. O direito de "revocabilidade ou alterabilidade" das decisões administrativas é expressão clara do princípio da *actualidade* do interesse público: a satisfação óptima tem de ser à medida e à duração estrita da necessidade tal como esta se configura através do tempo e das circunstâncias. A "presunção de legalidade" é, por sua vez, resultado da combinação do princípio de *estrita legalidade* com o princípio da *urgência:* a acção administrativa, antecipada à definição dos direitos em juízo, tem de presumir-se como legal, para não haver contradição nos termos do público interesse. Por último, o princípio da "controlabilidade" – através da hierarquia, da tutela, do contencioso – traduz em termos insuspeitos essa *condictio* interna de uma acção que é, por natureza, *acção da lei,* cuja "volição-preliminar", cuja consciência, é o próprio Direito (Direito *agente,* não Direito *protegente*).

Deste modo, o chamado "processo administrativo" ou "regime de Direito Público" obedece a uma *ratio* profunda que deve ser, não só fundamento de toda a interpretação das normas que lhe dizem respeito, mas critério justificativo de toda a acção administrativa concreta. A actividade da Administração, quer vinculada, quer discricionária, é fruto do princípio de satisfação óptima das necessidades adminis-

Contrato administrativo

trativas, do princípio de interesse público: todo o acto real da Administração que não vise satisfazer optimamente a necessidade invocada, é contra o Direito e carece, *ipso facto* e *ipso jure,* de público interesse. Quando a lei determina exactamente o conteúdo, o momento e a forma do acto, quando a actividade é vinculada, a satisfação óptima presume--se *juris et de jure*, pois o critério de optimidade é a lei. Quando a actividade é discricionária, ficando à Administração a determinação concreta do *an, quid* e *quando,* ou de qualquer dos aspectos individualmente, essa margem de apreciação tem de obedecer ao princípio da optimidade dos meios (ao interesse público) sob pena de ser ilegal. De acordo com esta regra, se a escolha "livre" da Administração, por motivo de interesse público, impede que este assuma relevo específico na prestação, e, portanto, na causa do acto, a prestação será *privada,* o acto regula-se pelo Direito Privado. Se, pelo contrário, o interesse público quer intervir e modelar *pari passu* o bem jurídico – a optimidade transfere-se, comunica-se ao meio, que fica, desde então, subordinado ao regime de Direito Público. O "processo administrativo" existe, portanto, em função do público interesse quando este, além de critério de escolha dos bens jurídicos, actua como medida, como regulador da prestação em si mesma e assume, desta maneira, relevo morfológico dentro do meio.

Sendo assim, a "forma", o "processo", o "regime", a " pretensão", tudo vale na estrita medida em que corresponde a um interesse público objectivado, em que circunda, protege ou reclama uma prestação "controlada" pelo princípio da satisfação óptima. A *intentio* da Administração não pode autenticar um meio de Direito Público se ele o não for já de per si, mesmo supondo-se que é uma *recta intentio,* uma escolha ordenada pelo critério estrito do público interesse [1]. Urge esse público interesse transcorra e penetre no meio negocial, *modele* a pres-

---

[1] O critério subjectivo de JÈZE, ao qual já fizemos referência, deve entender-se como um "critério auxiliar", interpretativo da vontade do ente público que interveio na relação, não, porém, como "critério distintivo". A "intenção" da Administração serve para conhecer o "suposto de facto" e, portanto, a vontade administrativa expressa nesse suposto e o *sentido* que dela emana; não, porém, para *qualificar* o mesmo suposto. Os sujeitos da relação podem prever (e têm de prever) geralmente a qualificação que incidirá sobre o material que organizam em negócio: mas não *qualificam,* não depende deles a qualificação definitiva. Quer dizer, a qualificação é já problema de interpretação da lei, não de interpretação da vontade.

tação, *pari passu* a actualize de acordo com as variações da necessidade, e tudo isto *apareça* na causa por uma espécie de tensão interior do meio jurídico. Sem esta razão, não é *legítimo* buscar a forma, utilizar o processo, aplicar o regime ou fundamentar a pretensão. E daqui se conclui que os critérios *formais* que, com base em tais elementos, procuram distinguir a actividade pública e privada da Administração, carecem todos eles de um mínimo de apoio *objectivo,* que, evitando redundar em preconceitos "metafísicos" (diferente natureza da pessoa pública, necessidades diferentes, etc.), dê a *ratio* da lei ao formular o regime publicístico, a qual, naturalmente, num "clima" de estrita legalidade, há-de ser também a *ratio* da utilização em concreto dos processos de Direito Público.

Sem este mínimo objectivo – que, já o dissemos, nada tem de "metafísico", pois assenta a sua objectividade numa concepção de interesse público estritamente legal ou jurídico-positiva – será difícil, se não impossível, descobrir o *nomen juris* de todas aquelas relações que, por falta de tipicidade marcante, ou mesmo de regulamentação em via específica (relações inominadas)[1], sofrem de constantes dúvidas acerca da sua natureza jurídica, da sua interpretação, do preenchimento da sua disciplina, parcial ou totalmente lacunosa. E não se julgue despiciendo o âmbito desta zona de claro-escuro, pois ela abrange praticamente tudo o que não é "ordem" em sentido lato (*"Verfügung"*) e tende a ser contrato de Direito Público (*"Vertrag"*), incorrendo na forma bilateral da *"offre acceptée"* mas revelando, intimamente, manifestos indícios

---

[1] Esta possibilidade de relações inominadas é admitida expressamente em WALINE, por exemplo (*ob. cit.,* pág. 481), que, para os "contratos admmstrativos" fala do contrato concluído entre o Estado e os alunos das grandes escolas, a que se refere o C. E. de 28-2-1930, BERTIER, S., 1930, 3. 105, nota Alibert, D. H., 1930, 258. PÉQUIGNOT procura estabelecer uma teoria do Contrato Administrativo que possa envolver também os contratos inominados a que se refere na *ob. cit.,* págs. 52-55 e sobretudo, págs. 157-169: contratos de seguro marítimo, contratos relativos ao *"ravitaillement"*, contratos relativos à economia mista, contratos de prestação de serviços, etc. – Entre nós, para efeitos de atribuição ao contencioso valem "unicamente" os contratos citados no § 2.° do artigo 815.° do Código Administrativo; mas, é claro que a actividade *jure publico* do Estado pode manifestar-se em outras "solicitações" de tipo essencialmente publicístico, as quais, embora se integrem na competência dos tribunais comuns, não podem – para efeitos de interpretação, etc. – deixar de ser apreciados de acordo com o "sentido" de público interesse que as partes imprimiram à convenção efectuada.

Contrato administrativo

de poder público; quer dizer, grande parte da *vida* dos serviços do Estado, os quais não podem conceber-se actualmente sem uma ampla margem de "solicitação"[1], mesmo quando se não desce ao nível da procura privada.

A incapacidade distintiva dos critérios formais, perante este notável grupo de relações, parece, conquanto a lei as preveja e de algum modo as regule, não sofrer qualquer dúvida. Nos sistemas de Administração executiva ou de tipo francês, em que, segundo o modelo da França, a fixação da competência contenciosa costuma preceder a determinação lógico-jurídica da natureza pública das relações em concreto[2] e, por outro lado, há manifesta tendência para considerar integrado no *"contencieux par nature"* tudo o que diga respeito, mais ou menos directamente, aos serviços públicos em geral[3] (sem esquecermos que a noção de "serviço público" propende, também, a ganhar em amplitude o que perde em certeza)[4], é bem claro que o simples conhecimento da jurisdição não pode bastar para se haver como privado ou público qualquer acto praticado pelo ente administrativo. E de toda a maneira há-de compreender-se que a remissão ao judiciário de um critério de qualificação corresponde a pretender justificar a causa pelo efeito[5], coisa tanto mais absurda quanto esse efeito decorre normalmente de razões de oportunidade e de política judiciária. Por outro lado, a regulamentação específica das relações ocupa-se bem menos de qualificar do que de regular. Quando o Estado legisla sobre concessões dominais ou fixa um regime disciplinar para os usuários dos serviços públicos, não tenciona, por via de regra, decidir definitivamente sobre a natureza das relações indicadas[6]; como também – para salientarmos o valor apenas relativo do cri-

---

[1] Cfr. PÉQUIGNOT, *ob. cit.,* págs. 84-85.

[2] Em França, como já foi dito, o "contencioso por determinação da lei" precedeu o "contencioso por natureza".

[3] Tendência manifesta do *arrêt* BLANCO, a que já nos referimos.

[4] Cfr. n. às págs. 24-25 deste trabalho.

[5] Cfr. GALLO, *ob. cit.,* n. à pág. 7, crítica à teoria de THON e FORTI.

[6] Assim, por exemplo, a situação dos usuários – apesar de conter manifestos elementos "exorbitantes" como sejam, por um lado, a disciplina rigorosa a que se encontram sujeitos e, por outro, "a condição potestativa de variação conforme as necessidades do serviço" – não logrou ainda fomentar em França uma doutrina uniforme. Pelo contrário, salva a opinião da Escola de Bordeus, que se liga à teoria do acto-condição, e a de PÉQUIGNOT, que pretende entrever um contrato administrativo, a maioria da doutrina

tério judiciário – quando a lei francesa atribuiu aos tribunais da Administração as dívidas do Tesouro (*"dette publique"*), nem por isso ficou menos duvidoso o carácter realmente público dessas operações financeiras [1]. Acima do regime concreto, momentâneo e falaz, há a regra deduzida do global do sistema jurídico – o princípio informador dos regimes particulares, cujo espírito só ele pode verdadeiramente esclarecer, e cuja extensão analógica só ele pode verdadeiramente autorizar ou denegar.

Por isso, critérios como os de THON, IELLINEK, ROMANO e doutrina francesa – apoiando-se no "regime", ou na "pretensão" – têm apenas valor relativo, abstraindo das críticas de fundo que se lhes possam mover. THON [2], por exemplo, – à parte os possíveis defeitos internos da sua "pretensão" como "efeito jurídico" (*"Rechtsfolge"* [3]), à parte ainda o considerar a "pretensão pública" no seu aspecto administrativo (recurso sobre as "obrigações do Estado") como algo em que este, por se apresentar na plenitude da sua força (*"Staatsgewalt"*), não "presta vigor ao Direito" como quando actua em "privado" [4], sendo a "pretensão" que se lhe opõe fundada num *"jus imperfectum"* do particular – uma doutrina como a de THON é incapaz de definir concretamente as múltiplas e novas "solicitações" que o Estado utiliza – para prosseguir igualmente as suas finalidades [5] – mas sem agir em veste privada, sem pretender

---

e da jurisprudência crê na existência de contrato civil. Assim, WALINE, *ob. cit.,* págs. 356-358. Vide, também, para uma análise do problema no conjunto, PÉQUIGNOT, *ob. cit.,* págs. 93-104.

[1] Ouça-se, por exemplo, PÉQUIGNOT (*ob. cit.,* pág. 52): "A rotina administrativa e a jurisprudência não cessam de ver nas operações de Tesouro contratos administrativos. Numa hora em que, em matéria de contrato administrativo, há muito tempo que foi abandonado o "fetichismo" do texto e que as leis de 1790 e 1793 foram reduzidas ao nada, seria desejável que as operações do Tesouro fossem reconsideradas pela crítica: não se descobriria nelas, certamente, um só dos caracteres do contrato administrativo por natureza".

[2] *Ob. cit.,* loc. cit.

[3] Cfr. n. às págs. 185 e segs. deste trabalho.

[4] Segundo THON, o particular tem, no caso de recurso, um direito em face da Administração, mas um "direito imperfeito", porque o devedor é o Estado no seu inteiro poder estadual, pelo que aquele não goza, pois, da garantia que possuem as pretensões privadas mesmo contra o Estado, quando este, nivelando-se com o particular, "presta vigor ao Direito" (*ob. cit.,* pág. 140).

[5] O Estado tem de subordinar os meios de que dispõe – e, portanto, a sua força – ao escopo que pretende atingir (*"Zweckmässigkeit"*). Como os indivíduos, tem de entrar

"parificar em linha de princípio às pretensões privadas as próprias pretensões que lhe competem em caso de inadimplemento" ou, vice-versa, e, portanto, sem a "consequência extrínseca" da sujeição aos tribunais ordinários. Por sua vez IELLINEK [1], que baseava a distinção entre direitos subjectivos públicos e privados tomando como ponto de partida o elemento formal (poder jurídico, pretensão jurídica – entendida esta por forma diferente da de THON, como já foi dito em nota) [2], e viera, portanto, a adoptar como critério dos primeiros o "puro poder de querer" (*"Wollenkönnen"*) – "vontade concedida", e dos segundos a "faculdade de querer" (*"Wollendürfen"*), que supõe um *"Wollenkönnen"* de conteúdo naturalístico – "vontade permitida" [3], IELLINEK procurou, ao lado deste *"formales Kriterium"*, um critério substancial fundado nos interesses, pois reconhecia que, embora o Estado pudesse "transformar formalmente as pretensões de Direito privado em pretensões de Direito público" e vice-versa [4], só a "pretensão material" era capaz de basear um autêntico critério qualificativo, prevendo as hipóteses em que a acção judiciária viesse a faltar inteiramente [5]. Todavia a sugestão que ele apresenta não passa de um malogro, como notou SANTI-ROMANO [6]. Dizer que os direitos públicos são "prevalentemente no interesse geral" e os direitos privados "prevalentemente no interesse particular" [7]

---

em permuta económica (*"Vermögensverkher"*) com os particulares; mas poucos destes se conformariam em relacionar-se com ele, se se apresentasse na plenitude das suas exigências ou do seu império. Por isso, o Estado se despe de parte do seu poder e vem ao nível dos particulares, tendo em menos conta as vantagens da autoridade plena do que os interesses que deste modo satisfaz. O Estado moderno, deve, além disso, subordinar as pretensões nascidas de tal contacto com os indivíduos aos próprios tribunais ordinários, pois a independência e inamovibilidade dos magistrados civis asseguram ao particular a maior nivelação possível com o Estado negociante. A isto chama THON, como já vimos uma "sanção extrínseca" (*"äussere Sanction"*). (Cfr. n.º 11, pág. 138, sobretudo).

[1] *Ob. cit.*, caps. IV e V, já citados.

[2] Cfr. pág. 185 deste trabalho.

[3] *"Ausschliessliches Wollenkönnen ist das formale Kriterium des öffentlichrechtlichen, Wollendürfen, das auf einem Wollenkönnen ruht, das des privatrechtlichen Anspruchs"* (Cfr. n. à pág. 64, em que se transcreve o texto alemão).

[4] Cfr. *ob. cit.*, págs. 70 e 74.

[5] Cfr *ob. cit.*, pág. 71.

[6] "Basta este "prevalentemente", segundo nós, para destruir o critério que se propõe". (*La teoria dei diritti pubblici...* cit., pág. 128).

[7] Cfr. IELLINEK, *ob. cit.*, págs. 58-59.

corresponde, em última análise, a não dizer nada. E se algum conteúdo quis atribuir a esta ideia de "pretensão material" teve de recorrer, embora veladamente, à ideia de "acto de soberania", de "público poder"[1].

É aqui, de resto, que vem a fundar-se a concepção de SANTI ROMANO[2]. Depois de fazer a crítica de IELLINEK, sobretudo o seu carácter nubloso (invocando a frase de ORLANDO de que onde há linhas indecisas não existe o jurídico, pois "o Direito é a precisão"[3]), ROMANO acaba por concluir que, "para ter lugar uma relação de Direito Público, é necessário que o Estado intervenha como soberano"[4], doutrina que não pretende, é bem de ver, recordar a velha teoria da "dupla personalidade", mas admitir, substancialmente, o que RANELLETTI designa por "dupla capacidade de uma pessoa sempre única": capacidade jurídico--pública e capacidade jurídico-privada[5]. Este critério de "soberania" é, pois, de identificar a um critério de "regime de Direito Público"[6], algo de semelhante ao "processo administrativo" da doutrina francesa, ao qual, na interpretação de SUDRE e de PÉQUIGNOT[7], se reconduz o essencial do pensamento de LAFERRIÈRE, embora com limitações que ROMANO desde logo elimina do seu conceito de *"imperium"*[8]. Mas este como os demais critérios de "forma" e de "regime" é igualmente pouco satisfatório, *maxime* para aquelas relações que carecem, na verdade, de uma regra distintiva: para os casos a que nos referimos há pouco – da actividade "solicitadora", mas não privatística, da Administração. O que

---

[1] Cfr. *ob. cit.,* pág. 71.

[2] Última *ob. cit.,* sobretudo, págs. 129 e seguintes. A crítica de IELLINEK, como dos vários outros autores, é feita precisamente no mesmo cap. I, nas páginas que antecedem as cits.

[3] *I criterii tecnici per la ricostruzione giuridica del diritto pubblico,* em *Arch. Giur.,* XLII, fascs: 1-2 (cit. em ROMANO, n. à pág. 127). O mesmo estudo pode consultar-se em *Diritto Pubblico Generale* (1881-1940), Milão, 1940, págs. 3-22.

[4] Págs. 129, *in fine.*

[5] *Principi di Diritto amministrativo,* I, Nápoles, 1912, pág. 378 (cfr. GALLO, *ob. cit.,* n. às págs. 5-6).

[6] Cfr. KARADSÉ-ISKROW, em *Rev. Droit Public,* ano 41, págs. 411 (cit. em MELO MACHADO, *ob. cit.,* pág. 58).

[7] Cfr. nossa n. 3 à pág. 189.

[8] ROMANO admite expressamente a possibilidade de contratos de Direito Público. Vide *ob. cit.,* pág. 130.

levou MAYER [1] e, entre nós, MELO MACHADO [2], a adoptarem, em último termo, um método que pode chamar-se de "aproximações sucessivas": para os "casos de transição", será adoptada aquela teoria que "explique mais naturalmente e mais simplesmente todos os pormenores dados, deixando subsistir o mínimo de excepções e de contradições" [3]. A pretexto de não encontrarem e não ser possível encontrar uma *"solução preguiçosa"* [4], "susceptível de dar imediatamente o carácter da relação em causa [5], decidem-se por esta evasiva que, com certeza, não ganha em fecundidade o que perde em correcção doutrinal.

A ineficácia dos processos distintivos formais só vem mostrar, em resumo, que, longe de ser inútil procurar-se um critério com um mínimo de objectividade para se fundar a distinção entre actividade *jure publico* e actividade *jure privato* da Administração, esse critério revela-se verdadeiramente necessário para a qualificação de uma das áreas mais ricas da acção administrativa dos tempos actuais. Esse mínimo de objectividade é garantido – parece-nos – por uma concepção do interesse público nos moldes que defendemos, reconduzindo-se as diferenças dos processos administrativos ao relevo que assume na prestação o elemento teleológico funcional. E, portanto, toda a pesquisa se deve

---

[1] MEYER *(ob. cit.,* 1, págs. 177 e segs.) propõe um novo critério distintivo – "o processo de economia privada", que, segundo o mesmo Autor, deve distinguir-se do "processo de direito privado", pois, de contrário, estaríamos caídos num círculo vicioso. Esta doutrina é insustentável em face do Direito Administrativo moderno precisamente por causa da actividade de gestão pública de que temos falado, a qual se apresenta com uma estrutura não muito dissemelhante da dos contratos de adesão, reconhecidos como privados: a mesma pré-redacção unilateral, a mesma superioridade económica de uma das partes, etc. Dos processos de economia privada passa-se sem solução de continuidade, graças aos contratos de adesão, para os processos de "economia pública"; economicamente, não se vê onde o direito civil se separa do Direito Administrativo. Como há-de, portanto, basear-se neste ponto de vista a divergência fundamental entre os dois processos? Como resolver aquelas hipóteses que não possuem, como diz MELO MACHADO *(ob. cit.,* pág. 68), um "carácter público ostensivo"? A impotência do critério proposto (cfr. ainda M. MACHADO, pág. 74, n. 2) vem a ser reconhecida na solução de compromisso de que falamos no texto.

[2] *Ob. cit.,* págs. 73-74

[3] MEYER, *ob. cit.,* pág. 180.

[4] Expressão de ROUVIÈRE, *A quels signes reconnaître les contrats administratifs,* pág. 46; cit. por M. MACHADO, pág. 173.

[5] M. MACHADO, *ob. cit.,* pág. 73.

dirigir a provar esse específico relevo, que consiste, como acentuámos, no facto de a prestação se apresentar constantemente "controlada", submetida à vigilância do público interesse, obedecendo *pari passu* às suas directivas.

O uso de fórmulas públicas, a reserva de poderes de excepção (poder de revogar, de ordenar, de policiar), a atribuição de competência aos tribunais contenciosos, tudo isso colabora, naturalmente, na determinação do relevo específico do interesse público, mas não basta de per si para afirmar a natureza da relação. É preciso não esquecer que a ideia de interesse público também interfere no momento da escolha dos meios jurídicos privados, que estes negócios não são totalmente estranhos à ideia suprema da satisfação óptima das necessidades colectivas, e que o próprio Direito Civil aplicável a eles é objecto em certa medida de uma adaptação prévia [1], que não altera a estrutura substancial das relações privadas, mas se aproxima muito de uma negociação de carácter menos "livre", de carácter público. É o que se passa com as dívidas do Estado, admitindo que possuam natureza realmente privada: o princípio da não-conversão contém manifestos elementos de quase--soberania, ou, pelo menos, de quase-autoridade, para aceitarmos a des-

---

[1] Falam os italianos de "Direito Civil Administrativo". Há quem escreva: "Os contratos do Estado não são contratos de Direito Público, mas não são também contratos de Direito Privado. E então? Deveremos chegar à conclusão de que as normas que disciplinam os contratos do Estado dão lugar a um sistema contratualístico autónomo e constituem um Direito especial. Autonomia de sistema e especialidade de Direito, determinadas pela particular natureza de uma das partes contraentes, o Estado, que, ainda quando *"jure privatorum utitur"*, continuará a ser sempre uma pessoa jurídica-pública – a pessoa jurídica-pública por excelência – e continuará, pois, a ter, para esse efeito, necessidade de agir sempre e somente por público interesse, que é o escopo da sua existência…" (Lina Forti, *Sulla formazione dei contratti dello Stato*, em *Riv. It. per le Sc. Giuridiche*, 1938, pág. 8). Tomando, embora, em consideração, que os italianos excluem do Direito Público os contratos de fornecimento, de obras públicas, etc., que os franceses tratam como administrativos, e que, nesta transcrição a Autora, referindo-se também a eles, se refere a "contratos do Estado" que podem não o ser *jure privato* (e até na Itália, já vimos que La Torre e De Valles os consideram *jure publico*), todavia, a doutrina estará certa mesmo só para os restantes. É pensamento que se nota expresso também em U. Forti (*Natura* cit., págs. 408-409), que se serve do argumento para mostrar que a tutela de interesse público não é inconciliável com a tese contratualista; em Gallo (*ob. cit.*, págs. 5-11); em Bodda (*Ente pubblico…*, cit., págs. 18-24); etc. A designação de "Direito Civil Administrativo" é empregada por Longo e Orlando (cfr. Forti, *Natura* cit., loc. cit.).

trinça feita por IELLINEK[1]; e a tal ponto que a legislação francesa os considera ainda hoje como contratos administrativos. Também as relações dos usuários com os serviços públicos estão sujeitas, em certa medida, a um regime disciplinar exercido pelo serviço, e todavia, isso não impede que PÉQUIGNOT continue a considerá-los como contratos de natureza privada[2]. O que demonstra, parece-nos, que todo o critério *formal* (em sentido lato, de "pretensão" ou de "processo") só pode valer como critério auxiliar ou secundário dirigido a revelar a explicitação do elemento teleológico na causa ou no objecto do acto jurídico, de sorte a poder concluir-se que a prestação, no seu conjunto, foi submetida a um controle de interesse público.

---

[1] Vide, *ob. cit.*, págs. 236 e seguintes.
[2] Cfr. n. 1 à pág. 228 deste número.

CAPÍTULO III

O contrato administrativo como acto jurídico público

Sumário: – **1.** Aplicação das ideias anteriores ao caso do contrato administrativo, com vista a saber se será admissível uma "solicitação" de tipo publicístico. – **2.** Conclusões.

1. Cabe fazer, por último, a indução daquelas ideias que nos podem servir, depois de formulado o critério geral da acção administrativa em sentido próprio, para integrarmos, se possível, a "solicitação" de que temos falado também no âmbito da actividade *jure publico*. É evidente que tudo se há-de reduzir a saber se essa forma não ordenativa de actividade da Administração acusa um específico relevo do fim de público interesse; ou melhor, se a prestação sobre que versam os negócios referidos genericamente por "solicitação" é, na verdade, um bem jurídico nunca abandonado pelo princípio de satisfação óptima das necessidades administrativas

Satisfação óptima não é satisfação exclusiva – eis o que importa notar. Por vezes – sempre que a Administração tem de agir *jure privato*, por força da lei ou da necessidade, a satisfação óptima estará precisamente em não se fazer relevante perante os indivíduos com quem se contrata uma ideia dominadora de público interesse, em não se explicitar ou comunicar o escopo que vem a presidir à declaração do ente administrativo. É, como dissemos, uma "valiosa omissão" da pessoa pública ao "solicitar", que subordina à sua *Zweckmässigkeit* a *aparência* de "Estado-pleno", de *"Staatsgewalt"*. Outras vezes, porém, a satisfação óptima é interferente, mesmo quando "solicita" o ente administrativo. Há razões pelas quais a lei pode decidir ou a Administração pode entender que não é de usar o método da "ordem" ou do "decreto", em que o público interesse reveste uma forma pública ostensiva, com inteiro esquecimento da vontade privada, ainda quando se trate de uma exigência de bens ou de serviços (requisição, recrutamento, expropriação), nem o método "omissivo" da negociação privada, ou, para ser mais claro, a forma de negociar em que o interesse público não se exercita em cada momento da vida da prestação. Eis o *local* ou a *sede* propícia a uma solicitação de natureza pública, a um possível contrato de Direito Público.

A Administração solicita e, ao mesmo tempo, mostra ao particular que a solicitação tem isto de específico: aquilo que o aceitante há-de prestar, se a oferta for recebida e só ele vier a obrigar-se (possível contrato unilateral) ou o complexo de prestações que os dois obrigados hão-de fundir para se chegar a um objecto negocial unitário (possível contrato bilateral) – por qualquer forma, o bem simples ou complexo que há-de satisfazer a necessidade da Administração, tem de ser sempre *qualificado,* tem de observar em si uma tal "consciência" de público interesse que só viva como, enquanto e na medida que esse fim lho proporcione. Claramente que um acordo desta ordem não é um acordo privado: é um acordo (contratual ou não contratual, – isso depende do que disser uma teoria do contrato) de Direito Público ou administrativo em sentido próprio.

Mas, há-de dizer-se: nestas circunstâncias, tal acordo é uma "sujeição" completa – substancialmente é uma "ordem" e nada mais. Não. O elemento "voluntário" tem de existir, é imprescindível; e não existe como algo de suportado, de não desejado – o acto administrativo não se executa *"malgré lui même".* É um elemento de "público interesse", é uma rota *sem a qual* e *sem ser pela qual* não se verificaria, naquele dado instante de actividade administrativa, a satisfação óptima da necessidade. O interesse público não está, por hipótese, numa "ordem" ou num "decreto", como dissemos; se aí estivesse – ou porque a lei o colocasse em tal sede ou porque a Administração o entendesse mais eficiente – o recurso à "solicitação" seria apenas *formal,* e portanto, ilegítimo, *"dicis causa".* Mas, pondo de lado essa possibilidade patológica, que não assume no presente caso natureza diferente daquela que lhe apontámos ao falar da relação pública de maneira geral, é preciso assentarmos em que o processo de "solicitação" *jure publico* se caracteriza por uma adesão ao meio jurídico na sua integridade: que a "solicitação" como tal, isto é, como recurso à vontade livre do sujeito colaborante, se revela o meio *óptimo,* o único *meio legítimo* de satisfação da necessidade proposta.

A contradição interna que uma falsa noção de interesse público supõe nos chamados negócios bilaterais administrativos (*stricto sensu*) parte da ideia inconfessada de que o processo *voluntário* incluído na negociação administrativa é um "mal necessário", de que o próprio recurso à "solicitação" como meio de Direito Público é apenas um "menos mal". Parte de uma suposta hierarquia de meios de "interesse público", ao cimo da qual se colocam as "ordens" ou "decretos" (considerados tanto mais importantes quanto só a eles se equiparam, muitas vezes, os actos administrativos em sentido próprio), ficando na base a negociação estritamente privada. O interesse público mais do que tipicizado, é realmente substancializado na actividade ordenativa, sendo este vestígio da concepção policial da Administração pública muito patente ainda em modernos autores do Direito Administrativo. Por isso, a "solicitação" vem a ser compreendida como um *quid medium* de público interesse – nem um meio óptimo, como a "ordem" ou o "decreto", nem um meio "sem interesse" como o negócio civil. É um *Ersatz*, um sucedâneo, a utilizar quando não é *lícito* o emprego de meios administrativos unilaterais, e, entretanto, convém (ou se faz preciso) actuar num plano publicístico. Para usarmos a terminologia de IELLINEK, é um meio de "autoridade", que só se emprega quando não existe *imperium* ou "soberania".

Este clima de ideias transparece em toda a polémica sobre o contrato administrativo e só pode evitar-se remontando à noção mais autêntica e mais objectiva (num plano jurídico) do princípio de interesse público. Sendo este equiparado à ideia pura e simples de satisfação óptima das necessidades, ideia que transcende os meios *jure publico* e *jure privato* pois é determinante de todas, e não apenas desta ou daquela forma de acção administrativa; se o critério de optimidade se identifica, como deve, com o de estrita legalidade, que é regra tanto de uma acção vinculada como de uma acção discricionária; faz-se evidente que interesse público não é o mesmo que regime de Direito Público, sendo este uma expressão qualificada daquele, ou, como já vimos, um interesse público transcendente ao campo dos fins "pessoais" da Administração e volvendo-se em medida da prestação negocial. Esta ideia que propugnamos conduz, portanto, a uma *liberação* do princípio de interesse público, por demais centralizado nos "tipos" de acção jurídica "autoritária" ou ordenativa. Não há, pois, que afirmar que o lado voluntário da "solicitação" é menos conforme com o princípio do público interesse ou com a natureza publicística da relação em que intervém. Esta como aquele dependem, não da "forma" ou do "processo" utilizado, mas da qualidade da prestação, do relevo que assume no objecto do acto o elemento teleológico funcional. Isto e só isto constitui a *prova* da administratividade *stricto sensu* do meio jurídico.

Este valor do próprio momento voluntário, esta sua correspondência aos desígnios de satisfação óptima, não leva a concluir que a determinação pelo interesse público do objecto do negócio seja menos forte ou não seja idêntica à que se desempenha nos actos ordenativos. Fundamentalmente, é sempre a mesma a funcionalidade do interesse, a mesma a sua explicitação na causa, a mesma a conformação do bem jurídico às exigências da necessidade. A função activa e modeladora do interesse público é sempre igual a si própria, é uma *constante*. A necessidade é que se estrutura de tal modo que a prestação óptima vem a ser unicamente a prestação que reúna esta dupla natureza: carácter voluntário por um lado, e plena adequação às exigências da necessidade, por outro, sendo, pode dizer-se, a primeira condição um requisito *essencial* da plenitude da última. Por isso, o interesse público consubstancia de alguma maneira, na "solicitação" de que falamos, a nota de voluntarismo que a necessidade requer do bem jurídico, facto que o leva a só ter por boa a modelação desse mesmo bem que não *violente*, contra as perspectivas normais do compromisso tomado, o objecto do negócio concluído, que não transforme em "ordem" (e, portanto, em meio *mau*) o que importa se conserve, fundamentalmente, uma actividade "solicitadora", pois tal desvio iria representar uma contradição no fim de público interesse, entre o seu momento inicial (de escolha do meio) e o seu momento actual (de intervenção dentro do meio). Ora o interesse público é uma regra *coerente* e uma contradição desse género equivalia, nem mais nem menos, que a devorar-se a si mesmo.

Eis os moldes em que se singulariza, em obediência a uma lógica necessária, a intervenção do princípio de satisfação óptima na actividade "solicitadora" administrativa em sentido próprio e que permitem fundar uma autonomia dessa actividade jurídica perante os meios autoritários ou "ordens". Daqui se conclui, não só que o interesse público não é uma "violência", que, desde logo, compromete a solicitação, mas que esta última (como tipo clássico do *"spondesne spondeo"*) vem a corresponder a uma especial configuração das reais necessidades administrativas, de tal sorte que pode ser havida em tais hipóteses como o meio jurídico público mais idóneo para satisfazê-las. Por outro lado, como o negócio *absorve* o interesse público através da prestação, que é um elemento objectivo e, em qualquer construção negocial, fruto directo da vontade das partes, o carácter público da relação consegue insinuar-se sem perturbar a estrutura do meio jurídico. Não há que fazer apelo à ideia de superioridade da parte administrativa, pois tal explicação resulta errada: o fim de interesse público age objectivamente e não subjectivamente, é, enquanto *explicitado,* tão comum ao particular como ao ente administrativo. Mas, como se traduz numa incidência directa sobre a prestação negocial, o particular não tem de o querer como fim determinante (ficando, pois, lugar à diversidade de interesses que importa a uma possível explicação contratual) e nem sequer se confunde com a função objectiva da causa do negócio em sentido técnico (ficando, pois, lugar a uma ideia da causa como conceito de teoria geral); o aceitante adere ao público interesse em função do objecto do negócio, em função do que tem de prestar, o qual, assim qualificado e determinado, lhe parece, na "infraestrutura", como diria SCHAPPE [1], ainda valor *menor* do que o valor que realiza se aceitar e cumprir.

2. Depois de quanto dissemos, parece poder concluir-se que a actividade *jure publico* se não distingue substancialmente da actividade *jure privato* nem pela intervenção da ideia de interesse público como elemento teleológico nem pela necessária utilização de processos jurídicos ordenativos ou autoritários.

O interesse público, como ideia directriz da pessoa pública, e, deste modo, como princípio de escolha de todo e qualquer meio jurídico, domina tanto a actividade pública como a actividade privada. Não pode ser, portanto, a contrassenha dos negócios administrativos *stricto sensu.* O critério destes últimos, como já vimos, reside no relevo morfológico, naquilo que convencionámos designar por "explicitação" do interesse público na causa, através da prestação ou do objecto em sentido lato. Por outro lado, a actividade ordenativa ou autoritária, sendo, por certo, a forma tradicional dessa explicitação, não é a única nem a única autêntica. Definindo-se o interesse plenamente qualificado

---

[1] *Vide* WILHELM SCHAPPE, *La nueva ciencia del derecho,* trad. esp., Madrid, 1931, págs. 9-14.

(interesse público) apenas como princípio formal de satisfação óptima das necessidades – distinto do mero interesse particular pela medida em que releva a satisfação dos fins –, sempre que, numa forma negocial determinada, se fizer relevante a modelação no grau máximo do bem jurídico pela ideia de interesse público haverá a explicitação do elemento teleológico de que fizemos depender a administratividade *stricto sensu* da relação. Entre os meios públicos e os meios privados não existe verdadeiramente uma diferença de processos, salvas as modificações provenientes da especial *qualidade* do objecto do negócio. Tanto a "ordem" como a "solicitação" podem constituir, portanto, bases possíveis de um acto jurídico público.

Eis em síntese as consequências da doutrina que perfilhamos no âmbito da debatida possibilidade de "solicitações" administrativas. Não se toma, desde já, posição sobre a contratualidade ou mesmo a bilateralidade jurídica desses acordos. O que dizemos é que a forma *"spondesne spondeo"*, a *"offre acceptée"*, não é inconciliável com a real administratividade de uma relação *jure publico*, que não há obstáculo, do lado do público interesse, à existência de "solicitação" em Direito Administrativo.

BIBLIOGRAFIA

ABELLA – *Contratos provinciales y municipales,* 4.ª ed., 1913.

ALESSI – *Sul concetto di causa nel negozio giuridico,* in "Tema emiliana", 1933.

AUCOC – *Conférences sur le droit administratif,* 3.ª ed. 1885, I.

BARASSI – *Il contratto di lavoro in diritto pubblico,* "Riv. Dir. Civ.", 1913.

BATTISTONI – *La causa nei negozi giuridici,* Pádua, 1922.

BELIN – *Recherches sur la notion de utilité publique en droit administratif français,* Paris, 1933.

BICHOFFE – *Fonction publique et contrat,* Paris, 1927.

BODDA – *Ente pubblico, soggetto privato e atto contrattuale,* in "Studi in onore di Francesco Coletti", Pavia, 1937.

BODDA – *La causa giuridica della manifestazione di volontà nel diritto amministrativo,* Turim, 1933.

BODDA – *Opinioni sulla causa dell'atto amministrativo,* in "Studi in onore di Santi-Romano", II, Pádua,1940.

BONFANTE – *Il contrato e la causa del contratto,* "Riv. Dir. Comm.", 1908, I.

BONNARD – *Précis de Droit Public,* 7.ª ed., Paris, 1946.

BORSI – *Giustizia amministrativa,* Pádua, 1934.

BRACCIANTI – *Effetti della eccessiva onerosità sopravvenienti nei contratti,* Milão, 1939.

BRIMO – *Le fonctionnaire contractuel,* "Rév. Droit Public", 1944.

CAETANO (MARCELO) – *Manual de Direito Administrativo,* 1.ª ed., 1937 – 2.ª ed., Coimbra, 1947.

CAETANO (MARCELO) – *Tratado elementar de Direito Administrativo,* I, Coimbra, 1944.

CAMMEO – *La volontà individuale e i rapporti di Diritto pubblico (contratti di Diritto Publico),* "Giur. It.", 1900, IV.

CANDIL – *La clausula "rebus sic stantibus",* Madrid, 1946.

CAPITANT – *De la cause des obligations,* Paris, 1923.

CARBONI – *Lo stato giuridico degli impiegati al servizio di amministrazioni dirette dallo Stato in Italia,* Roma, 1911.

CARNELUTTI – *Contratto e diritto pubblico,* "Riv. Diritto Pubblico", 1929, I.

CARNELUTTI – *Teoria generale del reato,* Pádua, 1933.

CORREIA (FERRER) – *Erro e interpretação na teoria do negócio jurídico,* Coimbra, 1939.

D'ALESSIO – *Istituzioni di Diritto Amministrativo Italiano,* Turim, II, 1934.

DE GENNARO – *I contratti misti,* Pádua, 1934.

DE RUGGIERO – *Instituições de Direito Civil,* tradução port., Lisboa.

DE VALLES – *Elementi di Diritto Amministrativo,* Florença, 1937.

242 *Orlando de Carvalho*

DE VALLES – *La validità degli atti amministrativi,* Roma, 1940.

DUCROCQ – *Cours de Droit Administratif,* 7.ª ed., 1897, I.

DUGUIT – *Traité de Droit Constitutionel, Paris,* 1911.

FERNANDEZ DE VELASCO – *El acto administrativo,* Madrid, 1929.

FERNANDEZ DE VELASCO – *Los contractos administrativos,* Madrid, 1927.

FERNANDEZ DE VELASCO – *Relaciones jurídicas bilaterales de origen no contractual,* "Rev. Leg. Jurisp.", 1924, I.

FERRARA – *Teoria del negozio illecito nel diritto civile italiano,* 2.ª ed., Milão, 1914.

FERREIRA (TABORDA) – *Do conceito de causa dos actos jurídicos,* Lisboa, 1947.

FLEINER – *Instituciones de Derecho Administrativo,* trad. esp., Barcelona, 1933.

FONSECA (MEDEIROS DA) – *El contracto dirigido y la teoria de la imprevisión,* "Rev. Est. Jur., Pol. y Sociales", Sucre (Bolívia), 1947.

FONSECA (TITO PRATES DA) – *Direito administrativo,* Rio de Janeiro – S. Paulo, 1939.

FORTI (LISA) – *Sulla formazione dei contratti dello stato,* "Riv. It. per le Sc. Giuridiche", 1938.

FORTI (UGO) – *Diritto Amministrativo,* II, Nápoles, 1934.

FORTI (UGO) – *I motivi e la causa negli atti amministrativi,* Foro It., 1932, III, ou nos *Studi di Diritto Pubblico* do A., I, Roma, 1937.

FORTI (UGO) – *Natura giuridica delle concessioni amministrative,* em "Giur. It.", 1900, ou nos *Studi di Diritto Pubblico* do A., I, Roma, 1937.

FRAGA (GABINO) – *Derecho administrativo,* México, 1944.

GALLO – *I raporti contrattuali nel Diritto Amministrativo,* Pádua, 1936

GASCON Y MARIN – *Tratado de Derecho Administrativo,* 16.ª ed., 1948, I.

GOMEZ GONZALEZ – *Contractos administrativos,* em "Enc. jur. española", de Seix.

GRASSETTI – *Rilevanza dell'intento giuridico in caso di divergenza dall'intento empirico,* Milão, 1936.

HAURIOU – *Précis de Droit Administratif,* Paris, 1919, 11.ª ed., Paris, 1927.

IELLINEK (G.) – *Sistema dei diritti pubblici subbiettivi,* trad. it., Milão, 1912.

IELLINEK (W.) – *Verwaltungsrecht,* 3.ª ed., 1932.

IELLINEK (W.) – *Zweiseitiges Verwaltungsakt zur jähr Bestehens des preussischen Oberverwaltungsgerichts,* Berlim, 1925.

IHERING – *Zweck im Recht,* 5.ª ed., Leipzig, 1916, I.

IHERING – *L'esprit du Droit Romain,* trad. francesa, Paris, 1886.

JAQUELIN – *Les principes dominants du contentieux administratif,* Laval, 1899.

JÈZE – *Les principes généraux de Droit Administratif,* Paris, IV, V, VI, 1934-36.

JOSSERAND – *Les mobiles dans les actes juridiques de droit privé,* Paris, 1928.

LA TORRE – *Il contratto di diritto pubblico e la competenza del Consiglio di Stato,* "Riv. Diritto Pubblico", 1915, I.

LA TORRE – *Nozioni di Diritto Amministrativo,* Roma, 1933.

LABAND – *Le Droit Public de l'Empire Allemand,* trad. francesa, Paris, 1900, I e II.

LAFERRIÈRE – *Traité de Jurisdiction Administrative,* 2.ª ed., Paris, 1896.

LENEL – *La clausula "rebus sic stantibus",* "Rev. Derecho Privado", Madrid, 1923.

LUCAS (LOUIS) – *Volonté et cause,* Paris, 1918.

MACHADO (MELO) – *Teoria jurídica do contrato administrativo,* Coimbra, 1937.

MALVAGNA – *Il problema della causa nei contratti,* "Riv. Dir. Civile", 1934.

Maury – *Le rôle de la notion d'équivalence en droit civil français*, Toulouse, 1920.
Meyer – *Le droit administratif allemand*, trad. francesa, 1903-1906.
Michoud – *Théorie de la personnalité morale*, Paris, 1909, II.
Mielle – *Le manifestazioni di volontà del privato nel Diritto Amministrativo*, Roma, 1931.
Monteiro (Armindo) – *Do conceito de direito financeiro*, "O Direito", anos 58-60.
Mortatti – *La volontà e la causa nell'atto amministrativo e nelle leggi*, 1935.
Oertmann – *Die Geschäftsgrundlage. Ein neuer Rechtsbegriff*, Leipzig, 1921.
Oertmann – *Introducción al Derecho Civil*, trad. esp., Ed. Labor.
Orlando (V. E.) – *Primo Tratatto completo di Diritto Amministrativo Italiano*, dirigido por..., I.
Orlando (V. E.) – *Principii di Diritto Amministrativo*, Florença, 1915.
Orlando (V. E.) – *I criterii tecnici per la riconstruzione giuridica del diritto pubblico*, em *Diritto Pubblico Generale*, Milão, 1940.
Pacinotti – *Saggio di studi sui negozi giuridici di diritto pubblico*, "Arch. Giur. Filippo Serafini", Modena, 1903.
Papini – *Il rapporto d'impiego pubblico*, Pádua, 1940.
Peguignot (G.) – *Théorie Générale du Contrat Administratif*, Paris, 1946.
Posada – *Tratado de Derecho Administrativo*, Madrid, 1897-98, II.
Presutti – *Istituzioni di Diritto Amministrativo Italiano*, I, Roma, 1917.
Pugliatti – *Nuovi aspetti del problema della causa nei negozi giuridici*, em "Dante Aleghieri", de G. Venezian,1934.
Queiró (A. R.) – *O poder discricionário da Administração*, Coimbra, 1944.
Raggi – *Diritto Amministrativo*, Pádua, 1935.
Ranelletti – *Capacità e volontà nelle autorizzazioni e concessioni amministrative*, "Riv. It. per le Sc. Giuridiche".
Ranelletti – *Le guarentigie della giustizia nella pubblica amministrazione*, 4.ª ed., Milão, 1934.
Ranelletti – *Principi di Diritto Amministrativo*, I, Nápoles, 1912.
Resta – *La revoca degli atti amministrativi*, 1935.
Rubino – *Il negozio giuridico indiretto*, Milão, 1937.
Rubino – *La fattespecie e gl'effetti giuridici preliminari*, Milão, 1939.
Santi-Romano – *Corso di Diritto Amministrativo*, Pádua, 1933.
Santi-Romano – *La teoria dei diritti pubblici subbiettivi*, em *Primo tratatto completo di Diritto Amministrativo Italiano, a cura di V. E. Orlando*, I.
Schapp (W.) – *La nueva ciencia del Derecho*, trad. esp., Madrid, 1931.
Scialoja – *Negocios jurídicos*, trad. esp. da 4.ª ed. ital., Sevilha, 1942.
Stainoff – *Le fonctionnaire*, Paris, 1933.
Sudre – *La compétence du Conseil d'État en matière de contrats*, Paris, 1928.
Tavares (J.) – *Princípios fundamentais de Direito Civil*, Coimbra, 1922, I.
Teles (I. Galvão) – *Dos contratos em geral*, Coimbra, 1947.
Thon (A.) – *Norma giuridica e diritto soggettivo*, trad. it., Pádua, 1939.
Trotabas – *Essai sur le droit fiscal*, "Rév. Sc. Lég. Financière", 1928.
Trotabas – *Précis de Science et Législation Financière*, 2.ª ed.
Vedel (G.) – *Essai sur la notion de cause en droit administratif français*, Paris, 1934.
Vital (Fèzas) – *A situação jurídica dos funcionários*, Coimbra, 1915.

VITTA – *Il potere disciplinare sugli impiegati pubblici,* 1913.

VITTA – *Diritto Amministrativo,* Turim, 1933, I.

WALINE – *Manuel Élémentaire de Droit Administratif,* Paris, 1946.

WINDSCHEID – *Die Voraussetzung,* Berlim, 1880.

WINDSCHEID – *Diritto delle Pandette,* v. I, 1. II, trad. it. de FADDA e BENSA, Turim, 1925.

ZANOBINI – *Corso di Diritto Amministrativo,* I, Milão, 1939.

ZANOBINI – *La attività amministrativa e la legge,* "Riv. Diritto Pubblico", 1942, I.

ZANOBINI – *L'esercizio privato delle funzioni e dei servizi pubblici,* em *Primo trattato completo* cit., II.

ÍNDICE

INTRODUÇÃO:

1. Ideia do problema mais geral em que se localiza o presente estudo 169
2. Posição desse mesmo problema 174
3. Seu interesse sistemático 175
4. Principal doutrina 176
5. Seu interesse prático 181
6. Referência genérica ao método a seguir para o estudo do contrato administrativo; limites da presente monografia 182

Cap. I — *Actividade jurídica pública e actividade jurídica privada da Administração:*

1. Natureza genérica da actividade da Administração no actual tipo de legalidade. O problema da distinção entre actividade *jure publico* e actividade *jure privato* 183
2. Critérios subjectivos de distinção. Crítica 186
3. Critérios objectivos e critérios formais. Crítica. Remissão 189

Cap. II – *A actividade jurídica pública da Administração e o relevo morfológico do interesse público:*

§ 1.º – *O interesse público, como princípio de satisfação óptima das necessi dades, determina toda a actividade da Administração, mas assume relevo morfológico na actividade jurídica pública:*

1. Análise interna do acto jurídico: causa, fim, interesse e necessidade; projecção do interesse na causa e, através desta, na morfologia do acto 195
2. Peculiaridade da projecção do interesse nos actos unilaterais e bilaterais 202
3. A satisfação das necessidades nos actos da Administração: o princípio de satisfação óptima como determinante de todos esses actos; relevo morfológico que ele assume, porém, na actividade jurídica pública 203

246   *Orlando de Carvalho*

§ 2.º – *O relevo morfológico do interesse público como critério da actividade "jure publico" da administração ou administrativa "stricto sensu":*

    4. Termos concretos da doutrina proposta em face da fenomenologia da acção administrativa 208

    5. Doutrinas divergentes: sua crítica 214

§ 3.º – *A explicitação do interesse público na causa:*

    6. Crítica dos critérios formais de distinção entre actividade *jure publico* e a actividade *jure privato* da Administração. Seu valor meramente indiciativo ou semiótico. A explicitação do interesse público na causa como critério fundamental 223

Cap. III – *O contrato administrativo como acto jurídico público:*

    1. Aplicação das ideias anteriores ao caso do contrato administrativo, com vista a saber se será possível uma "solicitação" de tipo publicístico 235

    2. Conclusões 239

Bibliografia 241

Índice 245

3
REVELIA E NOTIFICAÇÃO EM PROCESSO PENDENTE

À *memória dos* **Doutores**
Fernando Lopes
e **António César Abranches**

"Tras el vivir y el soñar,
está lo que más importa:
despertar"

A. MACHADO, *Poesias completas,*
Canciones, LIII

Revelia e notificação em processo pendente

Despacho do Juiz de Direito de Leiria, Sr. Dr. Morais Cabral, de 13 de Novembro de 1945.

Os autores reclamam [...] da irregularidade da sua notificação, por não ter sido enviado ao seu ilustre Advogado a carta registada, com aviso de recepção, exigida pelo art. 255.° do Código de Processo Civil, motivo por que não apresentaram oportunamente o seu rol de testemunhas. Os réus [...] opõem-se ao deferimento da reclamação. A notificação [...] obedeceu aos preceitos legais, art. 243.° do Código do Processo Civil –, e não tinha de ser feita também pelo correio, como exigia o art. 255.° do código citado, porque assim se opunha o art. 7.° do Decreto n.° 31 688. Esta disposição determina que as notificações sejam feitas pelos oficiais de diligências ou copistas e "não pelo correio", desde que se não prejudique a celeridade do processo e se consiga economia. Está assim alterado, em parte, o art. 255.°, em que se baseia a reclamação dos autores. Não alegaram nem demonstraram os autores que da notificação reclamada resultou prejuízo para a celeridade do processo e que se não conseguiu economia. Em face do exposto, porque as disposições legais se opunham a que o oficial de diligências expedisse carta registada, com aviso de recepção, para a notificação do despacho de fls. 165, indefiro a reclamação de fls. 173, e, consequentemente, o requerimento de fls. 177. Notifique.

Leiria, 13 de Novembro de 1945. – (a) Morais Cabral.

Acórdão da Relação de Coimbra de 19 de Dezembro de 1950, proferido no mesmo processo.

São os seguintes os motivos por que os recorrentes dizem ter interposto o recurso de agravo e pedem a revogação do despacho de fls. 191; como se vê de fls. 301:

a) A parte não é considerada revel e tem de ser notificada de qualquer despacho desde que constitui mandatário na sede do Tribu-

nal, por procuração ou substabelecimento, ou desde que aí escolheu domicílio, não tendo constituído procurador, art. 255.°;

b) *A notificação é feita ao procurador e só a ele, art. 254.°;*

c) *Se o procurador constituído não tem residência na sede do Tribunal, tem de escolher aí domicílio sob pena de revelia; escolhendo domicílio, a notificação é-lhe feita no domicílio; e então de duas uma: 1.° se é encontrado, notifica-se pessoalmente; 2.° se não é encontrado, notifica-se por carta registada;*

d) *No caso de advogado que reside em Coimbra e escolhe domicílio em Leiria, não é o proprietário da casa escolhida que é notificado, o que contraria expressamente a regra do art. 274.°; mas o procurador que escolheu domicílio, concretamente o advogado de Coimbra;*

e) *Nem o Código de Processo nem o Decreto-lei n.° 31 668 nem qualquer outra lei mandam ou permitem que se notifique pessoa que não seja o mandatário judicial, pelo que se cometeu uma nulidade com a notificação efectuada.*

Os réus, a fls. 210 e segs., dizem que se deve negar provimento ao recurso por à hipótese ser aplicável por analogia o preceito do art. 243.° do Código do Processo Civil, que o oficial observou. [...] Cumpre decidir: Por força do disposto no § único do art. 710.° do Código de Processo Civil, conhecer-se-á em primeiro lugar do recurso de agravo; e pode desde já com segurança afirmar-se que ele não merece provimento. Tem o caso fácil solução perante o que se dispõe no segundo período do art. 265.° do Código de Processo Civil; é ali que ele se encontra prevenido. Contràriamente ao que os autores sustentam, forçoso é reconhecer que eles se encontravam na situação de revelia ao tempo em que foi proferido o despacho ordenando o cumprimento do art. 516.°. A revelia dá-se quando a parte não tiver constituído mandatário com escritório na sede do Tribunal nem aí tiver escolhido domicílio. Vê-se, do corpo do art. 255.°, que não basta que a parte haja constituído mandatário. É indispensável ainda que esse mandatário tenha escritório na sede do Tribunal. Não está portanto devidamente delineada na alínea a) *das conclusões da minuta a figura jurídica da revelia. Vê-se dos autos que os autores, para proporem a presente acção na comarca de Leiria, constituiram advogado com escritório na cidade de Coimbra, quer dizer: não constituiram mandatário com escritório na sede do Tribunal onde a causa ia correr. E também aí não escolheram domicílio.*

Verifica-se assim a hipótese que o segundo período do art. 255.º contempla, que é precisamente a de revelia. É certo que o digno patrono pelos autores constituído escolheu domicílio naquela sede. A lei não se contenta, porém, com essa escolha. A eleição de domicílio, para que a figura da revelia não surja, só é relevante quando feita pela parte. *Em nenhum lugar do Código se reconhece eficácia, para aquele efeito, à escolha de domicílio efectuada pelo advogado dela. Há nos autos uma ocorrência que bem demonstra que os autores assim pensam também: é o requerimento de fls. 201 em que elas vieram escolher novo domicílio em Leiria para lhes serem feitas as notificações. Aí são os autores – a parte – como se prescreve no artigo, e não o seu douto patrono, quem escolheu o domicílio. E isto sem a menor sombra de dúvida, pelo reconhecimento da ineficácia da escolha feita por outra forma. Ora, sendo isto assim, como indiscutivelmente é, tem de concluir-se que os autores eram reveis e que por isso não tinha de lhes ser feita a notificação de despacho que ordenou o comprimento do citado art. 516.º. Todas as conclusões da minuta improcedem pois.* […]

Coimbra, 19 de Dezembro de 1950. – (a) J. Raposo, Perestrelo Botelheiro *(com a restrição sòmente quanto à interpretação dada ao artigo 255.º do Cód. Proc. Civil, por entender que a expressão "parte" ali indicada abrange, não só a própria parte, mas também o seu mandatário em poder fazer a declaração da escolha de domicílio),* M. Pinheiro da Costa.

ANOTAÇÃO

O caso presente gira à roda de dois pontos fundamentais: notificação em processo pendente e revelia. Diga-se em poucas palavras de que é que se trata.

Em processo pendente, há lugar a duas espécies de notificação, segundo a nossa lei processual civil: notificação feita ao mandatário constituído – se este tem escritório na sede do tribunal (art. 254.º) e notificação feita à parte – se esta escolheu domicílio para tal fim igualmente na sede do juízo (art.º 255.º, alínea 1.ª). Não tendo a parte escolhido domicílio nem constituído mandatário com escritório, ou substabelecimento em escritório, na sede do tribunal, o art. 255.º, alínea 2.ª, declara-a em revelia, não havendo lugar a notificação, salvo quando esta se destine à prática de acto pessoal ou expressamente for exigida por lei como pessoal (§ único do mesmo artigo).

Vimos a letra da norma. De acordo com uma interpretação verbalista, cairá em irremissível situação de revel a parte que, havendo constituído mandatário, mas sem escritório nem substabelecimento na sede do tribunal, não faça por si própria a eleição do domicílio e deixe esse encargo ao seu procurador, que, em vez dela, portanto, cuida vir a receber as notificações a que haja lugar; ressalvam-se, como foi dito, as hipóteses consideradas no § único do art. 255.°. Ora o nosso caso encontra-se posto precisamente nos termos da situação a que acabamos de referir-nos; e não interessa, desde já, que se adiantem mais pormenores para fazermos o seu estudo quanto ao segundo ponto: isto é, quanto à revelia.

I

1. O tribunal de 1.ª instância fez melhor do que uma simples interpretação verbalista: não chegou, com efeito, a considerar revel a parte que agiu na conformidade do que dissemos atrás. Tanto assim que a notificação veio a fazer-se como normalmente. Subida a questão, por motivos alheios, em recurso de agravo, o tribunal de 2.ª instância entendeu sancionar doutrina contrária; e declarou a existência de revelia, em termos onde não parece louvar-se excessivamente uma correcta e harmoniosa contemplação dos interesses.

Os argumentos produzidos resumem-se à interpretação verbalista a que aludimos há pouco: para se receberem notificações, a lei concede à parte um de dois processos em alternativa – a parte ou constitui mandatário com escritório na sede do juízo, ou lá substabelecido, ou então escolhe domicílio para esse efeito na sede indicada. Como a parte, na hipótese em questão, não fez uma coisa nem outra, considera-se revel, muito embora o mandatário, sem escritório nem substabelecimento na sede do tribunal, tivesse escolhido aí domicílio para ser notificado quando houvesse ocasião. Diz-se, contudo, peremptoriamente, que "a eleição do domicílio, para que a figura da revelia não surja, só é relevante quando feita *pela parte*". "A lei não se contenta…" com uma escolha feita pelo advogado.

Este raciocínio afigura-se tanto mais improcedente, mesmo aos olhos do vulgo, quanto a prática dos tribunais todos os dias sanciona situações de facto como a nossa. De tal maneira que o tribunal da 1.ª

Revelia e notificação

instância não se impressionou com a "traição" à lei eventualmente contida naquela escolha do domicílio feita pelo mandatário. Antes, porém, de procedermos à análise do texto legal, que nos parece decisivo contra o pensamento da Relação, vamos provar que nem de revelia se trata em sentido próprio no art. 255.°, alínea 2.ª.

2. O que é revelia?

Por *"contumax"* entenderam os antigos o réu que *"literis evocatus praesentiam sui facere se contemnit"* [1]. Não importa fazer aqui referência à evolução histórica do instituto, que, entretanto, fundamentalmente se manteve fiel à hipótese da não-comparência do demandado na altura em que o autor o invoca à lide. E tanto assim que, na Itália, por exemplo, só para a revelia do réu, nos termos postos, se reserva a designação de *"contumacia propria"*; a ausência do autor aos actos processuais depois de deduzida a petição inicial considera-se *"contumacia impropria"*, bem como a não-comparência simultânea de autor e de réu depois de entendimento, ou quase-contrato, ou mútuo desinteresse de ambos eles [2]. Entre nós, também a revelia do réu é a única assim designada pela lei (arts. 487.°-489.° do Cód. de Proc. Civ.).

Compreende-se, de resto, o específico relevo que essa não-comparência qualificada pode ter para a vida da relação processual: com efeito, ela supõe a falta de contestação da lide, recusando-se o réu a envergar a posição de parte, pois não nomeia mandatário, se é caso disso, nem oferece, por qualquer forma, oposição ao pedido. Se a relação processual se baseia no princípio contraditório, quer dizer, se a cada *actio* deve corresponder uma *exceptio*, dá-se, com o alheamento do demandado, uma antecipada inutilização do processo. Por isso os romanos ligaram até certo ponto ao *"contumax"* uma ideia de desprezo pela autoridade do magistrado [3], e coisa semelhante acontece com os canonistas medievais [4].

É bem claro, porém, que não pode equiparar-se a esta não-comparência fundamental do réu, ou seja, à revelia em sentido próprio, a não-

---

[1] Fr. XLII, I, § 53, do Código Hermogeniano, cit. em *Enciclopedia Giuridica Italiana*, voz *Contumacia*, vol. III, P. II, pág. 244.

[2] Cfr., v. g., *Encicl.*, cit., *loc. cit.*, págs. 243 e segs.

[3] Cfr. *Encicl.* cit., *loc. cit.*, pág. 244.

[4] Cfr. *Il Digesto Italiano*, voz *Contumacia civile*, vol. VIII, P. III, pág. 561.

-comparência do autor aos actos processuais subsequente à petição inicial – a "deserção", segundo a terminologia do Código. O desrespeito pelo tribunal não tem aqui lugar: quem procede pode deixar de proceder, e por isso a lei admite a "desistência". Também não é equiparável à revelia em sentido técnico o abandono da causa pelo réu, após ter envergado a posição de parte, isto é, ter nomeado mandatário, sendo caso disso, e deduzido oposição. Na recusa, ou pertinaz alheamento, a constituir-se como parte é que reside a essência da situação de verdadeira revelia: o não se importar nem com o autor, nem com o seu pedido, nem com o tribunal. Hoje, que o facto perdeu toda a suspeita de "sacrilégio" contra a santidade da Justiça, vem ainda assim a relevar como não cumprimento de uma formalidade básica para o surto normal do processo: como desobediência do demandado à formalidade da sua constituição como parte.

Sendo esta formalidade precedida em regra de constituição de mandatário – e o não cumprimento dela acompanhado em regra de não-constituição do mesmo – pode dar-se à constituição de parte, em tais circunstâncias, também o nome de "constituição em causa de procurador"[1]. A revelia equivale, portanto, em sentido técnico, à não-constituição de parte e, geralmente, à não-constituição de mandatário.

3. Ora, entendida deste modo, nada tem de revelia a simples "ausência", em dado momento do processo, das partes ja constituídas. Não é, com efeito, de um não atender aos meios processuais, de um rejeitá-los *in limine*, permita-se a expressão, que se trata agora, isto é, de um negar-se o demandado a assumir a qualidade de litigante ou de parte; normalmente, não será sequer um não querer mais litigar (pois pode alguém, embora envergando a posição formal de litigante, deixar em dado ponto de lhe fazer corresponder qualquer posição de "litígio" substancial). Essas "ausências" ou faltas serão, por via de regra, acidentais, só imputáveis uma vez por outra a verdadeiros actos de vontade e a verdadeiras razões de emergência ou de táctica; e, de qualquer modo, mais longas ou menos longas, mais persistentes ou menos persistentes, o desinteresse que porventura revelem, se terá de suscitar, em certo grau, algumas consequências desfavoráveis, não poderá nunca ser equiparado ao desinteresse absoluto (ou, pelo menos, fundamental)

---

[1] Cfr. REDENTI, *Diritto Processuale Civile,* Milão, 1947, I, pág. 316.

Revelia e notificação

do revel, e, portanto, ressentir-se do mesmo regime e da mesma severidade[1].

Isto levou, entre nós, o Prof. ALBERTO DOS REIS a falar de "revelia especial", de modalidade especial de revelia[2], a propósito do caso contemplado no art. 255.°, alínea 2.ª. Mas, sendo esta, embora, uma hipótese de incúria judiciária excepcionalmente grave, cremos, entretanto, pelos motivos apontados, não poder confundir-se com verdadeira revelia, pois diferente é não constituir-se alguém como parte, quando foi demandado, de haver-se constituído como tal e não proceder depois por maneira a ser destinatário das notificações: quer dizer, a acompanhar *pari passu* a vida da relação processual. E se o termo "revelia" vem a designar ambos os casos, não deve esquecer-se, contudo, – para empregarmos as fórmulas clássicas – que aquele respeita a uma revelia *"quod titulum"* e este a uma revelia *"quod exercitium"*.

4. Mas cabe agora resolver a hipótese em discussão, isto é, cabe averiguar qual o sentido exacto da fórmula do art. 255.°, alínea 2.ª. Entenderá uma recta compreensão do Direito nela incluída toda e qualquer situação real onde o mandatário não seja o *mesmo,* permita-se o reforço expressivo, do art. 254.°, nem a escolha do domicílio precisamente a *mesma* contemplada pelo art. 255.°, alínea 2.ª?

Antepomos a armadura dos princípios.

Se a razão do instituto da revelia, em sentido próprio, é o desinteresse do revel pela causa, e se só por tal desinteresse, e tão qualificado, se subtrai a lei processual àquela regra que manda, segundo GRACIANO, que *"absens nemo judicetur, quia et divinae et humanae leges hoc prohibent"*[3], é evidente que outra razão não pode ter suscitado esta nossa "revelia especial", ou esta "ausência" das partes, referida no art. 255.°, alínea 2.ª, e, portanto, que a interpretação desta norma tem de fazer-se de acordo com tal "espírito" do legislador. Ora porventura manifesta desinteresse pela causa quem nomeia mandatário e dá a este o cargo de escolher domicílio na sede do juízo para receber as notificações a que haja lugar? Com semelhante desamparo de razão, como pode entender a 2.ª instância que, para efeitos de não haver revelia, a escolha

---

[1] V., no mesmo sentido, REDENTI, *ob. cit.,* págs. 320 e 408.

[2] *Comentário ao Código de Processo Civil,* Coimbra, 1945, vol. II, pág. 733.

[3] Corp. Jur. Can., cit. em *Il Dig.* cit., *loc. cit.,* pág. 561.

do domicílio "só é relevante quando feita *pela parte*"? Acaso, não o sendo pela parte mas pelo seu mandatário, aquela diminui ou diverte o interesse fixado na causa?

5. De resto, o mandatário é que é a pessoa idónea, em primeira linha, para receber as notificações. O princípio decorre da teoria do mandato judicial. Diz o art. 36.º, ao determinar o conteúdo e o alcance do patrocínio: "Quando a parte assinar o primeiro articulado nos termos do artigo anterior, entender-se-á que confere poderes ao mandatário para a representar em todos os actos e termos do processo principal e respectivos incidentes...". O próprio art. 254.º confirma, aliás, esta ideia, pois a sua formulação inculca que, efectivamente, ele visa englobar, em princípio, todos os casos de mandato, embora concretamente se refira ao mandatário com escritório ou substabelecimento na sede do juízo. Ouçamos: "As notificações às partes em processos pendentes serão sempre feitas na pessoa dos seus mandatários judiciais..." – eis a regra; e quando acrescenta: "... com escritório na sede do tribunal", alguma coisa nos diz que ali se trata mais de uma adição de circunstância que de uma restrição ou limitação de preceito.

Por outra via, o § único do mesmo artigo, sobre as notificações para acto pessoal, determina que, além de notificadas à parte que terá de praticar o acto, deverão elas ser notificadas também ao mandatário; ninguém pensa – supomos – em restringir o alcance desta obrigação ao simples caso dos procuradores com escritório ou substabelecimento na sede... e, contudo, o parágrafo está a coberto do corpo do artigo... Porque é que o preceito da idoneidade, em primeira linha, dos procuradores, para o fim de receberem as notificações, há-de entender-se restrito à circuntância lá mencionada e a regra do parágrafo não há-de? Aliás, este parágrafo não prova somente pela redução ao absurdo; prova também positivamente. Se não, vejamos: a lei, para as notificações destinadas a acto pessoal – as mais pessoais de todas, segundo cremos – requer que, sendo embora notificadas à parte, o sejam igualmente ao seu mandatário; mas que outra ideia justifica essa disposição a não ser a de que *sempre* se supôs que a matéria das notificações interessa pelo menos tanto ao mandatário como à respectiva parte, até... nas notificações pessoalíssimas?

Estará, pois, tão certo para o nosso Direito processual civil como para o italiano o dizer de GATTA, quando escrevia na ***Enciclopedia***

Giuridica que "as ordenanças... são de notificar-se, mais do que às partes, aos seus procuradores"[1]: e não resta dúvida de que é de notificação de uma "ordenança" que se trata na nossa hipótese – notificação para oferecimento do rol de testemunhas –, e, sobretudo, não se trata de notificação de sentença, que é o caso ressalvado na citação que acabamos de fazer. Concorda com igual doutrina a opinião de ZANTUCCHI para o Direito processual moderno de Itália, quando afirma que, "depois da constituição em juízo, todas as notificações (como as comunicações) fazem-se por via de regra ao procurador constituído"[2]. E, por último, se acaso se objectasse com o argumento de a lei, no art. 255.°, alínea 1.ª, falar de "parte", e não de mandatário – argumento que parece ter impressionado tanto a Relação –, poderíamos responder, devidamente autorizados por REDENTI, se não bastassem as razões lógicas acima produzidas, que "as disposições do Código, ressalvadas as de actuação, respeitantes ao curso do processo e nas quais se usa a expressão "parte" ou "partes", se o contrário não resulta do próprio texto, referem-se sempre às partes constituídas por meio dos procuradores e, portanto, em definitivo (e invertendo os termos), aos procuradores constituídos nessa qualidade. Quando a lei quer referir-se à parte representada e isto não resulte do próprio conteúdo da disposição... a lei adverte-o com as expressões "em pessoa", "pessoalmente", ou outras semelhantes"[3].

6. Averiguemos, no entanto, de acordo com a citação agora feita, se da disposição do art. 255.°, alínea 1.ª, resulta o contrário do que acabamos de transcrever: se a "parte" de que lá se fala é a parte e só a parte.

As notificações a que o artigo se refere não são notificações "em pessoa" ou "pessoalmente", não são notificações estritamente pessoais. A estas, contempla-as o Código no artigo seguinte, no art. 256.°: "Se a parte tiver de ser notificada pessoalmente, aplicar-se-ão as disposições relativas à citação". Desde já podemos concluir que o art. 255.° se reporta às mesmas notificações do art. 254.°, isto é, às notificações que este último determina sejam feitas ao mandatário. Por outro lado, as notificações "para a prática de acto pessoal" – diz o § único do artigo

---

[1] Voz *Notificazione (materia civile)*, vol. XI, P. I, pág. 709.
[2] *Diritto Processuale Civile*, I, Milão, 1948, pág. 434.
[3] *Ob. cit.*, pág. 320.

em questão – não ficam dependentes da eventual "revelia" da parte, nos termos da alínea 2.ª, pois serão feitas à mesma, embora a parte não tenha escolhido domicílio nem constituído mandatário. Sendo assim, é evidente que a sanção da alínea 2.ª se aplica para efeitos de notificações não pessoais.

Mas se o art. 255.°, alínea 1.ª, se reporta às notificações não pessoais – às mesmas do art. 254.° –, porque é que a lei "não consente", como diz a Relação, que sejam feitas ao mandatário, desde que ele exista e tenha escolhido domicílio, por falta de escritório na sede, quando no art. 254.° o consente para o mandatário com escritório na sede do tribunal? Já vimos não poder invocar-se a natureza das notificações, que é igual precisamente. Ora, o mandatário, se está legalmente constituído, é para agir em juízo em nome da parte; se não se trata de actos estritamente referidos a esta, poderá aquele, sem dúvida alguma, receber as notificações.

Aliás, não foi intenção da lei deixar a parte entre a espada e a parede, entre o "escolher mandatário com escritório na sede" e o "escolher domicílio na sede" A redacção dos arts. 254.° e 255.° sugere coisa muito diversa. Não se pretendem criar dois tipos rigidamente taxativos de habilitação para receber as notificações. Antes parece que a lei, no art. 255.°, quis contemplar todos os casos para esse efeito não incluídos na regra do art. 254.°, limitando-os embora através de uma formalidade: a eleição do domicílio. Quer dizer: a lei terá disposto que, não havendo a parte mandatário com escritório na sede ou equivalente – já porque não tem mandatário, já porque o tem fora da sede –, o que deverá fazer para se considerar habilitada às notificações é escolher domicílio: subentendendo-se – ou por ela mesma ou pelo seu mandatário, pois nada impede que este possa agir em vez dela, antes será o caso-regra na hipótese considerada de haver mandatário constituído.

7. Em resumo: quer pela *ratio* do instituto da revelia, válida *a fortiori* para esta "revelia especial" do art. 255.°, alínea 2.ª; quer pela própria natureza do patrocínio judiciário, apoiado o argumento na garantia de não se tratar naquele artigo de notificações estritamente pessoais; quer pela interpretação da norma e do seu contexto – temos de concluir com o Prof. ALBERTO DOS REIS, cuja autoridade não releva apenas por ter desempenhado as funções de autor do projecto do Código, que a hipótese em discussão, se não está na letra do art. 255.°, alínea 1.ª, está, todavia, no seu espírito, devendo entender-se que a "revelia só se verifica quando a parte: nem constituiu mandatário com escritório na sede do tribunal; nem por si nem por seu mandatário escolheu nessa sede domicílio especial para receber notificações; nem tem o domicílio geral na mesma sede ou, se o tem, não o fez constar do processo" [1].

E, para ficar definitivamente exausta a questão, parece-nos útil citar ainda um acórdão do Supremo Tribunal de Justiça, de 1 de Novembro de 1949, onde a doutrina que defendemos é utilizada na sua plenitude. Diz-se lá, com efeito, que, "sendo marcado dia para licitações, num acto judicial em que está presente o advogado de uma das partes, que assim é notificado, não tem que ser notificada a própria parte, embora o advogado não tenha escritório na sede da comarca" [2]. Eis que se declara de modo nítido que o mandatário nos termos da nossa questão é hábil para receber notificações não pessoais, independentemente até de haver escolhido domicílio para o efeito; por maioria de razão será ele idóneo – tem de concluir-se a todas as luzes – para fazer a aludida escolha, em vez do seu constituinte. A jurisprudência da Relação não colhe, portanto, qualquer aplauso no Supremo Tribunal de Justiça, sobre a suposta não fungibilidade entre parte e advogado para o escopo referido.

Posto isto, passemos ao outro problema levantado neste diferendo, ou seja, à matéria das notificações em processo pendente.

II

1. Em primeira instância, correndo o processo nos termos indicados, houve lugar a uma notificação de parte – no caso os A. A. – para apresentar o rol de testemunhas. Usando do disposto no art. 7.º do Decreto n.º 31 668, de 22 de Novembro de 1941, que alterou o regime das notificações por carta-registada fixado no Código de Processo como tipo-regra – pois permitiu que elas se fizessem directamente pelos funcionários, oficiais de diligências e copistas, e até pelo chefe de secção, quando os notificandos sejam advogados e solicitadores e o referido chefe os encontre no edifício do tribunal (desde que

---

[1] *Ob. cit.*, pág. 734.
[2] Cfr. *Boletim do Ministério da Justiça*, n.º 16.º, Janeiro de 1950, págs. 168 e 169.

em ambos os casos surja vantagem para a economia sem prejuízo da celeridade) –, usando desta disposição, deslocou-se o oficial ao domicílio escolhido pelo mandatário na intenção de ali o notificar. Chegado lá, e não encontrando o advogado, deu conhecimento do objecto da notificação ao dono da casa (domiciliatário), entregando-lhe a cópia do despacho.

Por descuido do domiciliatário, não foi o advogado informado a tempo da notificação ocorrida, passando-se o prazo fixado por lei para a entrega do rol de testemunhas, pelo que os A. A. se veriam obrigados a não as ter no processo. Para que tal não acontecesse, o mandatário reclamou, invocando a irregularidade da notificação, que, a seu entender, deveria ter sido feita por carta registada, com aviso de recepção, nos termos do art. 255.º do Código. A outra parte opôs-se aos motivos alegados, baseando-se já no art. 7.º do Decreto n.º 31 668 para sustentar a legitimidade do meio notificativo empregado – notificação directa –, já em analogia com o art. 243.º do Código para defender a regularidade da sua execução, fazendo notar, além disso, que a parte autora não reclamara contra o acto pelo único motivo pertinente: ter sido acaso a notificação desvantajosa para a celeridade do processo. O juiz, considerando estas, e não aquelas razões, as mais atendíveis, resolveu indeferir a reclamação; e fê-lo, acentuando "que as disposições legais se opunham a que o oficial de diligências expedisse carta registada, com aviso de recepção, para a notificação do despacho".

É isto que decorre – parece-nos – do primeiro documento reproduzido e agora comentado. Do acórdão da Relação, onde o problema subiu depois em recurso de agravo, conclui-se que a pretensão dos recorrentes continua a fundamentar-se na irregularidade do acto e que a oposição do recorrido continua a invocar a analogia com o art. 243.º do Código. Mas vejam-se mais de perto as razões da minuta. São elas:

1.ª – Tendo o mandatário escolhido domicílio na sede do tribunal para receber as notificações, será o mesmo mandatário o *notificando,* a pessoa a notificar; logo, a notificação só será regular se for feita nele – não o sendo, pois, se acaso for feita em pessoa diversa dele, na hipótese, no domiciliatário (dono da casa que se elegeu para domicílio).

2.ª – A notificação directa prevista no art. 7.º do Decreto n.º 31 668 é uma notificação a fazer na própria pessoa do notificando; sendo isso impossível, deve usar-se do método da carta registada. No caso concreto, o funcionário, verificando a ausência do advogado, que era a pessoa a notificar, tinha a obrigação de enviar a este, para o domicílio escolhido, carta registada, visto se ter impossibilitado, com a referida ausência, a notificação pessoal e directa.

Com semelhantes motivos, pretendeu a parte que a Relação lhe recebesse o recurso, ordenando, com a revogação do despacho recorrido, o deferimento da reclamação efectuada. A Relação, porém, resolveu pela existência de revelia, abandonando desde logo o problema da notificação que agora estamos a discutir.

2. Antes de analisarmos a posição doutrinal dos recorrentes, cumpre dizer o que pensamos daquela ideia defendida pelo juiz de 1.ª instância, e atrás citada, "de que as disposições legais se *opunham* a que o oficial de diligências expedisse carta registada, com aviso de recepção, para a notificação do despacho". Pode ter-se visto nesta frase a expressão do seguinte pensamento: de que o art. 7.º do Decreto n.º 31 668 impede hoje em dia a utilização do processo notificativo do Código, ou seja, da carta registada.

Na medida em se quis dizer isto, e não apenas – o que veremos ser exacto – que, tendo feito a notificação nos moldes em que a fez, o funcionário não tinha obrigação, ou sequer possibilidade (visto só estar admitido a executar o número de notificações que a lei lhe ordena: naquele caso, uma) de cumprir nova diligência, na medida em que o sentido da fórmula do tribunal é o acentuado em primeiro lugar, é claro que não podemos deixar de dissentir. O art. 7.º do decreto não veio revogar o disposto na 1.ª alínea do art. 254.ᵛ sobre a forma das notificações; simplesmente, entendeu juntar à forma lá prescrita – por carta registada – a notificação directa pelos funcionários, dando maior elasticidade ao formalismo do processo notificativo: que assim chegou ao extremo de poder ser realizado por informe imediato aos mandatários, sendo estes os notificandos, desde que o chefe de secção os encontre no edifício do tribunal. Houve, pois, o singelo intuito de aligeirar a forma das notificações em obediência a razões de economia, que viriam inclusivamente a pesar tanto que a prática e a jurisprudência tivessem por notificação até a simples presença dos notificandos a certos actos, como no caso referido pelo acórdão do Supremo Tribunal de Justiça a que há pouco aludimos: isto é, que viriam a pesar ao ponto de se admitirem na prática os chamados "equipolentes"[1].

As mesmas razões de economia induziram também o legislador, no citado decreto, a subverter a hierarquia, digamos assim, das formas notificativas, passando, depois dele, a vigorar como tipo-regra a notificação directa aí admitida, e volvendo-se o sistema da carta registada numa espécie de tipo-excepção, só a utilizar quando às invocadas razões de economia se sobreponha a conveniente celeridade do processo. Mas dizer isto, em suma, é dizer que a lei *não se opõe* ao uso eventual da notificação por carta registada, contra o que pode concluir-se da discutida frase do juiz de 1.ª instância, e que o funcionário, se tivesse agido por esse meio, não incorreria, no entanto, em qualquer cominação legal.

3. O certo, porém, é que não agiu, agiu de outro modo. E agiu bem? Na resposta a esta pergunta vêm a apreciar-se em conjunto os dois argumentos dos A. A. Com efeito, tudo consiste em saber como deveria ou poderia ter agido o funcionário judicial para se considerar bem feita a notificação ao mandatário que, não havendo substabelecido em escritório e outrossim o não tendo na sede do juízo, aí elegeu, entretanto, domicílio para o escopo de receber as notificações.

Antes de mais nada, consultemos a lei.

O actual Código de Processo trata da matéria das citações e das notificações na mesma subsecção do capítulo dos actos processuais. Há alguns artigos comuns, onde se definem as duas figuras em causa e se estabelecem normas conjuntas (arts. 228.° a 232.°), versando-se seguidamente a disciplina exclusiva de cada um dos actos, a citação, primeiro, a notificação, depois, que ocupa os arts. desde 254.° a 263.°.

---

[1] A esta figura se referia já BARASSI em *La notificazione necessaria nelle dichiarazioni stragiudiziali,* Milão, 1906, págs. 48-51, e referem-se mais recentemente DURMA, *Notification de la volonté,* Paris, 1930, págs. 164 e segs., com atenção ao acto notificativo no seu sentido mais genérico, e MINOLI, *Le notificazioni nel processo civile,* Milão, 1937, págs. 8-10, com atenção ao caso de valerem como notificações meras "tomadas de conhecimento" por assistência a certos actos. Verdadeiramente, a notificação processual, como toda a notificação necessária (não autónoma), não pode admitir equipolentes: é a lição dos autores indicados, desde BARASSI. Quando a lei manda haver por notificação um equipolente, não transforma este em notificação; apenas equipara os efeitos de um aos efeitos da outra.

É nesta regulamentação exclusiva que o Código separa as espécies de notificação a considerar: notificações em processo pendente, ou dependentes, como lhes chama o Prof. Alberto dos Reis [1], e notificações avulsas ou independentes (note-se que os primeiros apelativos indicados é que são empregues pela lei). A distinção entre avulsas e em processo pendente só respeita à posição do acto notificativo com referência ao processo em decurso: aquelas serão ordinárias, estas extraordinárias; ou, se quisermos, ao relevo que o seu objecto assume em ordem à vida do processo: umas serão *actos-meios* (notificações em processo pendente) – diria ainda aquele Professor –, as outras serão *actos-fins* (notificações avulsas), pelo facto de as primeiras constituírem o instrumento de que se serve o tribunal para conseguir determinados efeitos e as segundas constituírem "o próprio fim, o próprio objecto do processo" [2], que através delas se esgota.

A uma notificação em processo pendente se refere o nosso caso: notificação para oferecimento do rol de testemunhas (art. 516.°). Todavia, o problema prático que nos ocupa suscita por si só toda a teoria da notificação como figura-tipo, obrigando-nos a uma incursão doutrinal que será válida quer sobre a fronteira entre notifiçações avulsas e notificações em processo pendente, quer sobre a fronteira entre notificações para comunicação e notificações para comparecimento [3], e mesmo entre notificações processuais e notificações não processuais. É à raiz da própria figura, na sua "imagem" mais precisa e essencializada, que urge descer: abstraindo dos assuntos que se versem – pois o objecto de notificação, se constitui um elemento, não é, todavia, informador da estrutura do acto; dos desígnios que se ofereçam – pois todos eles correspondem a um desenho formal: transmitir uma "notícia", e só esse desenho importa à economia última do processo notificativo; e até dos campos de Direito que circunstanciam – pois no seu "espectro", permita-se a frase, o acto considerado é comum a todas as manifestações de vontade dirigida [4].

---

[1] *Ob. cit.*, pág 587.

[2] Ainda Prof. ALBERTO DOS REIS, *ob. cit., loc. cit.*

[3] Classificação doutrinal. V. Prof. ALBERTO DOS REIS, *ob. cit.*, págs. 584-585.

[4] Assim o estudaram, por exemplo, BARASSI, DURMA e MINOLI; o primeiro, tratando especialmente das notificações necessárias; o segundo, de todas as notificações, embora com particular atenção para o que ele chama "notificações de von-

4. Mas porque haverá de empreender-se semelhante trabalho? Onde é que a nossa questão suscita problemas tão gerais ou tão radicais, conforme se queira? Não responde a lei, positiva ou negativamente, à dificuldade surgida na hipótese prática de que nos ocupamos?

Qual, porém, essa dificuldade? Regressemos aos dois argumentos da minuta: 1.º – será irregular a notificação (no caso, a notificação directa feita pelo funcionário) que não vier a cumprir-se na pessoa do notificando, porque está ausente do domicílio escolhido, e se efectue, portanto, no dono da casa onde o domicílio funciona, isto é, no domiciliatário; 2.º – a forma de que deveria ter usado o notificante, a não encontrar, em tentativa de notificação directa, o notificando, era a carta registada com aviso de recepção, por ser esse o processo a utilizar quando não possa conseguir-se a notificação directa. Resumindo um e outro: a notificação directa tem de ser feita na pessoa do notificando e só nela; caso não seja isto possível, deve usar-se de processo da carta--registada

Ora bem. Nenhum artigo da lei nos diz que a notificação directa, admitida – sempre que a economia o solicite e a celeridade o não condene – pelo art. 7.º do Decreto n.º 31 668, tenha de ser efectuada na própria pessoa do notificando; como não diz também o contrário. Por outra via, não se escreve na mesma lei que o processo da carta registada seja uma espécie de processo subsidiário, a utilizar em primeira linha, não só quando a economia se impõe, ou, diversamente, quando a celeridade se opõe, mas também em segunda linha, quando resulte infrutífera, por estar ausente o notificando do domicílio onde foi procurado, a notificação feita directamente. De resto, escrever isto era dar por assente a afirmação anterior, estabelecendo-se uma hierarquia na eficácia das formas notificativas, a qual, desde logo, daria inteira razão aos argumentos invocados.

Como nada se escreve, porém, temos de averiguar se existem interesses que nos permitam integrar a norma da sobredita maneira: interesses que devem estar no "espírito" da lei, em ordem à notificação em concreto, a esta notificação em processo pendente de que se trata na hipótese; ou em ordem ao próprio tipo de acto processual "notificação",

---

tade", por oposição a "notificações de facto"; o terceiro, contemplando mais concretamente as notificações processuais, depois de ter feito uma suma da teoria geral das notificações.

Revelia e notificação   267

tal como o sistema português o acolhe e regula; ou, pelo menos, em
ordem à figura da notificação definida na sua estrutura mais genérica,
válida, como dissemos, para toda a manifestação de vontade dirigida,
sendo esta relevante para o Direito. Ou seja: atento que o Direito, ao
criar o tipo "notificação" em sentido amplo, "pensou" determinados
interesses; que, ao utilizar a mesma figura em processo civil, se determinou por novos interesses ou, pelo menos, por interesses mais concretos, que introduziram especialidades no meio acolhido; que, finalmente, ao aplicar esse meio aos fins indicados para notificações como
a nossa, certos e ainda mais pormenorizados interesses podem tê-lo
conformado com superior e derradeira minúcia; o interprete só fará,
indubitavelmente, trabalho sério e fecundo se analisar todos estes interesses suscitadores da norma, para descobrir em que sede ela radica
o seu espírito – portador, como um ser humano, de todo o génio da es-
tirpe e ainda de um génio novo, pessoal e instransmissível. E eis como
tão comezinho problema da prática oferece já largo estímulo à investigação teórica.

5. Nesta ordem de ideias, começaremos por analisar o que se entende por "notificação" como esquema jurídico muito genérico.

Etimologicamente, "notificação" significa um *"notum facere"*,
tendo como elementos integradores do seu conceito determinado resultado objectivo (*"notum"*) que intenta levar-se ao conhecimento de
certa pessoa através da actividade de uma outra (*"facere"*)[1]. Pode,
então, o processo notificativo definir-se como "uma actividade destinada a produzir em um sujeito diverso do que desenvolve essa actividade certa tomada de conhecimento"[2]; ou, a quem repugne a palavra
"actividade" pelo que ainda sugere de formalismo, quando à notificação bastará, por vezes, a simples "manifestação", como "um meio para
levar alguma coisa ao conhecimento de alguém"[3].

Ao requisito da existência de um *"notum"* acresce, pois, o da existência de um *"facere"*, e, portanto, o da intervenção de alguém como

---

[1] V. *Encicl. cit.*, voz *Not.* cit., pág. 705; *Il Dig.* cit., voz *Notificazione (materia civile)*, vol. XVI, pág. 439; Minoli, , *ob. cit.*, págs. 1 e segs.; etc.

[2] Minoli, *ob. cit., loc. cit.*

[3] É de Durma a citação e são dele também as razões apresentadas contra o emprego da palavra "actividade" ou equivalente. V. *ob. cit.*, pág. 79.

268 Orlando de Carvalho

agente desse *"facere"* e de alguém, diverso do primeiro, que será destinatário da notificação. Esta diversidade entre quem executa a notificação e o destinatário da mesma é indispensável para haver realmente a "transmissão de uma notícia de conteúdo determinado"; se o sujeito informante fosse o mesmo que o sujeito informando, ter-se-ia apenas uma simples "indagação". Por outro lado, o nexo teleológico que une o *"notum"* com o *"facere"* – muito embora a este último não sejam essenciais consciência e voluntariedade – requer a existência, no sujeito da notificação, de uma verdadeira vontade do acto, e, portanto, da consciência do mesmo [1].

Já quanto à "tomada de conhecimento", apesar de ela ser o escopo ulterior do processo notificativo, só interessará fundamentalmente a este processo – ainda que olhado em termos muito genéricos – considerada do ponto de vista dos meios e não dos fins, isto é, do ponto de vista do *"facere"*, não parecendo dever interessar-lhe igualmente a própria efectiva verificação dessa *"presa di conoscenza"*, o efectivo conhecer, por parte do destinatário, do conteúdo da notícia; e tanto assim que o destinatário, e *a fortiori* a apreensão subjectiva do objecto da notificação, parecem agir, na estrutura do processo transmissor, antes como limite – o primeiro – e como ideal – a segunda: *limite,* o notificando, pois é ao seu encontro que vai desenvolver-se o movimento da notificação; mas *ideal* apenas a apreensão subjectiva, a verdadeira "tomada de conhecimento", visto que à perfeição do processo notificativo não pode ligar-se uma inteira eficácia no íntimo do sujeito destinatário. A notificação, por isso, olhada, muito embora, no seu conceito mais genérico e inexpressivo – olhada no puro conceito de um *"notum facere"* – já se revela, entretanto, como algo que não exige para ser completo, como algo que não conta como elemento intrínseco a verdadeira "percepção", por parte do destinatário, da notícia movimentada através do processo notificativo.

6. Mas, se os elementos desta noção genérica ou etimológica são apenas os indicados, certo que virão a caber nela, além da notificação, mesmo não necessariamente processual, também a prova e a publicidade. Com efeito, também o processo publicitário (esperamos com esta variante ter impossibilitado qualquer confusão entre o termo "publi-

---

[1] Cfr. MINOLI, *ob. cit.*, págs. 1 e 2.

cidade", no sentido que lhe queremos dar aqui, e a mesma palavra quando designa determinada condição de forma a que têm de sujeitar--se alguns negócios jurídicos), também o processo publicitário e o processo probatório são verdadeiras modalidades de *"notum facere"*, pois através de um e de outro visa-se igualmente levar ao conhecimento de alguém alguma coisa por intermédio de outro alguém. É, portanto, a altura de separarmos um conceito menos vasto mas mais compreensivo de "notificação", acrescentando aos já apontados outros requisitos especiais.

Assim, ao passo que a publicidade se destina a transmitir alguma coisa a uma "pluralidade de destinatários indeterminados", a notificação visará destinatários determinados e singulares[1]. Entre o processo notificativo e o publicitário não haverá uma diferença instrumental, como supõem alguns autores[2]. O critério distintivo entre um e outro baseia-se apenas nas características dos destinatários, havendo notificação naqueles casos em que o sujeito informando é alguém concreto e determinado, singularizado ou, pelo menos, singularmente considerado, muito embora possam ser mais do que um os destinatários e a sua determinação possa estar dependente do reconhecimento de qualidades gerais a todo um grupo de indivíduos; e publicidade somente na hipó-

---

[1] MINOLI, *Strutura della notificazione processuale civile*, em *Rivista di Diritto Processuale Civile,* 1936, P. I, pág. 192.

[2] O critério indicado é defendido por MINOLI (V. *ob. prim. cit.,* págs. 2 e segs., além de *art. cit., loc. cit.*). A favor do critério oposto, cita aquele A. a BETTI, CHIOVENDA, CARNELUTTI e BAUMBACH, que viam no emprego de proclamas públicos, ou de editais, para citar pessoas singulares, ainda que determinadas, uma forma de publicidade e não de notificação. De acordo com o A., BARASSI, SCHMIDT, KISCH, VON CANSTEIN, GOLDSCHMIDT e BIRKENBIHL, que, aliás, não carecem de apoio legal, quer pela Z. P. O. germânica (§§ 202-208), com a sua *"offentliche Zustellung"*, quer pelos Códigos de Processo que admitem a notificação, directa ou indirectamente, por editais ou proclamas públicos (v. g., o francês, o antigo italiano, o espanhol, o moderno italiano), quer pelo Código Civil Alemão, que estendeu o método ao campo do Direito substantivo, nos §§ 132-2, 171 e 163 (cfr., para a última afirmação, DURMA, *ob. cit.,* pág. 404, que parece, de resto, inclinado a não admitir esta forma de notificação). Um exemplo de tal, entre nós, será o do art. 263.º do Código de Processo Civil, referido às notificações para revogação de mandato. – REDENTI, a propósito do art. 150.º do Código de Processo Italiano de 1942, diz que a notificação por proclamas públicos implica uma alteração fundamental da estrutura do processo, "que vem a assumir, sob vários aspectos, características singulares e anómalas" (v. seu *Diritto Proc.* cit., pág. 160).

tese de o destinatário ser uma pluralidade de pessoas considerada precisamente como pluralidade, podendo até dar-se a circunstância, inversa da de há pouco, de a essa pluralidade como suposto corresponder de facto, eventualmente, um só indivíduo ou uma só pessoa jurídica.

Mas de qualquer maneira, o problema é mais de formulação do que normativo, como diria HECK [1]. E, aliás, mal tem de pôr-se no nosso Direito processual civil, onde quase se desconhecem exemplos de notificação por públicos proclamas que suscitem as dificuldades de classificação postas nalgumas legislações estrangeiras [2].

Já quanto à prova, será interessante distingui-la do processo notificativo em sentido próprio, convivendo, como ambos convivem, nos quadros da nossa lei adjectiva. A doutrina tem-no feito com base no escopo último do processo probatório, que, além de se dirigir a levar a conhecer a alguém (v. g., ao juiz do facto) certo e determinado objecto, visa, como principal e característico fim, a prova da *verdade* de uma afirmação. O intento de algo sugerir *como verdade* será típico do processo probatório. Entretanto, no aspecto instrumental, é indiscutível a relação intercedente entre ele e o processo notificativo, o que permite a MINOLI classificar, sob tal perfil, as notificações, de acordo com o sistema de provas, já tradicional hoje em dia, de CARNELUTTI [3]. Haverá, deste modo, também notificações directas e indirectas, e, dentro da última espécie, notificações críticas e históricas, subdividindo-se as históricas em notificações por documento imediato e por documento mediato, nomeadamente documento de documento. Por outro lado, as notificações poderão ser pessoais e reais, conforme consistem, instru-

---

[1] *A interpretação da lei e a jurisprudência dos interesses,* trad. port., Coimbra, 1947.

[2] A citação pode fazer-se publicamente, por editais ou anúncios – arts. desde 247.º a 252.º inclusive –, mas a intenção da lei não é de modo nenhum tornar extensivos à simples notificação métodos que só se explicam num acto de tanta importância como a citação; e efectivamente aquela não pode fazer-se, em princípio, por meio de tal formalidade (o caso do art. 263.º é excepcional): os processos que normalmente utiliza são, pode dizer-se, típicos, nominados, sujeitos ao regime do *numerus clausus* – a carta registada e as formas de notificação directa previstas no art. 7.º do Dec. n.º 31 668. É verdade que isto só será inteiramente exacto para quem entenda que os "equipolentes" de que falamos atrás não são "notificações", embora funcionem como tais e, por isso mesmo, se denominem "equipolentes".

[3] V., para MINOLI, *Le notificazioni* cit. págs. 6 e segs. V., para CARNELUTTI, *Sistema di Diritto Processuale Civile*, I, Pádua, 1936.

Revelia e notificação 271

mentalmente, ou numa coisa ou numa declaração de vontade, não sendo de excluir a hipótese de notificações mistas, intercalando, no seu instrumento, declarações de vontade com objectos materiais.

7. De preferência a estas distinções baseadas no instrumento do processo notificativo, interessa-nos por agora fazer a análise da estrutura de tal processo. Recapitulando, importa dizer que, ao conceito de notificação em sentido jurídico, não puramente etimológico, pertencerão os requisitos definidos liminarmente para este último (etimológico) e que vimos serem: a existência de um *"notum"* dirigido ao conhecimento de um destinatário, e a existência de um *"facere"*, que consiste na actividade que movimenta a notícia – sob a forma de objecto ou de declaração de vontade – em ordem ao mesmo destinatário; *"facere"* consciente e querido executado por pessoa diversa da informanda. Além disto, que se intui directamente da própria expressão literal "notificação", apontou a recente análise que fizemos mais os seguintes requisitos: ser o destinatário alguém singularmente considerado, se não determinado (para distinguir o processo notificativo do publicitário), e não possuir a notificação como fim ulterior o escopo de dar por verdadeira qualquer afirmação (para a distinguir do processo probatório). Vejamos seguidamente como jogam tais requisitos dentro da dinâmica da notificação.

Todo o processo, destinado a transmitir certa notícia, há-de consistir fundamentalmente em uma actividade. Visto, porém, que essa actividade é consciente, sem dúvida que terá de precedê-la uma decisão de vontade, fruto de anterior deliberação; nesta deliberação, o agente visualiza o fim a atingir e o percurso a executar em tal sentido: impressiona-se por uma "direcção". Por isso vem a dizer-se que a "impressão da direcção" qualifica o "impulso ao movimento". É esta a primeira fase do processo notificativo – primeira sob o aspecto lógico, não necessariamente do ponto de vista cronológico. Seguir-se-lhe-á, também logicamente, o próprio movimento, que pode, aliás, ser executado por um *autor* diverso do *autor* da determinação. No caso concreto, o autor da transmissão, no seu conjunto, pode ser, v. g., o juiz [1], e o autor do movimento o funcionário do tribunal, só por ele ou coadjuvado pelos C.T.T. [2].

---

[1] E assim será – parece – para o caso de notificações dependentes de despacho.

[2] Cfr., em geral, MINOLI, *ob. cit.*, págs. 26 e segs.. Veja-se, sobre a estrutura interna do processo notificativo, também BARASSI, *ob. cit.*, págs. 9 e segs., sem, todavia,

8. O movimento tende a conduzir a "notícia" até dentro da órbita do destinatário. E aqui levanta-se um problema: até onde, precisamente? Sabemos que a "tomada de conhecimento" é o *ideal* da transmissão e que o destinatário é a sua meta, o seu *limite*. Poderia responder-se, facilmente, que a actividade transmissora parará no destinatário e idealmente na sua percepção da notícia; mas isto é nada responder, ou, pelo menos, nada responder de concreto. Pois que destinatário: destinatário como ente físico ou como suposto jurídico? Que conhecimento: um conhecimento hipotizado segundo os usos comuns, segundo a compreensão do portador da notícia, ou segundo a compreensão real do destinatário? O que importará saber é a que interesses dá preferência o legislador: se ao interesse do sujeito notificando e, por isso, a uma efectiva percepção do objecto da notificação; se ao interesse da certeza e da economia temporal do processo, e, portanto, à simples "perfeição" do movimento, julgada aquela do ponto de vista da lei, que dará por cumprida a notificação quando muito bem o entenda; se a um interesse médio ou "composito" entre os doïs interesses indicados, e, por conseguinte, a uma "módica" eficiência do processo, que se conforma tendo já em mente quer a satisfação do seu escopo ideal – fazer que o destinatário conheça – quer as necessidades de certeza e de rapidez da vida jurídica, postas como limite a uma inteira discricionaridade do "conhecer" por parte do mesmo destinatário.

9. Para as manifestações de vontade receptícias em geral, entende a doutrina que o destinatário é o sujeito a quem deve ser dirigida a manifestação; e se esta última só produz os efeitos determinados dirigindo-se a tal ponto de referência, o destinatário tem de dizer-se necessário [1]. Direcção e destinatário são, pois, duas realidades interdependentes nas notificações contendo uma manifestação de vontade dirigida, definindo-se a primeira pelo segundo e de tal maneira que um desvio da direcção ocasionará com certeza a sanção de nulidade; salva, é evidente, a intervenção de terceira pessoa, encarregada como representante ou mensageiro pelo destinatário de receber a manifestação de vontade,

---

insistir, como MINOLI, na análise da determinação – "impulso ao movimento". Particularmente elucidativo quanto à "psicologia" da notificação, DURMA, *ob. cit.*

[1] As manifestações receptícias envolvem notificações necessárias (cfr. BARASSI, *ob, cit.*, págs. 1 e segs., e DURMA, *ob. cit.*, pág. 369).

a qual, não chegando eventualmente ao seu destino, continua, todavia, a ser válida [1].

Mas como se identifica o destinatário? Para certos autores há duas espécies possíveis de identificação: a que é feita tendo em vista a declaração material, o meio, o instrumento – e será destinatário a pessoa que a recebe física embora legitimamente; e a que é feita tendo em mira os efeitos jurídicos a produzir com a declaração – e será destinatário a pessoa a quem se referem esses mesmos efeitos [2]: Já para outros, nas manifestações de vontade receptícias, o destinatário tem de ser alguém em que confluem as duas posições indicadas: quem recebe a notícia e igualmente quem os efeitos vão atingir, ao contrário do que sucede nas não-receptícias, onde o destinatário facultativo não coincide com o destinatário dos efeitos jurídicos [3].

Tomando por base o instituto da representação, é BARASSI de pensamento diverso. Para ele, o destinatário é aquela pessoa "que deve materialmente ser posta em condições de directamente se aperceber e ajuizar do alcance da declaração". Assim, no caso do representante, este será o destinatário, não o representado [4]. Em apoio da jurisprudência italiana, que, segundo BARASSI [5], propende antes a considerar como destinatário o constituinte, houve quem replicasse ao mesmo autor com a ideia de que o representante é apenas "um meio técnico, uma espécie de intermediário para dar eficácia ao acto que o representado estava impossibilitado, de facto ou de direito, de realizar". De resto, ainda pensando de modo contrário, sempre teria de admitir-se – continua a aludida réplica – que "o representante é também em parte destinatário dos efeitos jurídicos", pois, propondo-se grande número de manifestações receptícias a possibilitar uma reacção pelo lado desse destinatário, essa reacção será normalmente fruto de um acto do mandatário e não do mandante. Em resumo: sempre seria coincidente a primeira com a segunda qualidade – a recepção do meio jurídico e a recepção dos efeitos através dele produzidos [6].

---

[1] BARASSI, *ob. cit.*, págs. 51 e segs.

[2] BARASSI, *ob. cit.*, págs. 51 e segs.

[3] DURMA, *ob. cit.*, págs. 371-372.

[4] *Ob. cit.*, pág. 51, n. 1.

[5] Cfr. *ob. cit.*, loc. cit., n. cit.

[6] DURMA, *ob. cit.*, págs. 373-374.

De qualquer modo, isto não altera a solução do problema posto, visto ser incontestável, tanto para uma como para outra doutrina, que a notificação se considera "orientada" quando visa determinada pessoa, ou porque é esta mesma o destinatário dos efeitos jurídicos, ou porque funciona como representante *ad hoc* do destinatário. O reconhecimento dessa pessoa é indispensável e suficiente para se orientar como deve a notificação, para esta se haver por devidamente "dirigida": só que, num caso, o reconhecimento é directo, imediato, e, no outro, é indirecto, mediato, mas nem por isso menos regular – antes o único regular.

10. Com o reconhecimento do sujeito que norteia a notificação – no sentido de que por ele e para ele esta se orienta – resolve-se o problema da "direcção" do processo notificativo. Mas resolvê-lo não basta para se chegar a completo entendimento deste último, que, se implica uma "direcção" para ser regular, implica igualmente um termo, em sentido temporal, para ser perfeito: implica uma conclusão. Qual é esse termo? Quando é que a notificação se conclui?

Dissemos que o termo da notificação é aquele instante em que ela se considera "perfeita", em que se introduz na órbita do destinatário, de modo a poder afirmar-se, se não que o processo realizou o seu ideal de permitir um conhecimento, ao menos que o assegurou com probabilidade bastante. E dissemos ainda que o "bastante" desta probabilidade só pode ser ajuizado segundo os interesses a que a lei quis dar prevalência: interesses, ou do destinatário, ou da certeza jurídica, ou simultaneamente de uma e outra coisa em solução "composita".

Ora, estudando-se a notificação como figura de teoria geral (como *"eine Allgemeinerrechtsform"*), tem de reconhecer-se que o seu conceito "não implica de modo imperioso a tomada de conhecimento por parte do destinatário, de sorte que qualquer tipo de movimento que envolva uma qualquer probabilidade de se obter esse resultado pode vir a ser elemento de notificação, o mesmo é dizer que, seja qual for o ponto de chegada, desde que não exclua tal possibilidade, pode ser posto pelo Direito como ponto de chegada relevante" [1].

11. É verdade que a doutrina mais recente tem propendido, não só para a inecessidade de uma tomada de conhecimento, como para, regra

---

[1] MINOLI, *Le notificazioni...*, cit., pág. 33.

geral, a sua irrelevância aos olhos do Direito; ou seja, a excluir a chamada teoria da "percepção"[1] nas manifestações de vontade receptícias.

"Percepção" não é conceito difícil, nele devendo compreender-se, além da apreensão do objecto, ou do seu conhecimento, a afirmação de um juízo sobre a sua mesma seriedade; além de uma "noção" (*"eine Vorstellung"*) ou de um juízo de existência, também um juízo de mérito ou de valor[2]. Parte a teoria que baseia neste conceito a perfeição das declarações ou notificações do princípio de que o destinatário desempenha papel actuante no aperfeiçoamento do acto declarativo ou notificativo, é um "colaborador jurídico"[3], havendo mesmo autores que chegam a considerar esse papel como reproduzindo-se num autêntico acto de vontade[4].

Não é aqui lugar para se discutirem os argumentos pró ou contra a teoria apresentada, embora importe frisar que ninguém vai ao ponto de a admitir em todas as suas consequências, ao ponto de o valor da notificação e a sua eficácia (se está sujeita a termo) ficarem na inteira disponibilidade do acaso. Havendo culpa por parte do destinatário na não-percepção temporânea, seguir-se-ia comummente a regra *"dolus pro factus est"*, ou *"culpa pro factus est"*, conforme se entenda que

---

[1] Para o chamado *Direito comum* discutiam-se várias soluções a saber: uma "teoria da exteriorização" (*"Äusserungstheorie"*) – que considerava a declaração perfeita logo que, com o fim de se enviar, tinha sido exteriorizada, escrita; uma "teoria da expedição" (*"Versendungstheorie"*) – que considerava o acto perfeito no momento do seu envio; uma "teoria da recepção" (*"Empfangstheorie"*) – que adiante analisaremos com mais pormenor porque foi consagrada no B. G. B. e é hoje dominante; e uma "teoria da percepção ou do conhecimento" (*"Vernehmungstheorie"*) – que se resume no texto.

Cfr., em geral, ENNECCERUS-KIPP-WOLFF, *Tratado de Derecho Civil*, trad. esp., I t., § 149, págs. 140-141.

[2] Cfr. DURMA, *ob cit.*, págs. 131-132.

[3] DURMA, *ob. cit.*, pág. 430. A ideia de "colaboração" do destinatário como própria da *"Vernehmungstheorie"* é frisada também por ENNECCERUS, *ob. cit.*, pág. 142, b): "... esta teoria, em rigor, não faz depender a consequência (jurídica da declaração) exclusivamente do declarante mas também de uma cooperação do destinatário, mediante cuja negativa esta consequência poderia frustar-se".

[4] Acto de vontade como acto jurídico, é claro. Assim ENDEMANN escreve a págs. 309 do seu *Lehrbuch des Bürgerlichenrechts,* Berlim, 1903, vol. I: *"Iede empfangsbedürftige Erklärung ist ein zweischichtiger Rechtsvorgang"*. Também ZITELMANN, seg. DURMA, *ob. cit.,* pág. 430. Para o autor do *Irrtum und Rechtsgeschäft*, em todo o contrato haveria sempre quatro actos sucessivos.

a culpa é relevante só como dolo ou também como negligência[1]. Em síntese: a percepção apenas seria praticável uma vez que se admitisse, não já como pura "percepção", mas antes sob a forma de um seu "derivativo prático", sob um "aspecto objectivo e social"[2], que conciliasse os interesses do destinatário com os do expedidor e do comércio jurídico.

12. Foi a impraticabilidade do conceito que levou os autores a deslocarem o momento final do processo transmissivo para a "recepção", criando a teoria que tem este nome. Os códigos latinos não se pronunciam em favor de qualquer sistema, e, portanto, do último, que o Código Alemão recebeu expressamente no seu § 130. Os juristas, contudo, admitem-no como, em regra, também válido em face dos direitos de origem francesa. Assim, se escreve geralmente ser na recepção que têm o seu termo as declarações de vontade receptícias[3].

Quanto é apreensível com relativa facilidade o conceito de percepção, é difícil o de recepção. Por ter nascido da impraticabilidade do primeiro, natural foi que parte da doutrina o concebesse de olhos postos nele: a tomada efectiva de conhecimento passou a ser o *"desideratum teórico"* do sistema da recepção[4]. Surgiu assim um conceito baseado na posse: posse material, para alguns, havendo recepção logo que a notícia chegasse *às mãos* do destinatário, caísse no domínio da sua força física (*"Machtbereich"*)[5]; para outros, uma posse espiritualizada, verificando-se a recepção na altura em que o instrumento penetrasse na órbita em que o destinatário poderia conhecer o seu conteúdo, em que lhe seria permitida sobre o objecto uma autoridade real, de facto (*"tatsächliche Gewalt"*)[6]. Sempre o conceito implicava a verificação no destinatário das condições necessárias à aquisição jurídica de posse, consistindo a recepção, como diz ENDEMANN, em "o destinatário se

---

[1] Neste sentido ZITELMANN, seg. BARASSI, *ob. cit.*, pág. 74. Em termos idênticos se pronuncia DEMOGUE, *Traité des obligations en général,* Paris, 1923, II, págs. 144 e 259.

[2] DURMA, *ob cit.*, págs. 431 e 449.

[3] Cfr. SALEILLES, *De la declaration de volonté,* Paris, 1901, págs. 124 e segs.; DURMA, *ob. cit.*, pág. 449; BARASSI, *ob. cit.*, págs. 72 e segs., nomeadamente 92-93, etc.

[4] Cfr. SALEILLES, *ob. cit., loc. cit.*

[5] V. g., KÜHN, seg. DURMA, *ob. cit.,* pág. 450.

[6] TITZE, por exemplo, tb. seg. DURMA, *ob. cit., loc. cit.*

encontrar, de facto e de direito, em condições de se apropriar da declaração que lhe foi dirigida"[1].

A isto objectou-se, e justamente, dizendo que tal conceito bem mal corresponderia às necessidades práticas e aos usos do comércio, sobremaneira; a recepção deve entender-se do ponto de vista objectivo, segundo os hábitos correntes, e, em vez de aferir-se pelo lado do destinatário, deve aferir-se pelo do expedidor e em ordem ao processo de transmissão que pôs em movimento. O instante da recepção será aquele em que o expedidor normalmente espera que tenha sido apropriada a declaração, de sorte a não poder mais dispor dela, a não poder mais revogá-la. O único princípio dominante nesta matéria deverá ser, pois, em lugar de uma percepção como *"desideratum* teórico", de uma recepção como *"atténuation acceptée à regret"* do sistema da percepção, o de uma recepção como "complemento da execução da declaração", como acabamento ou aperfeiçoamento do processo transmissor movimentado[2].

Dentro deste objectivismo, há quem se aferre mais estritamente ao objectivo, avaliando a recepção do simples ponto de vista normal, apenas pelos usos correntes[3], e quem modere o aferimento com algumas notas subjectivas, embora consideradas elas mesmas de um prisma também objectivo. Pode a última atitude resumir-se nesta frase de SALEILLES: diz-se recebida a declaração logo que o destinatário se encontra "nas condições normais em que, segundo os usos correntes combinados com os usos pessoais, na medida em que podiam ser conhecidos do expedidor", dela devia tomar conhecimento[4].

---

[1] *Apud* SALEILLES, *ob. cit.,* pág. 124.

[2] SALEILLES, *ob. cit.,* págs. 124-125.

[3] Assim BOLAFFIO, seg. DURMA, *ob. cit.,* págs. 452; idem, BARASSI, *ob. cit.,* págs. 81-93. A posição de SALEILLES, tal como se define na *ob. cit.,* págs. 124-125, pode parecer também estritamente objectivista. A fórmula, porém, dada a págs. 133 e que citamos no texto mostra que ele toma em consideração as condições pessoais do destinatário, vistas embora de um prisma objectivo.

[4] *Ob. cit.,* pág. 133. Aproximado de SALEILLES, *ob. cit.,* págs. 124-125, que, como vimos no texto, considera a recepção como um "complemento de execução da declaração", também ENNECCERUS, *ob. cit.,* págs. 142, b): "... a declaração tem de considerar-se aperfeiçoada o mais tardar quando o declarante fez tudo quanto *da sua parte* (pessoalmente ou com auxílio alheio) *tinha a fazer para que o conteúdo da declaração chegasse ao conhecimento do destinatário.* A declaração fica, pois, consumada quando, para a obtenção real do conhecimento do seu conteúdo, *falta apenas*

Reconhecendo-se embora ser a opinião que faz certo apelo às condições subjectivas do destinatário a que de longe prevalece na doutrina, dirige-se-lhe, contudo, o seguinte reparo, "de acordo com os motivos de política legislativa que têm aconselhado ou podem aconselhar a adopção do sistema": o momento relevante da recepção deve coincidir, não com a entrada do instrumento do processo notificativo no círculo de coisas que o destinatário normalmente conhece, mas com o momento, conceitualmente posterior, em que ele, por via de regra, será conhecido. Só assim se leva o princípio da "normal perceptibilidade" às suas inteiras consequências; pois, o contrário, quer dizer, o admitir-se que há recepção logo que o instrumento penetra na órbita de coisas que o destinatário conhece, se conduz a distinguirem-se a recepção e a percepção – o que é desejável –, conduz também a excluir-se toda a possibilidade de percepção na recepção – o que é manifestamente indesejável e absurdo. Supondo que se trata de uma aceitação de contrato, vão-se criar obrigações a cargo do proponente numa altura em que ele não tem ainda conhecimento da resposta do aceitante; mais: possibilita-se-lhe que incorra em mora (obrigações puras) sem ter sequer a consciência da dívida... [1]. Deve notar-se, porém, que a interpretação acima proposta pode parecer insustentável perante a letra do § 130 do Código Civil germânico, que identifica a recepção com o instante (*"Zeitpunkt"*) em que a declaração atinge, *toca* (*"zugeht"*), o destinatário [2].

13. É o sistema da recepção, como dissemos, hoje dominante em matéria de manifestações de vontade receptícias. E sem dúvida que

---

a actividade que é de esperar do destinatário". E adiante esclarece, reportando-se aos usos normais: "*... faltam apenas aqueles factos que normalmente têm que esperar-se do destinatário".* – O frisado é do Autor.

DURMA segue também a orientação que faz apelo às condições pessoais do destinatário, propondo a fórmula *"probabilidade de percepção"* para esclarecimento do sentido do conceito de recepção. Cfr. *ob. cit.,* págs. 453-454.

[1] MINOLI, *ob. cit.,* págs. 50 e segs.

[2] Veja-se o texto da 1.ª al. do § 130: *"Eine Willenserklärung, die einem anderen gegenüber abzugeben ist, wird, wenn sie in dessen Abwesenheit abgegeben wird, in dem Zeitpunkte wirksam, in welchem sie him zugeht".* MINOLI descobre uma posição muito semelhante à que defende num passo de ENNECCERUS, autor, que, aliás, segue geralmente, como vimos, a orientação dominante – e a mais de acordo com a letra do B. G. B. Esse passo a que se refere MINOLI pode ver-se na *ob.* de ENNECCERUS *cit.,* pág. 143, nota 10.

concilia as vantagens de uma possibilidade de conhecimento, que é o escopo de todo o *"notum facere"*, com aquele limite de normalidade que qualquer meio jurídico tem de possuir, sob pena de ser impraticável. Isto não quer dizer que o termo final de todas as notificações seja forçosamente uma "recepção", no sentido que a teoria respectiva comummente lhe dá. A natureza específica de certas declarações pode exigir o emprego de um meio mais apto a transmitir o conhecimento: nessa altura, a notificação terá que terminar numa "percepção"; ou a mesma natureza pode vir a impor um meio mais lesto, ainda menos perceptivo, se é lícito dizer-se: o termo da notificação será, neste caso, uma "recepção" mais formal ainda do que o comum da doutrina tem admitido. A maior ou menor "formalização" do processo notificativo, o maior ou menor rigor e correspondente menor ou maior atenção pelo destinatário, vão depender em concreto dos fins especiais a que o Direito chama este instrumento de expressão e ordenação jurídica.

14. Foi no campo processual civil que as notificações adquiriram mais estreito formalismo. E tal não admira, sendo como é o processo uma dialéctica oficial dos interesses, uma forma oficializada de polémica jurídica. Dentro dessa vasta forma, as notificações servem directamente o princípio do chamado contraditório, que exige conheçam as partes, ou tenham meios de conhecer, todos os pontos e toda a sequência da acção. Ora o "método geral para dar conhecimento... do que se vai desenrolando em juízo, a começar pelo libelo introdutório e a acabar na sentença, a começar no preceito e a acabar no último acto do processo executivo", é, instrumentalmente, uma notificação [1].

Dizemos " instrumentalmente " porque a doutrina moderna tende a reservar o nome de "notificação" só para certos actos processuais específicos (aliás, de acordo com as leis mais recentes), ao contrário da antiga, que envolvia com ele também a chamada do réu à demanda – a "citação". Os códigos velhos, de resto, como o francês e o espanhol ainda em vigor e o italiano revogado, sugeriam esta última sistemática, pois ou mandavam aplicar à notificação, como figura genérica, as normas de execução da citação, ou lhe davam directamente normas seme-

---

[1] Cfr. *Il Digesto* cit., loc. últ. cit., pág. 439.

lhantes. As velhas leis, ao disciplinarem a notificação como esquema geral, eram sempre inspiradas pela "espécie" citação [1].

A teoria dos actos processuais, embora das mais imperfeitas deste ramo do Direito [2], tem envidado bons esforços no sentido de aclarar as características de cada tipo de acto de per si, pelo que vem geralmente a distinguir a citação da notificação. A citação reporta-se ao libelo, é a primeira e decisiva convocatória do réu, e só por semelhança se pode dar o mesmo nome às chamadas pela primeira vez de terceiros demandados a juízo [3], sendo, todavia, esta a orientação terminológica da nossa lei (art. 228.°). Define-se, por conseguinte, pelo seu escopo ou pelo seu objecto. Outro tanto não sucede com a notificação, que se desenha sobretudo como meio transmissor, como um processo formal a cuja essência não importa seja que objecto e seja que finalidade, salvo esta: poder transmitir algo a alguém. Os fins assinalados por lei (art. 228.°) são dois: mandar comparecer e dar conhecimento; de qualquer modo, tais fins são irrelevantes, só por eles, para a construção concreta do esquema notificativo, a qual se decide, aliás, por outras razões.

É evidente, contudo, que, instrumentalmente, a citação será ainda uma notificação – notificação mais qualificada, exigindo uma forma mais rígida, pois se destina, como diz TITZE, a procurar e a perseguir o destinatário (aqui, o demandado), mesmo que ele fuja para o deserto [4]; mas sempre será um acto de comunicação, embora "impuro ou misto" [5], considerado no aspecto meramente formal ou instrumental [6].

---

[1] Cfr. *Il Digesto* cit., loc. e pág. cit., e *Enciclop.* cit., pág. 706.

[2] Cfr. Prof. A. DOS REIS, *ob. cit.*, vol. cit., pág. 1.

[3] Cfr. Prof. A. DOS REIS, id., id., pág. 583.

[4] Cfr. DURMA, *ob cit.*, pág. 404.

[5] V. GUASP, *Comentario a la L. E. C.*, Madrid, 1943, t. I, pág. 727.

[6] Foi esse carácter essencialmente instrumental da notificação que sugeriu a alguns autores a ideia de que ele não constitui um verdadeiro acto jurídico autónomo (V. sobre a questão, MINOLI, *ob. cit.*, págs. 63 e segs.), pois os seus efeitos seriam, em último termo, efeitos da declaração ou do mandado nela contida. Assim; a notificação processual seria ainda uma "execução" do despacho anterior (não confundir com o despacho ordenador, que, como vimos, entre nós só existe para as notificações avulsas) ou da sentença a notificar. Esta opinião informa-se largamente da teoria da notificação em direito substantivo, portadora de uma declaração de vontade, na qual é difícil, realmente, entrever efeitos distintos dos da própria *"empfangsbedürftige Willenserklärung"*. Não há que discutir neste momento tal controvérsia, que, aliás, MINOLI me parece ter resolvido numa orientação razoável, isto é, considerando os

Revelia e notificação 281

Todavia, – urge acrescentar – as suas normas de execução não devem, salvo ordenando a lei o contrário, considerar-se aplicáveis por analogia às da notificação, ao menos entre nós: são "privativas" [1], podendo, quando muito, servir para fundamentar um argumento por maioria de razão ou qualquer outro, a fim de se fixarem certas determinantes relativamente às daquela.

15. Ao adoptar o meio jurídico "notificação", a lei processual realizou uma notável "pormenorização" do tipo genérico, atingindo-o nos seus elementos capitais: actividade, agente, direcção, destinatário. Se não pode, em Direito português, onde as notificações não estão dependentes de impulso de parte – salvo as "avulsas" (art. 261.°) –, incluir-se como essencial esse requisito, e se, por outro lado, a interferência do juiz, mediante despacho, só naquelas também se verifica (art. 229.°) – sendo, pois, coincidentes, na mesma pessoa, por via de regra, a qualidade de emissor e a qualidade de agente da transmissão, isso não chega a desmentir a verdadeira importância do "impulso ao movimento" na estrutura notificativa processual [2]. Mais do que isso, porém, nos interessa averiguar a qualificação específica dada por lei ao próprio movimento, ao agente dele, ao instrumento notificativo, e os valores a que se deu prevalência ao fixar o momento da perfeição do processo.

Oficialidade do movimento – derivada da oficialidade do agente, que é, no nosso caso, o funcionário expedidor; documentação – cópia do despacho ou da sentença a notificar; formalismo – isto é, fixação concreta dos termos em que se dá por cumprida a diligência: eis o que parece caracterizar, no conjunto, as notificações processuais [3]. Vale di-

---

efeitos do acto notificativo como efeitos conjuntos da declaração transmitida e da transmissão efectuada, mas pondo em relevo que a validade desta, embora afectada pela daquela, não deixa, lógica e praticamente, de ter certa autonomia – a suficiente autonomia para a notificação ser estudada simplesmente como meio instrumental, abstraindo do objecto, o que é dizer, estudada tal qual é na sua ideia mais pura.

[1] Prof. A. DOS REIS, *ob. cit.*, pág. 581. Esta ideia terá as suas consequências, que apreciaremos adiante ao discutirmos o argumento da parte recorrida, no processo em estudo, baseado no art. 243.° do C. P. C..

[2] V., sobre a importância do "impulso do movimento", MINOLI, *ob. cit.*, págs. 163 e segs.

[3] Cfr. MINOLI *ob. cit.*, págs. 41 e segs..

zer que, nelas, o sujeito está predeterminado, e bem assim o instrumento a utilizar, e bem assim a perfeição a cumular. O esquema notificativo como figura genérica pormenorizou-se rigorosamente, no sentido, claro está, de fazer daquela "direcção" (*"Richtung"*), que é, por assim dizer, o seu cérebro, uma linha executada em condições de assegurar ao processo um êxito *legal*.

16. Este êxito legal corresponde, idealmente, a uma percepção do objecto pelo destinatário – porque tal é o escopo de todo o *"notum facere"*. Já vimos, porém, que, até considerada como *"eine Allgemeinerrechtsform"*, a notificação não implica uma efectiva tomada de conhecimento, e que, por via de regra, a teoria válida será a da recepção, sistema conciliador dos interesses do destinatário (protegidos, segundo a doutrina dominante, pela margem de atenção dispensada às condições subjectivas, conhecidas ou cognoscíveis pelo sujeito emitente) e dos interesses da certeza jurídica e do mesmo emitente (protegidos por uma referência global aos "usos normais"). Mas não terá casualmente a lei positiva, em matéria de processo civil, apertado um pouco mais este condicionamento genérico? Quer dizer: admite o Direito processual civil a recepção nos moldes consagrados para as declarações de vontade receptícias ?

A doutrina comum entende que sim[1]. Todavia, é preciso não nos precipitarmos: admite a palavra, admite que há "recepção", mas subordina o conceito desta, não às preocupações acima referidas e aceites para a generalidade das manifestações voluntárias, mas, como não podia deixar de ser, aos restritos termos da lei, às restrições que a lei proponha para a determinação de um conceito processual de recepção. De resto, a incerteza, e a amplitude consequente, deste conceito *"ondoyant et divers"*, permitem toda a gama de opiniões doutrinais, como vimos, e legislativas, como veremos.

O Código Civil Alemão, no § 132, parifica às outras manifestações receptícias, quanto ao momento da perfeição e seus efeitos, as notificações extrajudiciais por intermédio de *"Gerichtsvollzieher"*, na forma prescrita pela lei de processo, o que leva muitos autores a concluirem que aí se consagra uma verdadeira "recepção". Por conseguinte,

---

[1] V., por exemplo, CHIOVENDA, *Principi di diritto processuale civile,* 4.ª edição, pág. 856.

Revelia e notificação 283

também nas notificações judiciais essa conclusão se deveria impor. Não obstante, alguns juristas descobrem nesse passo consagrado antes "um sucedâneo legal da recepção" (*"ein gesetzliches Surrogat des Zugehen"* – RIEZLER), uma espécie de "recepção ficta". A lei equipara, nos efeitos, à recepção alguma coisa que verdadeiramente não é isso[1].

Sem dúvida que, a darmos à recepção um conteúdo semelhante ao que propõe a doutrina prevalente para as declarações receptícias, não poderá tal conceito relevar nas notificações processuais Em alguns casos, mesmo, não poderá relevar sequer uma ideia de recepção em qualquer sentido proposto, pois nem se verifica a necessidade de uma posse material, nem de uma posse jurídica, nem de uma possibilidade de conhecimento segundo os usos normais ou segundo também as condições pessoais do destinatário. A nossa lei, para as notificações por carta registada com aviso de recepção, faz irrelevante "o facto de os papéis serem devolvidos ou de não vir assinado o aviso" (art. 254.º, § único); ao fim de dois dias, a notificação considera-se efectuada... Onde a contemplação pela efectiva "detenção" do instrumento?

Sabe-se, de resto, que as notificações encerram uma cópia do despacho ou sentença escrita em português: se o destinatário é cego ou é estrangeiro, desconhecendo a língua, onde a contemplação da lei pelas suas circunstâncias particulares?

17. Perante esta verdade, houve quem excluísse a recepção como necessária à perfectibilidade da notificação judicial, considerando esta como um simples "processo de transmissão em forma determinada pela lei"[2]. Representaria, digamos, um exemplo do sacrifício do interesse do destinatário, ou da liberdade do conhecer, ao interesse da certeza, ou da necessidade do supor. À medida que se caminha da "percepção" incontrolável para esta "transmissão" formalizada, esse sacrifício acentua-se, quer dizer, acentua-se a necessidade de limitar as probabilidades do acaso ou do arbítrio a certo âmbito coactivamente prefixado,

---

[1] Cfr. MINOLI, *ab. cit.*, pág. 48. Confirmação deste ponto de vista pode encontrar-se nos comentadores ao B. G. B., edições de Berlim e Leipzig de 1934, I vol., pág. 197, onde se escreve: *"Der § 132 gibt ein praktisch bedeutsames, sachlich vollwertiges* **Ersatzmittel** *für den Zugang einer Willenserklärung in der* **Zustellung***"* (o frisado é do texto).

[2] MINOLI, *ob. cit.*, pág. 49.

de reduzir, transpondo-o por força da lei, o "fenómeno estranhamente interno"[1] que é o conhecer a meros indícios factuais.

Entre "percepção" e "recepção" não há uma diferença ontológica, mas apenas um aviltamento progressivo do que é inapreensível e irredutível ao apreensível e redutível, por culpa, aliás, dessa mesma inapreensibilidade e irredutibilidade. O Direito tem de sindicar o insindicável – tal é o seu drama. E, no caso presente, a finalidade última da notificação, o seu ideal – que é satisfazer o interesse de uma efectiva tomada de conhecimento – vê-se obrigado à cedência perante outros interesses virtualmente mais ponderosos: o da "economia da actividade"; em alguns casos, o da "possibilidade prática do processo, ou, pelo menos, da sua utilidade"[2]. O equilíbrio de tão vários e contrastantes interesses parece não dar aso a um fruto muito catalogável num esquema de acto ou processo receptício, afigurando-se preferível remeter a qualificação do mesmo para um conceito puramente legal: processo de transmissão em forma de lei[3].

Não nos importa fixar terminologia, e diremos apenas que, ou venha a considerar-se como "receptícia" (terminada por uma "recepção"), ou simplesmente como um processo transmissor cuja perfectibilidade não depende da contingência dos homens, mas da exactidão da lei, que o vincula a uma fórmula, o certo é que a notificação processual tem de aferir-se pela realidade legislativa que a configura e consagra. Ora a lei portuguesa, se não repele a terminologia dos recepcionistas, acata substancialmente a demonstração feita agora.

18. Voltando ao caso das notificações em processo pendente, não resta dúvida de que a perfectibilidade da notificação por carta registada só depende da sua expedição com o endereço preciso. O ulterior desvio de direcção não releva para a eficiência do acto, não atinge a *"Richtung"* do acto; tampouco a falta de recepção real da carta; e, muito menos ainda, tem de curar o tribunal de se certificar dessa recepção. Mas para as notificações feitas directamente pelo funcionário?

É uma delas que nos ocupa, e poderemos já "circunstanciar" uma resposta, dizendo que foi, tendo-as unicamente em vista, que se elabo-

---

[1] Id., id., pág. 55.

[2] Id., id., págs. 56 e 57.

[3] Id., id., págs. cits..

Revelia e notificação 285

rou a doutrina expendida até há pouco em Itália e de que é exemplo
MINOLI – autor do "transmissionismo", digamos assim, há momentos
exposto. O antigo código de processo italiano não admitia a notificação pelo correio. Aquela doutrina vale, pois, *jure proprio*, para as notificações indicadas. Desde logo se prevê, portanto, que a resposta não
há-de ser favorável a uma teoria percepcionista em termos comuns.

19. A nossa hipótese gira à roda de saber se a notificação directa,
concebida no art. 7.º do Dec. n.º 31 668, tem de ser feita pessoalmente
ao destinatário. A propósito de destinatário, já dissemos haver quem
entenda não ser o representante o efectivo ocupante dessa posição jurídica. Como, no nosso caso, o notificando é precisamente o advogado
da parte, poderia alguém levantar essa dúvida. Afastaremos desde já a
questão, dizendo que, ou seguindo BARASSI, que não aceita a doutrina
contrária à da identificação, na hipótese, entre mandatário e destinatário, ou antes DURMA, que pleiteia pela doutrina indicada, ou, por último,
MINOLI, que acompanha o primeiro, quanto aos representantes legais
e voluntários, e adere ao segundo, quanto aos representantes técnicos
(caso do advogado) [1] – de uma forma ou de outra sempre o problema
nos não interessa neste momento, pois ninguém põe em dúvida que a
lei processual, mandando notificar o advogado, é o advogado o notificando, o mesmo sucedendo se foi ele que se colocou nas condições
legais para, em vez da parte, receber as notificações.

20. Visto o notificando ser o mandatário – entenda-se ou não que
é o destinatário: "destinatário dos efeitos jurídicos", segundo a distinção de BARASSI– volta a perguntar-se: a notificação directa do art. 7.º
terá de lhe ser feita na própria pessoa?

Evidentemente que não. Nem para as notificações pessoais – que
a lei ordena se efectuem "em pessoa", "pessoalmente" –, nem para
essas deixa de se recorrer, em certos casos, a processos não pessoais de
notificação: os da própria citação, que se aplicam por força do art. 256.º.
Certo que a lei envolve de particulares cuidados esta notificação feita
em pessoa diferente da parte, como se vê do art. 243.º; mas trata-se de
notificações "pessoais", repare-se bem.

---

[1] Cfr., *ob. cit.*, págs. 80 e segs..

Nas restantes, que estão a cargo normalmente do mandatário, desde que ocorram em processo pendente, o regime genérico fixado pelo Código é o da carta registada (art. 254.°, alínea 2.ª). O processo da carta registada não é a forma normal da citação e, sobretudo; não é forma de notificação "pessoal" *feita pessoalmente*. Isto quer dizer que a lei não teve a mínima ideia de que se efectuassem pessoalmente as notificações não-pessoais; revela, pelo contrário, o intuito de as tornar o mais formalizadas possível, pois o método da carta registada – e uma carta registada *cuja recepção não interessa* (é preciso notar) – é o sistema formal por excelência.

21. No caso concreto, o funcionário fez a notificação, cujo notificando era o advogado, no domiciliatário, por ausência do domiciliado, e ao domicílio. Constituirá isto um desvio de "direcção", quer dizer, será atacável a regularidade do acto, já que não pela forma, pela *"Richtung"* que lhe deve presidir? A notificação directa precisará, *para ser directa,* de vir a terminar *fisicamente* no notificando?

Nenhuma lei o sanciona; pelo contrário, a doutrina, se a legislação não é expressa – e é-o, por exemplo, o Código Italiano, onde a notificação ao domiciliatário é sempre válida, já quando obrigatória, já quando facultativa [1] –, concorda em reconhecer que a notificação feita desse modo é bem feita. Por exemplo, Durma, para todas as declarações de vontade receptícias em geral, não hesita em escrever que "com o sistema da recepção, a declaração é definitiva logo que chega à pessoa em casa de quem a eleição do domicílio se efectuou" [2], tendo o cuidado de assegurar em nota que não está a partir da ideia de ser essa pessoa um representante do declaratário, mas um simples mensageiro.

Este testemunho de Durma é particularmente precioso porque comprova, num teórico da notificação substantiva, uma conclusão que há-de valer *a fortiori* para a notificação processual; a criticar-se, só com apoio em argumentos percepcionistas, que todos sabemos mais

---

[1] Art. 141.°. A notificação ao domiciliatário é obrigatória para o agente em determinadas circunstâncias: ter sido o domicílio escolhido por contrato (não esqueçamos que em Itália não se impõe a formalidade da eleição), etc. Nos restantes casos, é facultativa, quer dizer, o agente não é obrigado a fazê-la, mas, fazendo-a, será sem dúvida válida. Cfr. Zantucchi, *ob. cit.*, pág. 433; Redenti, *ob.* cit., pág. 159; Satta, *Diritto Processuale Civile*, Pádua, 1948, pág. 134; etc.

[2] *Ob. cit.*, pág. 456.

válidos lá do que aqui. De resto, se a eleição do domicílio tem de ser feita *ad hoc*, para o escopo de receber as notificações, se a parte ou o advogado escolhe domicílio, por força do art. 255.º, para e só para estar em condições de as receber, é evidente que ali, ao domicílio, é que a notificação tem de ser feita, chegando alguns autores a opinar, para legislações onde se cumulam domicílio real e domicílio eleito como locais de recepção, que, uma vez feita escolha do mesmo, já não será lícita a notificação efectuada no domicílio real [1]. Aliás, nem outra coisa pensam os minutantes, e só insistimos neste ponto em vista do raciocínio subsequente.

É que se o domicílio eleito é o local escolhido para se receberem notificações, tem de equivaler, para tal escopo, ao domicílio real, ao *habitat* do destinatário, constituindo aquele círculo de coisas normalmente conhecidas a que se reporta a doutrina da "recepção"; ora, desde que a notificação lá se faça, desde que o instrumento notificativo entre nesse círculo, deve, segundo a mesma doutrina, considerar-se recebido: há a "possibilidade normal", segundo SALEILLES, ou a "probabilidade normal", segundo DURMA, de ser conhecido, e tanto basta para haver recepção. Por isso, tendo-se a notificação realizado no domicílio eleito e na pessoa do domiciliatário, foi devidamente "recebida", de acordo com a doutrina dominante da recepção. Dizer o contrário – repetimos – apenas com argumentos percepcionistas, o que, aliás, reconheceu o autor que citamos. Mas como invocar argumentos percepcionistas num campo onde MINOLI verificou, com RIEZLER, não existir um conceito relevante de recepção, mas, quando muito, *"ein gesetzliches Surrogat des Zugehen"* – ou, como diz o comentário ao B. G. B. que citámos em nota, o *"Ersatzmittel"* de uma recepção ficta?

22. Eis, pois, que se nos afigura insustentável a tese da minuta nesta parte. E se concluímos que a notificação directa, já pelas consequências lógicas da doutrina da recepção em geral, já pelo confronto com as legislações estrangeiras, já pela simples e meridiana razão das coisas, não deixa de ser praticável na pessoa do domiciliatário, quando feita ao domicílio e reconhecida a ausência do notificando, se concluímos assim, temos de concluir também pela rejeição do último argumento da minuta.

---

[1] Assim CHIOVENDA, *ob. cit.*, pág. 857.

Não sendo irregular ou nula a primeira notificação, a lei não obriga a que outra se faça. O art. 7.º do Decreto n.º 31 668 diz terminantemente: "As notificações serão feitas pelos oficiais... e *não pelo correio...*"; isto é: tem de optar-se por qualquer das duas formas, mas não pode haver uma duplicação de diligências. Só invocando a nulidade da primeira, se pode requerer a segunda, ou o juiz determinar o sanamento do acto pela sua renovação.

23. Há, decerto, um argumento que pode proceder, em princípio, contra uma notificação directa mesmo formalmente regular: a falta de celeridade. Julgamos, entretanto, que a parte interessada o não invocou em 1.ª instância, pelo que concluímos da leitura do despacho que indefere a reclamação. Ainda, porém, que o houvesse alegado, cremos que no caso presente não seria de receber. Com efeito, só partindo da relevância do conhecimento subjectivo do funcionário – o que é inaceitável perante o Direito – acerca das condições de facto do notificando, é que o processo da carta registada poderia resultar mais célere do que a notificação efectuada directamente. E mesmo assim só remetendo a carta para o domicílio real, hipótese em que a notificação seria nula por falta de direcção... De resto, entre receber uma carta com a cópia do despacho no domicílio que se escolheu e onde eventualmente nos não encontramos, e receber a mesma cópia do despacho, nas mesmas circunstâncias, por mão própria e em idêntico local, parece – se o dono da casa não põe mais zelo na entrega da primeira do que na entrega da segunda – não haver diferença apreciável para efeitos de celeridade. E já agora, acrescentemos em reforço do nosso argumento de há pouco: para efeitos também de recepção.

No fim deste raciocínio, como aceitar a dupla notificação propugnada pela minuta? Não só é legalmente impraticável como economicamente perdulária...

24. Findamos. Antes, contudo, duas palavras sobre o argumento por analogia invocado pela contraparte em benefício da regularidade da notificação, com base no art. 243.º do Código de Processo Civil.

Uma vez separadas entre nós as duas figuras: citação e notificação, confundidas no Código de 1876 e confusas ainda hoje nas legislações não renovadas de origem latina, cremos inaplicáveis à última as regras da primeira, como já tivemos ocasião de dizer, salvo quando a lei para lá remete expressamente (caso, v. g., do art. 256.°). Está, portanto, impossibilitada a aplicação directa do art. 243.° ao caso de que tratamos, e bem assim a aplicação analógica do mesmo artigo, visto as duas situações – a contemplada nele e a de que vimos falando – se apresentarem com características perfeitamente diversas: os interesses que determinam a lei ao regular permenorizadamente a citação não vigoram para o caso singelo da notificação não pessoal.

Mas o art. 243.°, se não logra ser aplicado por analogia à hipótese pendente, permite, entretanto, um argumento por maioria de razão em abono da tese recorrida que, neste ponto, é também a nossa: se para a citação (e para as notificações pessoais, portanto) a lei não desdenhou admitir que a execução se fizesse, nas circunstâncias do artigo, em pessoa diferente do destinatário, como se compreende que, no Decreto n.° 31 668, que vimos ter tido uma intenção manifestamente simplificadora, viesse impor uma fórmula mais severa, mais percepcionista, tratando-se como se trata de notificações não pessoais, a que se destinou no Código de Processo um tipo-regra nitidamente formal ou apercepcionista?

BIBLIOGRAFIA

BARASSI – *La notificazione necessaria nelle dichiarazioni stragiudiziali,* Milão, 1906.

CARNELUTTI – *Sistema di Diritto Processuale Civile,* I, Pádua, 1936.

CHIOVENDA – *Principi di diritto processuale civile,* 4.ª ed., Nápoles, 1928.

DEMOGUE – *Traité des obligations en géneral,* II, Paris, 1923.

DURMA – *Notification de la volonté,* Paris, 1930.

ENDEMANN – *Lehrbuch des bürgerlichen Rechts,* Berlim, v. I, 1903.

ENNECCERUS-KIPP-WOLFF – *Tratado de Derecho Civil,* trad. esp., t. I, Barcelona, 1933.

GATTA – *Notificazione (materia civile),* em "Enciclop. Giur. It.", v. XI, P.I.

GUASP – *Comentario a la Ley de Enjuiciamiento Civil,* Madrid, t. I, 1943.

HECK – *A interpretação da lei e a jurisprudência dos interesses,* trad. port., Coimbra, 1947.

MINOLI – *Le notificazioni nel processo civile,* Milão, 1937.

MINOLI – *Strutura della notificazione processuale civile,* "Riv. Dir. Proc. Civ.", 1936, P.I.

REDENTI – *Diritto Processuale Civile,* Milão, I, 1947.

REIS (J. A. DOS) – *Comentário ao Código de Processo Civil,* Coimbra, 1945, v. II.

SALEILLES – *De la declaration de volonté,* Paris, 1901.

SATTA – *Diritto Processuale Civile,* Pádua, 1948.

ÍNDICE

1. Despacho do juiz de Direito de Leiria 251
2. Acórdão da Relação de Coimbra 251
3. Sobre a revelia 253
4. Sobre a notificação em processo pendente 261
5. Bibliografia 291
6. Índice 293

ÍNDICE GERAL

1. Ao leitor 5

2. Prefácio a esta tríplice 2.ª edição 17

3. Negócio jurídico indirecto (teoria geral) 31

4. Contrato administrativo e acto jurídico público (contributo para uma teoria do contrato administrativo) 165

5. Revelia e notificação em processo pendente 247

6. Índice Geral 295